中国社会科学院创新工程学术出版资助项目

生产要素成本上涨对我国产业转型升级的影响研究

叶振宇 等◎著

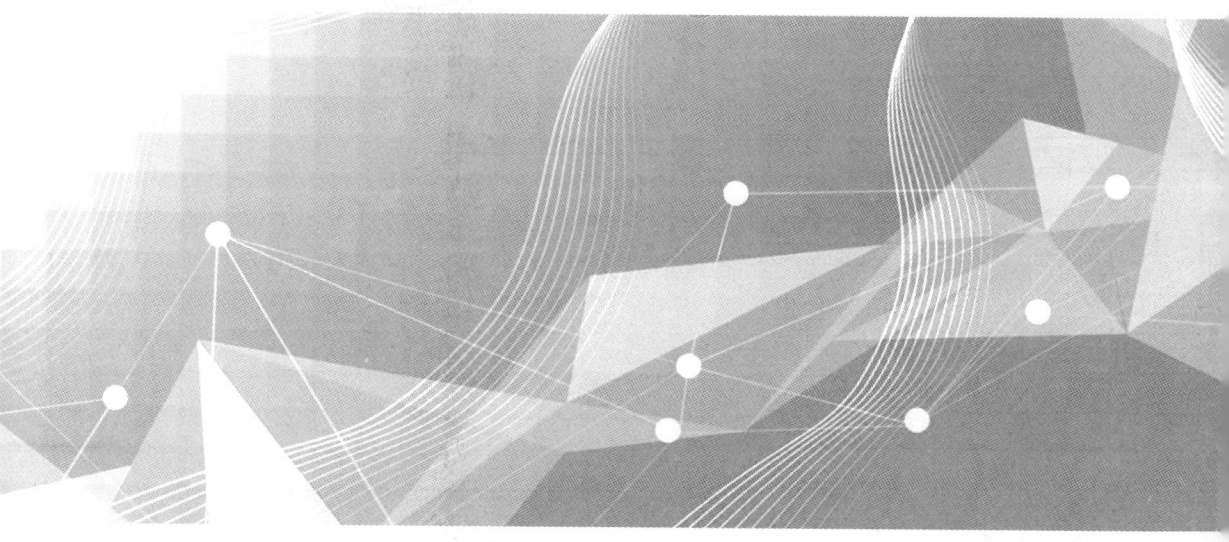

Impact of rising factors cost on China's industry transformation and upgrading

经济管理出版社
ECONOMY & MANAGEMENT PUBLISHING HOUSE

图书在版编目（CIP）数据

生产要素成本上涨对我国产业转型升级的影响研究/叶振宇等著 . —北京：经济管理出版社，2019.6
ISBN 978 - 7 - 5096 - 6592 - 3

Ⅰ.①生… Ⅱ.①叶… Ⅲ.①生产成本—影响—产业—结构升级—研究—中国 Ⅳ.①F269.24

中国版本图书馆 CIP 数据核字（2019）第 089105 号

组稿编辑：申桂萍
责任编辑：申桂萍　赵　杰
责任印制：黄章平
责任校对：赵天宇

出版发行：经济管理出版社
　　　　　（北京市海淀区北蜂窝8号中雅大厦A座11层　100038）
网　　址：www.E - mp.com.cn
电　　话：(010) 51915602
印　　刷：三河市延风印装有限公司
经　　销：新华书店
开　　本：720mm×1000mm/16
印　　张：11.75
字　　数：218 千字
版　　次：2019 年 10 月第 1 版　2019 年 10 月第 1 次印刷
书　　号：ISBN 978 - 7 - 5096 - 6592 - 3
定　　价：49.00 元

·版权所有　翻印必究·
凡购本社图书，如有印装错误，由本社读者服务部负责调换。
联系地址：北京阜外月坛北小街 2 号
电话：(010) 68022974　邮编：100836

目 录

第一章 导论 ··· 1
 第一节 研究背景与意义 ·· 1
 第二节 国内外研究现状 ·· 3
 第三节 研究对象的界定 ·· 5
 第四节 研究思路与逻辑框架 ··· 5

第二章 生产要素成本上涨与产业转型升级的经验观察 ············ 7
 第一节 生产要素成本变化趋势 ·· 7
 第二节 生产要素成本驱动的产业转型升级模式 ··················· 10
 第三节 长三角地区企业转型升级 ···································· 18

第三章 中国制造业生产率提升的来源 ·································· 25
 第一节 研究进展 ·· 25
 第二节 生产率变化的结构分解方法 ································· 29
 第三节 企业生产率的测算与企业状态的确定 ····················· 37
 第四节 制造业 TFP 增长来源的分解 ································ 46
 本章小结 ··· 58

第四章 劳动力成本上涨与企业退出 ···································· 62
 第一节 研究进展 ·· 62
 第二节 理论假说 ·· 64
 第三节 劳动力成本上涨与企业退出的基本特征 ·················· 67
 第四节 模型与变量 ·· 74
 第五节 实证分析 ·· 77
 本章小结 ··· 80

第五章　国内产业转移的识别与趋势分析 ……………………………… 82

第一节　产业转移的战略意义 ………………………………………… 82
第二节　产业转移的理论与测度研究进展 …………………………… 83
第三节　产业转移的现状特征 ………………………………………… 88
第四节　产业转移的识别标准与测算结果 …………………………… 93
第五节　产业转移的趋势判断及未来展望 …………………………… 109
本章小结 ………………………………………………………………… 113

第六章　优势产能"走出去"的时代内涵与区域选择 ………………… 116

第一节　优势产能"走出去"的背景 ………………………………… 117
第二节　优势产能"走出去"的战略意义 …………………………… 126
第三节　优势产能"走出去"的基本内涵 …………………………… 127
第四节　国际投资环境评价与重点区域选择 ………………………… 130
本章小结 ………………………………………………………………… 133

第七章　生产要素成本上涨、全球产业格局变动与发达国家发展战略 … 135

第一节　产业布局全球化调整战略 …………………………………… 135
第二节　制造强国与创新发展战略 …………………………………… 143
第三节　产业升级与集群能力提升战略 ……………………………… 146

第八章　生产要素成本上涨条件下中国产业转型升级的战略选择与

思路建议 ………………………………………………………… 157

第一节　实施产业全球布局战略 ……………………………………… 157
第二节　实施智能制造战略 …………………………………………… 162
第三节　实施产业融合升级战略 ……………………………………… 163
第四节　实施园区转型升级战略 ……………………………………… 165
第五节　实施人才强国战略 …………………………………………… 168
第六节　实施传统产业精致化发展战略 ……………………………… 169

参考文献 …………………………………………………………………… 171

后　记 ……………………………………………………………………… 182

第一章 导论

转型升级是产业发展适应新条件新环境的动态调整过程，也是我国经济高质量发展的内在要求。如今，我国已成为世界第二大经济体，具有产业规模大、产业门类多、地区产业发展水平差距明显等特点。生产要素成本上涨对我国的产业转型升级已产生了深刻的影响，如倒逼企业升级、加快产业转移等。这些影响到底有多大，并表现出什么样的特征，政府和企业应该采取哪些举措加以应对，都是需要进一步深入研究的问题。

第一节 研究背景与意义

（一）研究背景

进入 21 世纪以来，我国产业结构、业态类型和规模体量都出现了翻天覆地的变化，工业化道路走过了重化工业迅猛扩张的历程，我国正在成为全球工业经济体量最大的国家。当前，我国进入了经济新常态，经济增速从过去的两位数回落到个位数，工业增长速度明显放缓，服务业正取代工业成为新一轮经济增长推动力，产业结构调整升级正成为经济发展方式转变的主要任务。此外，支撑工业增长的环境发生了转折性变化，倒逼了我国的经济发展方式从追求规模向追求质量转变。

劳动力成本快速上涨是我国产业发展面临的现实挑战。我国人口老龄化问题日趋显现，人口抚养比持续上升，老年人口占比不断提高，劳动力供给由过去的劳动力富余变为现阶段的劳动力短缺，"民工荒"和"技工荒"在各地区轮番上演，从中折射出我国劳动力供应趋紧的现实问题。在劳动力供不应求的情形下，我国制造业的用工成本出现了不同程度的上涨，并从东部向中西部迅速蔓延，劳动密集型产业受到的冲击最大，也削弱了中西部承接一般制造业转移的比较优势。

资源环境负荷过重影响了产业的可持续发展。长期以来，我国工业的高速增长是以消耗大量的资源和牺牲环境为代价换来的,缺少可持续性。随着我国成为世界工业第一大国,这么大的工业经济体量需要消耗全球矿产资源,如我国铁矿石进口量占世界海上贸易量的一半以上,高污染、高排放产业的大规模发展恶化了国内的生态环境,势必加剧水、电、土、矿的全面紧张,"北方有水皆干、南方有水皆污"这句话形象地刻画了我国产业发展中水资源环境的现状。

工业低端、低技、低效发展阻碍了工业强国进程。尽管我国工业体量已经很大,但低附加值的工业产品比重偏高,与发达国家的差距非常明显,最为典型的例子就是我国企业为苹果公司组装了上亿部的手机,但只赚取了不到4%的附加值,而手机设计和核心零部件则主要来自美国、日本、韩国和我国台湾地区,像这样的例子比比皆是。我国工业无论是工艺水平还是装备制造都面临着缺少自主核心技术的问题,由此导致了产品的可靠性、稳定性不足。例如,我国纺织工业虽然具有国际竞争优势,但高品质纺布印花用的打印机却主要来自意大利等国家,国内企业不掌握核心技术,类似的现象不胜枚举。不仅如此,我国工业生产低效的问题尤为突出,单位工业增加值资源消耗量都高于美国、日本、德国的同行业水平,低效的工业生产说明我国工业整体素质不高、实力不强。

激烈的国际市场竞争倒逼了产业的转型升级。我国从农业、工业到服务业都遇到了非常激烈的国际竞争,玉米、大豆、食糖等农产品遭受国际市场冲击,要守住粮食安全防线确实压力比较大。同时,发达国家大力实施"再工业化"战略,广大发展中国家积极承接新一轮的国际产业转移,我国工业发展正遇到"两面夹击"的环境。即使服务业占我国国民生产总值的比重持续提高,但服务贸易仍处于赤字的状态,高端服务业发展水平不高,新兴服务业发展不足仍是制约我国产业转型升级的因素。另外,在当前复杂的国际形势下,发达国家正在形成多股封堵"中国崛起"的力量,我国产业发展的国际环境不容乐观,贸易保护主义抬头、加大对中国资本的审查、丑化中国境外投资等现象风起云涌、防不胜防。

新一轮科技革命与产业变革为我国产业的转型升级带来了机遇和挑战。在当前严峻的形势下,以移动互联网、智能制造、3D打印机、工业互联网、云计算、工业机器人、大数据为代表的新一代信息技术方兴未艾,必将为我国传统产业的转型升级带来弯道超车的机会,同时也为我国培育壮大新经济提供了主攻方向。新一代信息技术的广泛应用在某种意义上既可以帮助我国缓解生产要素成本过快上涨的压力,又可以提高生产要素的配置效率。当然,智能制造等新技术的产业化加快,将降低制造业对普通劳动力的依赖,使发达国家一些制造业部门重新获得竞争优势,而我国制造业的劳动力成本优势将为此被削弱。

(二) 研究意义

近年来，生产要素成本快速上涨使我国工业企业面临较大的困难，但客观上有利于各地区加快产业转型升级。尽管当前我国要素价格体制改革尚未彻底完成，特别是资源、能源等领域的价格还存在扭曲的现象，但生产要素成本上涨对产业转型升级的主要影响是什么？生产要素成本上涨是否真正转化为我国产业转型升级的动力？诸如此类的问题亟须得到解答。生产要素成本上涨对我国产业转型升级的影响是结构性的。当前，我国产业发展面临着劳动力成本和土地成本的快速上涨。而企业在应对这些成本上涨时往往采取不同的转型升级模式。可见，在经济新常态的背景下，对上述问题进行理论探讨，具有重要的学术价值和现实意义，这不仅可以揭示我国要素驱动的产业转型升级模式，也可以深入分析生产要素成本上涨对企业生产率提升和产业空间调整的影响。此外，本书的研究结论可为完善我国产业转型升级政策和有关部门推进"一带一路"、制造强国等国家战略提供较强的依据。

第二节 国内外研究现状

虽然生产要素成本上涨对产业转型升级的影响是一个现实问题，但其相关理论解释散见于许多学者的研究之中。概括起来，有两个相关理论可以提供较强的依据：一是引致创新理论（或称"偏向技术理论"）。1932年，Hicks在《工资原理》中就提出了生产要素成本上涨将引致技术创新的假说，他指出技术革新将偏向于节约相对昂贵的生产要素。此后，Kennedy（1964）、Samuelson（1965）、Drandakis和Phelps（1965）、Acemoglu（2003）等深入探讨了生产要素成本与技术创新偏向的问题，并构建了一系列理论模型。二是资本积累理论。以Lewis（1955）、David（1975）和Allen（2009）等为代表的学者认为，较高的工资水平有利于资本积累和人力资本投资，并最终转化为现实的生产力。该理论强调了劳动力要素成本的上涨会导致全社会技术水平的提高，主要表现为工资上涨对技术发展的长期效果。

工业转型升级是转变经济发展方式的关键（金碚，2011）。林毅夫等（1999）认为人为压低要素价格，不利于比较优势的发挥，导致产业结构升级难以推进；吴敬琏（2008）指出，我国要素价格存在不同程度的扭曲，这就造成了中国经济增长的模式难以转变。其实，国内关于要素成本上涨与产业转型升级关系的相关研究仍停留在定性分析阶段,而定量研究只是近几年才开始的。李毅中(2010)等从政策视角探讨如何加快产业转型升级,但他们把要素成本上涨视为产业转型升级的外部环境,而不是内生因素。在要素成本上涨的过程中,产业成功转型升级则意味着技术效率的提高,于是有学者把关注点集中在工业技术效率的度量、分解和影响因素上。例如,涂正革和肖耿(2007)、李廉水和周勇(2006)、宫俊涛等(2008)、朱钟棣和李小平(2005)等学者就是用参数估计方法或者非参数估计方法估计工业的全要素生产率(Total Factor Productivity,TFP),并对其进行分解;王兵等(2008)、杨文举(2009)、岳书敬和刘富华(2009)借鉴国外研究,在选取投入或产出变量时加入环境变量,特别是工业污染物排放指标,这种处理方式更贴近现实。

生产要素成本上涨会对中国产业转型升级产生哪些方面影响呢?从国内研究看,可以概括为以下方面:

(1)推动产业转移。杨亚平、周泳宏(2013)通过研究发现,跟劳动力成本相比,土地成本对工业产生的离心力更大一些,工业成本上升将迫使产业转移。曲玥(2015)通过实证研究证实了自己的判断,中西部地区可以凭借现有的人口红利承接产业转移,使更多的产业延续了生存时间。

(2)促进产业升级。罗来军等(2012)认为,劳动力成本太低致使企业没有动力去提高劳动生产率和增加研发投入,也不利于工人素质的提高;相反,如果劳动力成本适当上升则可以提高产业升级。

(3)提高劳动生产率。姚先国、曾国华(2012)研究发现,我国地区劳动生产率与劳动力成本呈正相关关系,但劳动力成本的激励作用却在加速递减。换言之,尽管我国这些年工资收入上涨较快,但并没有相应地换取劳动生产率的足够提高。

(4)提高产业竞争力。周丽等(2013)虽然没能够提供数据分析支撑,但却对这个问题的定性描述比较全面,该文指出,劳动力成本上升可能会影响到劳动密集型产业的生存或出口,但可能改善那些劳动生产率较高的行业、企业的经营效益。

总体而言,国内外学者对这领域的研究已有一定的基础,但仍存在一些明显的不足。例如,缺少对关键理论问题的研究。生产要素成本上涨是否促进了产业转型升级?以及影响机制是什么?需要多长时间才能显现出来?这些问题没有引起足够的重视。又如,缺少从多维度、不同视角展开研究。生产要素成本上涨对产业布局调整、产业效率提升等方面的影响效果仍未引起足够的重视。此外,缺少针对性的政策研究。由于我国各地区要素禀赋和产业结构差异很大,生产要成本上升的影响不同,探索各具特色的产业转型升级模式,如何结合国家发展战略和区域规划的要求制定差别化的转型升级政策则是国内研究的薄弱之处。

第三节 研究对象的界定

本书在分别分析了劳动力、工业用地和原材料三类生产要素价格上涨的趋势以后,发现劳动力成本上涨最为显著,工业用地温和上涨,而原材料价格波动比较厉害;考虑到我国各地工业用地实际成本远低于其价格,这种价格扭曲不易通过市场机制反映到产业转型升级上来。综合这些考虑后,本书将着重研究劳动力成本上涨对产业转型升级的影响。

我国产业门类比较多,从大类来看,包括农业、工业和服务业三大部门,但生产要素成本上涨对产业转型升级影响最为突出的是制造业部门。并且,由于制造业数据比较容易获取,相关的案例比较典型。为此,本书着重研究生产要素成本上涨对制造业转型升级的影响。

众所周知,生产要素成本上涨对制造业转型升级影响的表现是多方面的,而当下最受关注的是企业生产率提升、企业退出和产业布局调整三个方面。考虑到研究成果是为了服务于国家发展战略需要和决策需求,本书将研究重点放在上述三个方面,而不是生产要素上涨对产业转型升级影响的机制上。

第四节 研究思路与逻辑框架

生产要素成本上涨,特别是劳动力快速上涨已成为当前我国产业发展不可回避的重要现实问题。我国虽是劳动力丰富、土地广阔的发展中大国,但由于人口老龄化加剧、土地政策收紧、地区发展不平衡等原因,使产业发展时常遇到"用工荒""落地难"等问题。为了更全面地反映企业通过转型升级应对生产要素成本上涨的行为选择,本书在多年调研积累的基础上总结出机器换人等五种比较典型的生产要素成本驱动的产业转型升级模式,同时也总结了长三角企业转型升级的典型案例。以上经验事实表明了生产要素成本上涨已成为推动我国产业转型升级的关键力量。

从理论研究到经验观察都表明了，生产要素成本上涨对产业转型升级影响主要聚焦于企业生产率提升、企业退出、产业布局调整等方面，具体是：首先，本书深入研究了中国制造业的生产率变动及其分解，分析企业动态对生产率增长的影响，而生产率增长却是识别产业转型升级的依据。其次，当企业难以承受劳动力成本上涨带来的压力时，许多企业不得不选择退出市场，本书通过实证研究检验了劳动力成本上涨影响企业生存概率的特征，进而揭示了其中的一些规律。此外，劳动力成本上涨促使一大批制造业企业发生转移，要么向中西部转移，要么向海外转移（"走出去"），本书将分别对国内产业转移和优势产能"走出去"进行分析。

发达国家产业发展曾经历了生产要素成本上涨的过程，特别是美国制造业复兴和日本产业"空心化"能够为我国当前的产业转移与升级提供重要的启示。同时，美国先进制造业战略、德国"工业4.0"等国家战略对我国推进《中国制造2025》具有借鉴意义。

此外，本书的研究立足于中国实际，以服务于国家发展战略为目标，开展了相关的战略或政策研究。一方面，本书紧紧结合国家"一带一路"、长江经济带、京津冀协同发展等国家重大区域战略，从不同方面提出了具有针对性的政策建议。另一方面，从国家战略出发提出了生产要素成本上涨与中国产业转型升级的战略选择与思路建议。

本书的研究框架如图1-1所示。

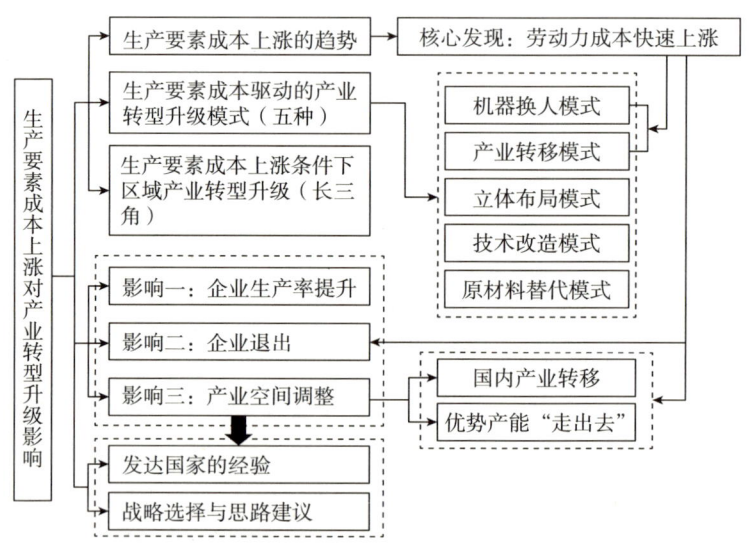

图1-1 本书的研究框架

第二章 生产要素成本上涨与产业转型升级的经验观察

我国生产要素成本结构性上涨趋势非常明显，与之相应的产业转型升级模式由此产生。在生产要素成本上涨的过程中，我国长三角地区企业转型升级策略是不一样的，呈现出异质性的特征。另一独特的现象是，在京津冀协同发展的背景下，生产要素成本上涨有利于北京市推动产业对外疏解，促进产业跨地区转移协作。

第一节 生产要素成本变化趋势

进入21世纪以来，我国生产要素成本变化呈现分化的态势，而劳动力成本上涨最为显著，如果以2000年为基期，2015年城镇单位从业人员平均货币工资和平均实际工资分别是2000年的6.7倍、4.8倍（见图2-1）。如果只是简单地

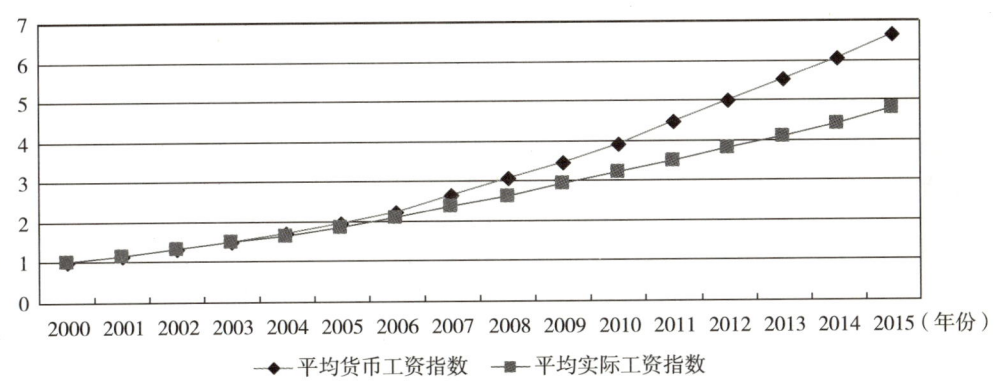

图2-1 城镇单位从业人员平均工资指数变化（2000~2015年）

资料来源：历年《中国统计年鉴》。

将平均货币工资或平均实际工资视为劳动力成本,那么可以看出,我国劳动力成本上涨的势头是非常迅猛的,工资每年平均增速基本都在10%以上,而同期我国居民消费价格指数的平均增速为1%~2%(见图2-2)。不可否认,劳动力成本上涨直接冲击了用工较多的行业,如劳动密集型制造业、建筑业、传统服务业等。

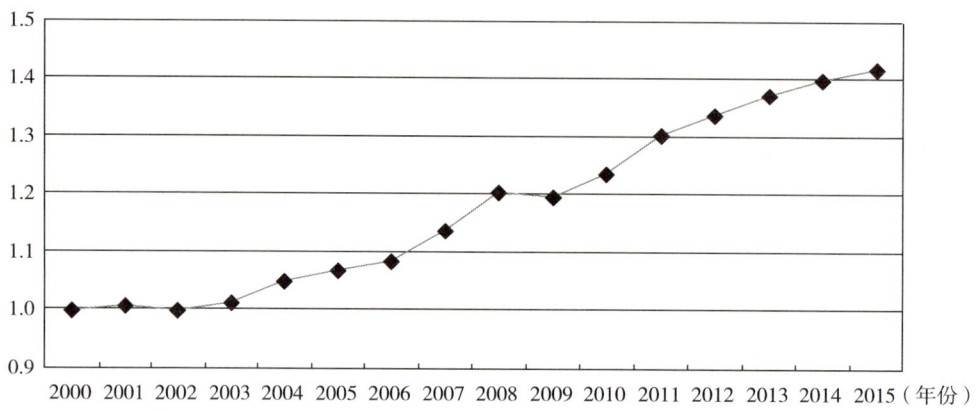

图2-2 居民消费价格指数变化(2000~2015年)

资料来源:历年《中国统计年鉴》。

从代表性的原材料行业看,2004~2015年期间,我国煤炭、石油和天然气、黑色金属①价格经历了倒"U"形的变化过程,2015年煤炭价格甚至低于2004年,石油和天然气价格也只是2004年的1.3倍,黑色金属价格是2004年的97.3%(见图2-3)。这几种原材料价格的变化反映了原材料价格具有明显的周期性,也就是说,近几年来,我国工业生产所需的原材料成本明显下降,原材料成本对那些耗材、耗能产业的影响比较大。原材料成本下降自然就通过产业链条传递到工业品出厂价格上,从而导致工业品出厂价格随之发生变化。2000年以来,我国工业用地价格呈现温和上涨的态势,2015年工业用地价格相当于2000年的1.97倍,如果剔除掉价格因素的影响之外,这意味着2015年工业用地价格比2000年上涨了55%(见图2-4)。工业用地价格之所以上涨幅度较小,与地方政府为了招商引资而采取行政手段抑制工业地价过快上涨有关。生产要素成本变化是否反映到工业品出厂价格指数上呢?从2010~2015年的工业品出厂价格

---

① 黑色金属主要包括铁、锰、铬、钛、钒及其合金等。

定基指数看，工业品出厂价格指数经历了倒"U"形变化趋势，2011年达到最高点以后开始迅速下降，2015年下降更为明显（见图2-5）。这一变化趋势客观说明了我国现阶段工业下行压力较大，许多工业企业因难以承受劳动力成本的快速上涨而破产倒闭或被迫搬迁异地。综上分析可见，劳动力成本上涨使我国工业企业面临较大的成本上涨压力，这种影响范围不仅涉及劳动密集型产业，也涉及资本密集型产业和技术密集型产业，也就是说这种影响是全面的。

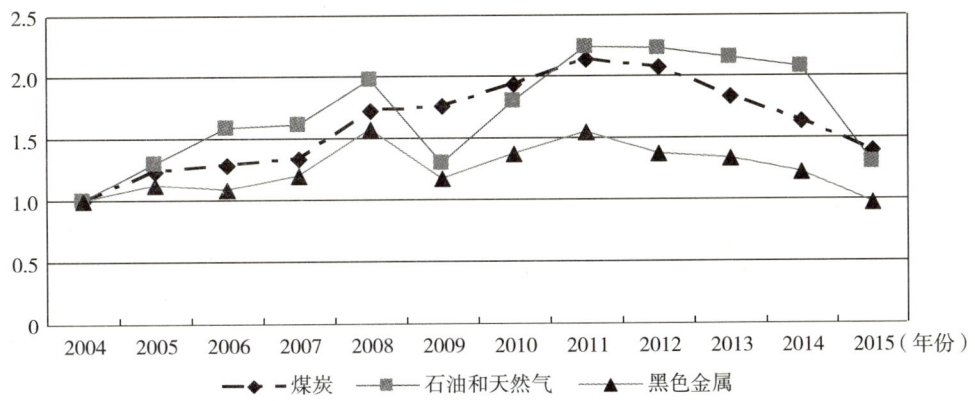

图2-3 2004~2015年中国重点原材料行业的出厂价格指数

资料来源：历年《中国统计年鉴》。

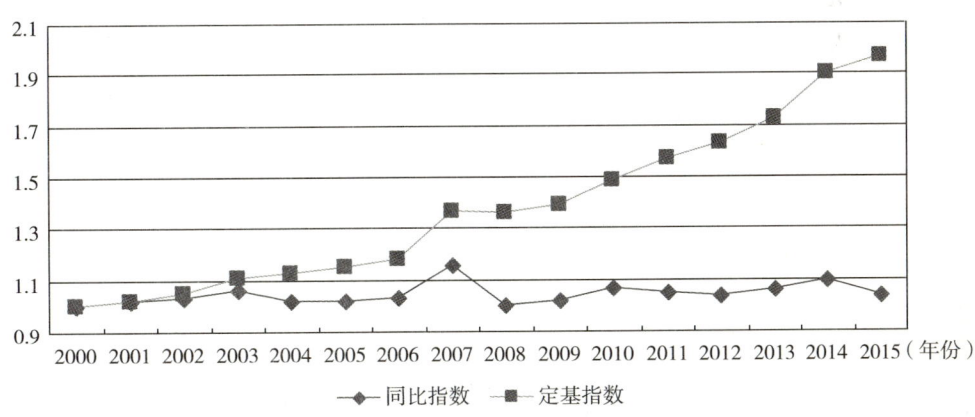

图2-4 2000~2015年中国工业用地价格指数变化趋势

资料来源：《中国地价指数报告2015》。

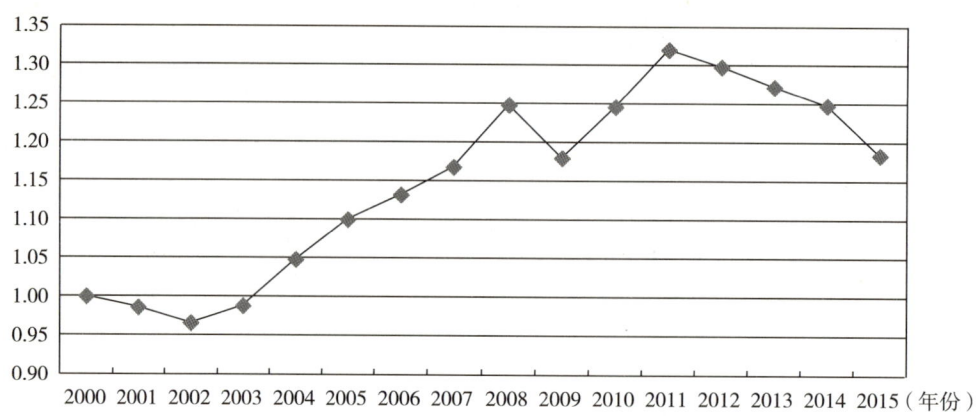

图 2-5 2000~2015 年中国工业品出厂价格指数变化

资料来源：历年《中国统计年鉴》。

第二节 生产要素成本驱动的产业转型升级模式

由于产业自身的技术特性和要素使用密集程度差异较大，不同行业企业在面对生产要素成本上涨时可能采取各具特色的产业转型升级模式加以应对。以下五种模式是各地实践中涌现出来的产业转型升级模式。

一、机器换人模式

机器换人尽管在欧、美、日等发达经济体中已经不算是什么新鲜词儿，然而在我国却有很高的"颜值"。机器换人模式就是在用工较多、工人生产环境较差或需要更高加工精度和生产连续性的环节采用各类工业机器人（包括工业机械手、机器人等）代替手工操作的生产组织方式。有些人简单地认为这是机器替代劳动力，但这种理解是有误区的，例如，机器替代人之后如何组织生产以及是否意味着企业用工大量减少，更为重要的是机器换人的技术经济是否可行。为此，当我们把它视为一种模式时，其背后就有一些规律，例如，技术和经济的可行性，以及相应的生产组织方式变革的支撑条件。从经济学理论看，这种现象就是劳动力成本上涨太快，以致资本实现对劳动力的替代，并带来劳动生产率的明显增长，最终实现节约使用劳动力的目的。为何这种模式尚未在我国工业生产领域广泛得以推广？主要的原因可能有以下三个方面：一是机器人使用的经济性，也就是机器人的投资过大，回收期很长，导致许多工业企业望而却步。二是机器人技术的行业局限性。不可否认，有些工业企业的生产环节用工很多，且操作复杂，现有的工业机器人难以胜任。三是我国有些地区的劳动力成本依然有较强的竞争优势，如中西部劳动力大省的用工成本比沿海发达地区低得多，当地企业对机器换人的积极性并不高。美国、日本、德国等制造业发达的国家都曾经历了大规模的机器换人过程，因此这些国家牢牢掌控了世界工业机器人领域的核心技术和产业的价值链高端。而随着我国越来越多的工业企业使用机器人替换简单技能的劳动力，工业机器人的应用市场将逐步打开。不过，当前令人担忧的问题是，国内工业机器人企业陷入了缺乏核心技术的困境。

广东和浙江是我国最早在省域范围内推动机器换人的地区，已取得了初步的效果。东莞作为我国"世界工厂"的缩影，至今仍是全球电子信息、服装、运动鞋的生产基地，在劳动力成本快速上涨的冲击之下，先后有一大批企业破产倒闭，同时又孕育了一大批高技术企业的诞生。为了应对用工成本居高不下和"招工难"的问题，东莞市政府于2014年出台了《东莞市推进企业"机器换人"行动计划（2014－2016年）》和《东莞市"机器换人"专项资金管理办法》，重点面向电子、机械、纺织、服装、食品、家具、鞋业、化工、物流等具有明显重复劳动特征、劳动强度大或有一定危险性的行业推动实施"机器换人"计划，主要措施包括设立了"机器换人"专项扶持资金、与金融机构联手为"机器换人"企业提供多样化的信贷支持、对企业进口先进生产设备予以补助、支持本地工业机器人产业发展、设立工业机器人应用推广的示范平台等。这些政策如同给当地企业注射了一剂兴奋剂，许多工业企业纷纷推行"机器换人"模式，2015年东莞市"机器换人"项目达到了881个，总投资70.03亿元，其中东莞生产的设备12.66亿元。在"机器换人"的带动下，东莞市工业技术改造迅猛增长，全年完成投资额231.2亿元，同比增长85.6%，拉动全市工业固定投资26.8个百分点。另一项调研数据表明，自2014年9月至2015年12月期间，东莞市各类工业企业申报"机器换人"专项资金项目共1262个，总投资达到103.84亿元，相关企业的劳动生产率平均提高了65.25%，产品合格率从89.04%提高至94.44%，预计可减少用工71253人，单位产品成本平均下降9.98%。① 随着"机器换人"计划的深入推进，东莞市智能装备产业出现量质齐升的趋势，现有智能装备企业

---

① 资料来源：东莞市政府网。

400多家，从业人员55000多人，实现工业产值超过200亿元。应该说，经过近些年的探索，东莞市正在经历着从"东莞制造"向"东莞智造"的阶段转变，而且，"东莞经验"也将越来越多地被外界所关注，并开始走向全国，成为引领新一轮工业转型升级的标杆。

当然，我国"机器换人"模式尚处于起步阶段，相关的市场环境和政策保障还不够成熟，许多中小企业仍然处于观望的状态。如何让技术红利顺利取代人口红利并成为经济发展新动能还是一个有待于解决的战略性问题。另外，由于我国绝大多数的智能装备制造企业缺少自主核心技术，主要通过购买国外核心零部件来进行组装加工生产，企业自主创新能力相当薄弱，使这个行业被国外少数几家企业所把控，并且，大量企业进入这一行业，使行业产能过剩的风险陡然增加。不可否认的事实是，这个行业将面临"核心技术短缺"和"产能过剩"的双重风险。今后，"互联网+"、人工智能等技术的推广应用将为"机器换人"模式的全面推广奠定技术条件和产业化应用的基础，同时也将开启转型升级"工业3.0"的时代。

二、产业转移模式

产业转移是产业布局空间调整的现象，全球范围内已发生过多轮的国际产业转移浪潮，每一轮产业转移都是生产要素成本快速上涨推动的结果。较早解释国际产业转移现象的经典理论就是弗农教授提出的产品周期理论，他的理论创新源于对美国制造业在20世纪四五十年代发生的对外转移现象。而日本同期因承接美国制造业转移而迅速成为东亚的"领头雁"，许多产业随后在国内生产要素成本上升和国外市场扩大的共同作用下，开始向东亚"四小龙"转移。这正如日本经济学家赤松要所提出的"雁阵理论"描述的那样，这一轮的日本产业国际转移就像大雁阵列式向远方飞去的景象。20世纪90年代，美国制造业劳动力成本持续上升，许多企业纷纷将生产制造外包给海外的代工企业，而自己专注于研发设计和市场营销。从理论上讲，产业转移是企业根据要素成本和市场变化而采取的微观行为，当企业难以承受本地区生产要素成本持续上涨的时候，可以选择从市场退出、整体搬迁到异地或将生产制造环节转移到成本更低的地区，这都不失为克服生产要素成本过高的做法。产业转移的理论背后暗含着产业技术和生产要素成本存在的梯度差异，这种梯度差促进了产业从经济比较发达的地区转移到经济相对落后的地区。在实践中，企业异地搬迁或生产环节转移都可能造成产业升级现象，如企业借此机会采用更先进的生产设备或技术工艺，但也存在另一种可能，就是企业还是维持现有的技术水平，只是挪了个地方而已。另外，产业转移的空间尺度与生产要素成本的地区差异、市场容量、产业配套环境等因素密切相关。例如，从产业转移方式看，产业转移包括企业异地搬迁、集群式转移、投资建厂等；从转移空间看，产业转移既包括国际产业转移，又包括国内产业转移。

最近十年是我国产业转移的活跃期，既有市场力量推动的大范围产业转移，又有地方政府推动的产业合作，例如，广东省前些年实施的"腾笼换鸟"、江苏推动苏南苏北合作共建园区等。事实表明，我国产业转移不仅具有一般性规律，还具有自己的特色，尤其是地方政府行为融入产业转移之中，使产业转移不再停留于地方政府简单的招商引资行为。合作共建园区或建设飞地园区是中国式产业转移的一个缩影。无论是广东还是江苏、安徽等地探索出来的合作共建园区模式都可以说明以下三个事实：一是不同发展水平的地区都有产业转移协作的意愿，无论是产业转出地还是承接地，都把合作共建园区视为互利共赢的事情抓好。二是合作共建园区成为欠发达地区学习发达地区产业发展与生态培育经验的合作平台。换言之，合作共建园区不仅起到了"雪中送炭"的作用，还发挥着"授人以渔"的作用。三是企业在地方政府产业对接中绝不是像皮球一样被踢来踢去的，而是产业转移的实实在在的受益者，它们可以从合作中获得税收减免、土地租金减免、产业信贷资金支持等多种优惠政策支持。另一种模式是集群式转移，与前者不同，集群式转移往往是一个地方的产业集群到异地重新发展，一般包括集群上下游产业链、配套的专业市场和物流体系等，但集群发源地依然是企业总部的首选之地，例如，东莞的服装产业集群转移到江西赣州重新开花结果，这种转移主要是由市场机制决定的，也是企业降低投资风险的集体行为选择，地方商会、行业协会等中介组织发挥着重要的协调作用。此外，在要素成本的快速上涨、贸易保护主义的抬头、人民币的升值等诸多因素的共同作用下，我国产业"走出去"正在成为新一轮的国际产业转移，这种产业转移模式属于国际产业转移的范畴，但跟以往发达国家经历的过程不同，我国产业"走出去"不仅仅是资本对外投资，还包括飞地园区建设、行业标准输出、中介服务输出等方面，可以说菜单化、打包式的综合输出正代表着"中国方案"走向世界。

当前，全球产业格局正处于激烈的调整过程，发展中国家的工业化和城镇化加速推进，印度、孟加拉国、越南等国家都是承接新一轮国际产业转移的重点地区，我国拥有广阔的腹地空间，中西部地区仍是承接国内外产业转移的重点地区。在产业大举"走出去"的情形下，我国中西部承接产业转移面临着更大的挑战，同时东部地区有些城市因"去工业"过头而可能陷入空心化的困境。并且，我国产业"走出去"也不是一厢情愿的事情，许多发展中国家怀有戒心，而西方国家又蓄意给我国境外投资制造不和谐的舆论环境。总之，中国式产业转移具有非常重要的创新价值，同时也充满着各种挑战。

三、立体布局模式

立体布局模式实际上是企业对用地成本过高情况而采取的应对行为，是提高用地强度的主要途径，标准厂房、高层厂房、摩天大楼等都是产业活动立体布局的主要表现形式。理论上，立体布局模式使用地成本上涨，导致企业难以通过扩大平面用地空间来满足生产经营活动，于是采取了建设高楼层的厂房来实现产能扩张，这是一种典型的节约用地行为，具体到不同的行业，表现形式不尽相同。对工业生产活动而言，厂房立体布局需要建设垂直升降的货运体系，以便于实现不同生产环节的衔接配合。当然，理论还表明，产业经济活动密度越大，人际间知识交流越频繁，越有利于提高劳动生产率，那么为何会出现这种溢出效应？城市经济学家给出的解释是，经济密度越高，说明经济活动越集聚，马歇尔外部性越明显（J. Vernon Henderson，2003），具体而言，更有利于节约产业关联的成本、劳动力匹配成本和知识流动的成本，有学者认为这是城市的财富，可见，追求高密度的布局方式不仅是企业追求节约成本的一种表现，更是它们对更高劳动生产率的追求。

其实，立体布局模式在我国也是最近十年才大范围出现的，主要原因有四个方面：一是用地日趋紧张，土地成本上涨，许多企业不堪承受高成本地价，被迫加高厂房或购买标准厂房，以节约空间。二是中央政府对土地管理更加严格，通过遥感卫星、督查、公开征集举报线索等方式加大对各地土地开发的监督检查，使地方政府不敢任意或随意征地。三是住房价格的快速上涨助推了工业地价和商业地价持续走高，由此造成了房地产价格上涨，对制造业产生"挤出效应"。四是地方政府运用城市规划工具。为了遏制建成区平面扩张，地方政府经常采用规划手段对产业用地扩张加以限制，鼓励企业建设更高的厂房或商业楼。当然，空间高强度开发也会出现"天花板效应"，当超过当地资源环境承载容量之后，就会出现集聚不经济现象，如污染加重、交通拥堵等。长三角、珠三角和京津冀三大城市群的局部地区已显现出集聚不经济现象。

集聚理念广泛进入我国产业布局规划领域也是最近十年的事情，立体布局模式是产业集聚布局的主要表现。在实践中，我国立体布局模式广泛存在于城市的每个角落,从工业园区到商业中心,处处都能找到相应的例子。第一种类型就是标准厂房模式。以往,许多工业园区的企业喜欢建设花园式的厂区,建独立厂房,用围墙圈地,这种布局方式表面看去非常齐整,但浪费了大量的土地资源。最近十年来,许多地方政府摒弃了这种做法,开始探索为企业建设定制厂房、标准厂房等,使企业可以共用厂房或使用多层的厂房,最终实现节约土地的目的,即使是企业自建标准厂房也有特别的要求,如容积率、亩均产出等。第二种类型是摩天大厦模式。商务企业活动往往能够比工业支付更高的土地租金,上海、北京、广州、深圳、重庆、武汉等特大城市都纷纷建设了城市地标性建筑,"摩天大厦热"的背后反映了地方政府对发展高端商务和展示城市现代形象的强烈愿望。正如有些统计调查数据所显示的那样,上海市中心的一些地标性高端写字楼内的企业每年创造的 GDP 超过中西部很多的地级市,这就不难理解特大城市地方政府为何要千方百计地建设第一高楼。第三种类型是万达广场模式。万达集团无疑是国内商业地产的标杆企业,在全国大中城市建设了一批规模不等的万达广场,并获得成功。这种模式的成功之处在于将城市购物、娱乐、休闲、培训等业态有机整合起来,同时利用自身的平台优势从各领域引入知名度很高的商业企业入驻,进而实现高端业态与高端消费人群的有效结合。当然,万达商业广场的选址也是非常讲究的,一般对城市市辖区人口、居民收入状况、城市消费能力、城市规划等方面都有较高的要求。

总之,土地的稀缺性是企业采用立体布局模式的动机所在,而追求更高的效率是这种布局模式走向成功的关键。当前,我国立体布局模式常见于各行各业,但由于缺乏城市统一规划,导致这种布局模式的效果没能充分发挥出来,例如,城市商业中心往往是城市的堵点,交通制约城市商业中心的发展;再如,安全生产法规执行不到位致使高楼层厂房出现失火时不容易逃生,诸如此类的问题还很多。我国虽是一个国土空间广袤的国家,但真正能够为城市建设和工业生产所利用的土地空间非常有限,为此有必要继续倡导节约用地,引入更多的立体布局模式,使每个城市的空间都能得到紧凑、高效利用,同时又能获得集聚带来的生产率"升水效应"。另外,在新一代信息技术广泛应用的时代,我国有必要倡导更智能、更绿色、更以人为本的立体布局模式,让从事产业活动的工人、管理人员和消费者都能感受到环境的舒心、和谐和便利。

四、技术改造模式

技术进步为工业降低生产要素成本创造了有利的条件,而以生产设备改造升级和工艺优化带来的生产要素成本节约往往成为工业企业的首选。理论上，技术改造模式是企业为了降低用水、用材、用电、用工等生产要素成本而通过生产设备改造、生产流程优化、工艺提升等途径来实现的，而不是引入革新性的技术实现的。一般而言，行业成熟度越高，在现有技术路线环境下改造提升空间越有限。实践中，技术改造模式具有以下特点：一是非研发式创新。德国作为一个制造强国，企业创新网络相当发达，但许多中小企业并不从事研发活动，却能够实现较好的经营效益，主要的原因就是它们生产定制化的产品，拥有需要高技能的工艺或可以从外部获得创新资源。二是行业技术特性明显。如造纸工业，更需要引入先进的污水处理技术来提高水资源利用效率，电解铝工业需要改进电解工艺来达到节能的目的。三是投资回收周期较长。一般而言，对生产设备、生产线或工艺的局部改造或优化都要技术改造投资，这类投资数额因业而异，如化工企业加装尾气或废水处理设备需要不菲的投资，但收回这些投资可能要数年甚至十几年以上时间，许多中小企业因此望而却步，为此，政府通过技改资金支持、设备加速折旧等办法鼓励企业加大生产设备或工艺改造升级。

目前，我国工业企业正处于大规模技术改造的时期，节水、节材、节能、节工、减排等逐渐成为企业技术改造的目标，进而实现节约成本的目标。由于技术改造模式也是企业行为，这种行为可能是自发的，也可能来自政府的引导，但无论如何，这种模式将带来要素配置效率的提高。

技术改造模式是许多国家促进产业升级的一种方式，但也面临着一些不可低估的风险，如技术改造投资回收问题、技术改造项目投融资问题、技术改造治标不治本问题等，这些问题可能影响到企业实施技术改造的积极性，为此，发达国家为了解决企业的后顾之忧而往往采取购置设备贴息贷款、固定资产加速折旧、财政补贴、人才培训以及颁布相关的法律法规等政策。在我国，受地方政府认识局限、地方财力有限、技术改造项目融资难等因素的影响，许多企业没有及时进行技术改造，难以承受高成本之痛，最终沦为"低效企业"。

五、原材料替代模式

工业生产原材料投入经常存在着原材料替代的现象，例如，飞机制造业为降低重量和提高性能而用高强度的碳纤维材料代替铝基材料，原材料替代现象是要素替代最常见的一种方式。理论上，功能替代模式就是用另一种价格更加低廉的生产要素替代另一种价格相对更高的要素，并且这种替代并不会改变产品的主要性能。进一步，资本替代劳动是不同要素之间的替代，而原材料替代是同类要素之间的替代，两者都是由于要素相对价格发生变化而导致企业为了降低成本而采取的理性行为。同时，原材料替代模式常见于国际分工生产之中，例如，美国用大豆制造油脂，我国用花生制造油脂，这类现象就是地区相对比较优势差异带来的；再如，温带地区常用甜菜制糖，亚热带和热带地区则用甘蔗制糖。可以说，原材料替代现象广泛存在于工业生产各行各业，特别是原材料成本占产品生产成本比重较高的行业。另外，由于材料科学领域的技术进步和工程应用，成本更低、功能更优的新型材料很快取代既有材料，进而延续了行业的竞争优势。可见，原材料替代模式既是资源禀赋和要素相对成本变化带来的结果，又是材料领域技术进步带来的机会。

我国广泛存在原材料替代模式，当要素成本上涨时，用另一种价格相对便宜的要素替代原有的原材料已成为各行业积极应对形势变化的策略，小到食用油，大到飞机壳体都出现过原材料替代模式。比较典型的例子包括：一是化纤与棉花相互替代。在棉花价格快速上涨时，我国东部沿海地区的许多纺织服装企业就采购更多的化纤直接与棉花掺杂在一起，用来织布；同样，在前些年油价高位的时候，化纤价格一路走高，纺织服装企业纷纷使用棉花替代化纤作为应对措施，适当减少化纤的使用量。二是资源回收再利用。过去，我国许多城市将建筑垃圾和尾矿矿渣丢弃或随意堆放，长久下来成为城市环境安全隐患；但这些年这种情况发生了很大的变化，随着石灰石原材料的成本上涨，有一大批企业进入建筑垃圾或尾矿回收再利用行业，通过深加工变废为宝，让这些"废物"成为既有成本优势又符合绿色发展理念的新型节能建材。这种现象还可见于废弃金属回收再利用产业，如废钢回炉冶炼再利用。三是中成药的原料人工合成。众所周知，作为民族瑰宝的中药长期使用名贵动植物进行配药，但随着这些动植物变得越来越稀缺，中药的原料价格高不可攀，为此，许多中药企业转向人工合成成分和治疗功能接近的原料，进而摆脱了中药材原料的束缚，如麝香虎骨膏等。以上这些典型例子都是当一种原材料因价格上涨而陷入相对成本劣势时，企业采用另一种成本更低但又不影响产品功能的原材料进行替代，从而确保盈利能力不受太大的影响。

当然，原材料替代模式尽管普遍存在于工业生产领域中，但也有一些不确定性，例如，原材料切换过程中可能给企业带来生产设备、制作工艺、工人操作习惯等调整等困难；再如，原材料转换的价格风险不可低估，特别是石油等大宗商品具有金融属性，企业难以把握这类商品的价格变化规律，为此不得不承受价格波动的风险。另外，原材料替代模式既包括因要素成本上升而出现的原材料替代现象，又包括市场需求导致功能更优、成本更高的新材料替代成本更低、功能较少材料的现象。总之，原材料替代模式是原材料价格上涨带来同类要素之间相对成本变化的结果，机会和风险并存。

第三节　长三角地区企业转型升级

一、企业转型升级的含义和类型

（一）基本概念

转型升级是企业保持持续、较强竞争力的客观要求，也是企业增强自身适应外部环境变化能力的内在要求。"转型升级"一词具有中国特色，既有研究并没有界定"企业转型升级"的概念，但国内学术界关于企业转型升级的相关阐述和案例总结却不少，例如，毛蕴诗和吴瑶（2009）、程惠芳（2011）等。在追溯"企业转型升级"概念时，吴家曦和李华燊（2009）、毛蕴诗和吴瑶（2009）等都发现能够从国外文献中找到相应的解释，如 Gereffi（1994）认为，企业转型升级就是一个企业或经济体迈向更具获利能力的资本和技术密集型经济领域的过程。如果分开来看，转型是指从一种状态向另一种状态转变的过程，即企业在不同产业之间的转换和不同发展模式之间的转变。升级是指企业在产业链和价值链上的位置提升，一般通过整合和创新来实现。Poon（2004）也指出，企业升级是指制造企业成功地从生产劳动密集型的低附加值产品转向生产更高附加值的资本或技术密集型产品的经济角色转移过程。Humphrey 和 Schmitz（2000）认为，从企业层面的视角，升级是指企业通过获得技术能力和市场能力，以改善其竞争能力和从事高附加值的活动。概括地说，企业转型升级就是企业提高竞争力和实现产品附加值跃升的过程，是构成产业转型升级的基点。

（二）类型划分

按照转型升级的方式，可以将企业转型升级分为转行、转轨和创新三种类型（见表 2-1）。也有学者根据初创企业的生产类型将企业转型升级划分为 OEM 企业升级和"天生的 OBM"企业升级两种类型（毛蕴诗，2008）。下文将根据表 2-1 划分的基本类型，利用长三角地区 100 家企业的调查数据和浙江省经信委对浙江省中小企业转型升级的问卷调查数据，对企业转型升级的态势进行分析。

表2-1 企业转型升级的类型

方式		类型
转型	转行	保留主业，进入新行业（工业部门）
		向产业链上下游延伸
		保留主业，进入服务业
	转轨	商业模式转型
		企业自身管理转型
		企业产权结构调整
		进入新市场
升级	创新	开发新产品
		打造名牌产品
		建立技术中心

二、企业转型升级的发展态势

(一) 企业转型升级的状况

从全国层面看，在用友公司的支持下，清华大学和计世资讯从2008年11月开始对100位CEO发放问卷调查企业转型升级问题。他们认为订单压力凸显、原材料加工大幅度波动、人力资源成本持续上升、资金紧张等问题促使他们的企业加快转型升级，他们所采取的应对措施主要包括从外销到内销、从代工到自主品牌、从低端到高端、从制造到服务、整合产业链资源以及从粗放经营到精细管理六方面，如图2-6所示。

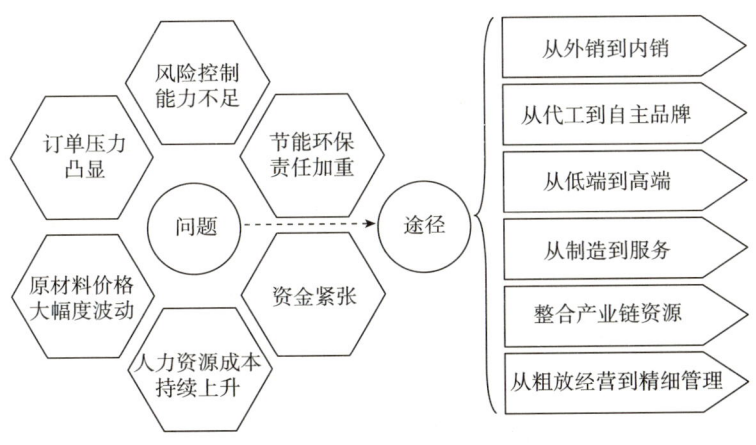

图2-6 企业转型升级的调查结果

同样，浙江省经信委在 2008 年也开展了一项关于中小企业转型升级的调研，他们的调查结果如表 2-2 所示。18.2% 的受访企业表示会在保持主业不变的同时进入新行业，17.1% 的受访企业表示希望通过企业类型转型来实现企业转型，11.7% 的受访企业表示通过开拓新市场使企业向国际化方向转型，10.6% 的受访企业表示利用开发新产品的方式来实现企业升级。进一步，他们的调查发现，已经历过转型升级的中小企业的企业利润率要比没有转型升级的企业高 1.4 个百分点；同时，企业规模对企业进行转型升级有正向影响，企业规模越大，企业转型升级的积极性越高；行业平均利润越高的企业，越倾向于转型升级，如橡胶制品业、木材加工及制品业、通用设备制造业、文教体育用品制造业、医药制造业、造纸及纸制品制造业、金属制品业、电气机械及器材制造业、通信设备制造业、计算机及其他电子设备制造业、专用设备制造业等行业是企业转型升级比重最高的十大行业，这些行业平均利润相对较高，市场前景相对较好。①

表 2-2 浙江省中小企业转型升级问卷调查结果

转型升级方式		主要内容	企业比重（%）
转型	转行（35.8%）	主业不变进入新行业	18.2
		主业转向新的行业，但仍保留原行业	4.9
		退出原行业，完全进入新行业	3.4
		在本行业中，向上游产业链延伸	6.7
		在本行业中，向下游产业链延伸	2.2
		从制造业领域转向服务业领域	0.4
	转轨（44.5%）	企业类型转型	17.1
		商业模式转型	4.5
		进入新的市场	11.7
		管理转型	8.3
		创业者自身转型	2.9
升级	创新（20.2%）	开发新产品	10.6
		提高产品技术含量	6.3
		打造名牌产品	2.2
		战略重点从生产向研发转移	1.1

注：问卷选项可多选。
资料来源：吴家曦和李华燊（2009）。

---

① 吴家曦，李华燊. 浙江省中小企业转型升级调查报告 [J]. 管理世界，2009（8）.

进一步,课题组从浙江省146家工业行业龙头骨干企业、江苏百强民营企业集团名单(2010)、上海百强企业名单(2010)中选择100家公司资料比较齐全且公开发布的企业作为调查对象,企业样本统计描述如表2-3所示。其中国有控股企业17家,非国有控股企业83家;根据企业是否上市划分,51家企业是上市公司或其下属子公司有上市公司(含境内外上市),49家企业是非上市公司,但多数企业计划近几年内上市;根据企业所在地划分,来自上海、江苏和浙江的企业数分别为20家、40家和40家。

表2-3 调查企业样本情况

	所有制情况		企业上市情况		地域分布		
	国有控股	非国有控股	上市公司	非上市公司	上海	江苏	浙江
企业数(家)	17	83	51	49	20	40	40

资料来源:笔者整理。

从调查结果看,2009~2011年,27%的企业在国内利用收购方式推进公司业务板块整合、向上下游产业链拓展或进入新行业。有13%的企业采取海外收购方式并购了美国、德国、日本等国家即将破产但拥有行业技术或品牌优势或两种兼具的企业。29%的企业采取合资形式来扩大公司业务,以实现企业间的优势互补。从投资动向看,26%的企业选择公司主业的产业链上下游进行投资,76%的企业选择继续在本行业(含相近行业)扩大投资,49%的企业开始进入新的工业行业投资,50%的企业涉足房地产、资本投资(含小额贷款)、现代农业、文化创意产业、物流等服务业领域投资。从企业自身管理看,仅有9%的企业开始探索实践新的商业模式,33%的企业开展管理创新的计划或行动,49%的企业积极开拓新市场尤其是海外市场。从企业创新升级看,91%的企业加大产品创新力度,15%的企业实施品牌创新战略,90%的企业从事技术创新活动,如建立企业技术中心、获得国家科技项目立项、开展产学研合作等。

从行业分布看,装备制造、服装纺织、电气工程、冶金材料等行业的企业数比重较大,分别占样本总数的14%、14%、12%和9%。从行业企业转型升级看,装备制造业企业倾向于向海外收购具有技术基础和品牌优势的企业或与其他企业合资设立生产企业,并将海外公司改造成技术服务企业(海外研发基地)或作为开拓海外市场的桥头堡。例如,万向集团、盾安集团、徐工集团、沃德集团等企业在最近几年内都有并购海外同行企业的经历。在服装纺织行业,共有11家企业在保留原主业的同时,实施多元化发展,从事房地产开发、金融投资、现代农业等行业投资。例如，雅戈尔集团很早就在上海、宁波等从事房地产开发，同时也有金融投资业务，而江苏红豆集团则利用品牌优势进入红豆杉种植。75%的电气工程企业在 2009~2011 年增加主业投资，利用并购、合资等方式在全国范围内增设生产基地。67%的冶金材料投资重点转向产品精深加工和向产业链上下游延伸。化学纤维行业企业都集中于发展主业及其上下游产业链的投资，投资项目主要布局在沿海和沿江地区。例如，恒力集团在大连长兴岛投资了 350 亿元用于建设临港石化基地。船舶工程企业受内外环境的影响，把转型升级战略重点放在产品升级、技术创新以及市场开拓上。电子信息行业企业除继续做好主业之外，基本都涉足了硅光伏等新能源产业。金属加工业企业在大力发展产品精密加工的同时，开发和制造金属加工相关装备，部分企业也涉足酒店娱乐产业，例如，江苏飞达集团在丹阳投资建设了金陵阅江大酒店，包括一座五星级商务酒店和一座高级贵宾会所。江苏隆力奇生物科技股份公司、浙江纳爱斯集团等化工企业重点发展附加值和技术含量较高、市场前景较好的精细化工、生物化工等，部分企业涉足房地产开发，如江苏金浦集团。娃哈哈、光明、维维等大型食品加工企业通过独资、并购和合资方式在全国各地设立加工基地和扩展主营业务，如维维集团主业已从豆奶加工业拓展到酒业、粮油等行业。

表 2-4 企业行业分布和发展特点

行业类别	企业数	地域分布			行业特点
		上海	江苏	浙江	
装备制造	14	2	2	10	海外并购活跃
电子信息	3	1	1	1	进军新能源产业
船舶工程	4	1	1	2	注重产品创新和开拓市场
汽车工程	2	1	1	0	由零配件企业转向整车制造
电气工程	12	2	6	4	与世界巨头合作迈向高端产品和扩大产能
冶金材料	9	3	2	4	做强主业，向产业链上下游延伸
金属加工	4	0	4	0	做强主业，由加工向装备制造拓展
建筑材料	5	2	3	0	技术改造和淘汰落后产能
纺织服装	14	1	7	6	多元化经营
化学纤维	5	0	1	4	向产业链上下游延伸，沿海、沿河布局项目
化学工业	4	1	2	1	重点转向高附加值精细化工、生物化工等领域
食品加工	4	2	1	1	拓展生产网络，进入食品其他行业

资料来源：笔者整理。

(二) 影响企业转型升级的因素

浙江省经信委关于中小企业转型升级的问卷调查结果显示（见表 2-5），63.9%的受访企业认为，自身长远发展考虑是影响企业转型升级的关键因素，此外，24.3%和22.5%的企业认为对当前形势的判断和寻找新的市场渠道和新技术是他们考虑企业转型升级的原因。另外，也应该看到，外部环境变化倒逼企业转型升级。例如，20.2%的企业认为产能过剩、恶性竞争给他们带来很大的压力，此外，成本难以消化（15.1%）、市场萎缩（14.3%）、行业发展前景黯淡（13.7%）等因素增大了企业转型升级的压力。①

表 2-5 影响企业转型升级的因素

类型	考虑转型升级的原因	占比（%）
拉动因素	从企业长远发展考虑	63.9
	对当前形势的判断	24.3
	找到了新的市场渠道和新技术	22.5
推动因素	产能过剩、恶性竞争所带来的压力	20.2
	企业成本难以消化	15.1
	市场萎缩	14.3
	行业发展前景黯淡等	13.7
	受周围其他创业者的影响	2.6
制约因素	市场风险过大	63.1
	资金投入过大	53.8
	缺乏高端人才	38.4
	缺乏进入新产业的门路	29.4
	没有掌握关键技术	21.2
	企业员工素质偏低	16.2
	产业政策限制	9.0
	技术门槛过高	9.0
	市场准入限制	7.1
	企业家自身难以适应	5.4
	绿色环保壁垒	5.3
	跨国公司在技术、资本和市场的垄断地位	5.6

资料来源：吴家曦和李华燊（2009）。

---

① 吴家曦，李华燊. 浙江省中小企业转型升级调查报告 [J]. 管理世界，2009（8）.

从制约企业转型升级的因素看，市场风险和资金投入过大是制约企业转型升级的最为重要的两个因素，分别占受访样本总量的 63.1% 和 53.8%。此外，缺乏高端人才、缺乏进入新产业的门路、没有掌握关键技术和企业员工素质偏低都在一定程度上制约了企业转型升级的步伐，分别占受访样本总量的 38.4%、29.4%、21.2% 和 16.2%。另外，市场准入限制、绿色壁垒、跨国公司的垄断等也是限制企业转型升级的外部因素。①

---

① 吴家曦，李华燊. 浙江省中小企业转型升级调查报告 [J]. 管理世界，2009（8）.

第三章 中国制造业生产率提升的来源

中国制造业生产率提升是判断产业转型升级的"方向标",而企业动态调整对制造业生产率构成了实质性的影响,企业进入、企业退出和存活企业对制造业生产率的贡献是不一样的。本章将从企业动态的视角分析中国制造业生产率提升的来源构成,从而为提高制造业生产率提供精准施策的方向。

第一节 研究进展

技术进步是经济持续增长和企业竞争力提高的关键源泉。作为技术进步的重要衡量指标,全要素生产率受到了经济研究领域的高度重视。企业层面的微观数据,不仅能够反映行业、地区等加总生产率(Aggregate Productivity)的状况,还能捕捉其变化的结构来源,即考察企业自身技术进步、企业之间资源配置的变化以及市场中新旧企业的更替(Turnover)对加总生产率的影响。因此,随着"大数据"时代的到来,越来越多的学者开始从企业层面展开生产率分析,努力挖掘比以往宏观层面分析更为丰富的信息。例如,Baily 等(1992)、Griliches 和 Regev(1995)、Foster 等(2001)以及 Baldwin 和 Gu(2003)等对美国、加拿大、以色列等国家制造业生产率变化进行了来源结构分解分析,他们所提出的不同分解方法(本章用其作者首字母分别简称为 BHC、GR、FHK 和 BG 方法)也被后继研究广泛采用。

改革开放以来,我国全要素生产率吸引了许多学者的关注(Chow, 1993; Chow and Li, 2002; 李京文等, 1993, 1998; 郑玉歆, 1996; Krugman, 1994; Young, 1998, 2003; 郑京海、胡鞍钢, 2005; 傅晓霞、吴利学, 2006; Perkins and Rawski, 2008),尤其制造业全要素生产率的大幅提高更是被广泛证实(Jefferson and Rawski, 1994; 涂正革、肖耿, 2005; Hsieh and Ossa, 2011)。随着微

观数据的不断丰富，除全国、地区和行业等宏观层面之外，企业层面的生产率分析也成为近年来的研究重点。例如，李玉红等（2008）、聂辉华和贾瑞雪（2011）、Brandt 等（2012）、李平等（2012）、毛其淋和盛斌（2013）采用 BHC、GR、FHK 和 BG 等方法，利用大中型工业企业数据考察了我国制造业 TFP 增长的结构来源（见表 3-1）。

表 3-1 我国制造业 TFP 增长分解的现有研究结果比较

方法	文献来源	年份	总变化	组内效应	组间效应	进入效应	退出效应
BHC	李玉红等（2008）	2000~2005	0.172	0.082 (47.67)	-0.232 (-134.88)	0.881 (512.22)	-0.560 (-325.58)
	Brandt 等（2012）	1998~2006	0.040	0.013 (32.50)		—	
FHK	聂辉华和贾瑞雪（2011）	1999~2007	0.018	0.024 (133.33)	-0.010 (-55.56)		
	李平等（2012）	1998~2007	4740.1	2108.3 (44.48)	-504.5 (-10.64)	1640.3 (34.60)	1496.1 (31.56)
	毛其淋和盛斌（2013）	1999~2003	0.120	0.015 (12.50)	0.076 (63.33)	-0.016 (-13.33)	0.045 (37.50)
GR	聂辉华和贾瑞雪（2011）	1999~2007	0.018	0.113 (627.78)	-0.086 (-477.78)		
	毛其淋和盛斌（2013）	1999~2003	0.121	0.064 (52.89)	0.031 (25.62)	-0.024 (-19.83)	0.050 (41.32)
BG	毛其淋和盛斌（2013）	1999~2003	0.121	0.064 (52.89)	0.022 (18.18)		

注：①表中第 4~8 列括号外和括号内的数值分别对应各类效应值及其对制造业 TFP 增长的贡献率（％）。②上述研究均采用了中国工业企业数据库的数据资料。③企业 TFP 测算，李平等（2012）使用 Levinsohn 和 Petrin（2003）方法，但各年企业 TFP 变化率的中位数值均超过 200，可能测算结果或其度量有问题，其他研究均使用 Olley 和 Pakes（1996）方法；聂辉华和贾瑞雪（2011）使用企业销售额作为产出，而其他研究使用企业产值指标。④汇总行业生产率的权重，李玉红等（2008）使用产出权重，其余均使用销售额权重。

有趣的是，尽管现有研究在分解方法、样本区间和数据处理等方面存在不小的差别，但测算结果大体上都是企业进入与退出的作用非常突出，而自身生产率进步的贡献相对较小。然而，这一结论与人们对我国工业发展现实的直观认识和具体分析不一致。长期以来，由于预算软约束、地方保护和投资冲动等原因，我国往往出现大量企业在某一阶段浪潮般地涌向同一领域的现象，其中相当一部分企业的技术水平和生产率都比较低，导致了严重的低水平重复建设问题（江小涓，1998；魏后凯，2001；林毅夫，2007），因此对于企业进入能否显著推动总体TFP增长有不少的争议。与此相关，我国多个行业还长期存在大量过剩产能，特别是许多落后企业很难被市场淘汰（张维迎等，2003；江飞涛等，2012），反映出企业退出不太可能是我国行业全要素生产率大幅改进的主要来源。此外，很多其他经验研究表明，鉴于企业制度变革、技术引进、干中学等因素提高了我国工业企业的生产效率和市场竞争力（金碚，2013），企业自身生产率的提高应当会对总体TFP增长起到较大的推动作用。

从理论上讲，企业自身技术进步、企业间资源配置改进和企业进入与退出都可能成为加总生产率水平提高的原因。诚然，按照熊彼特（1934）的观点，随着高生产率企业的进入，低生产率企业自动被迫退出市场，这种企业更替将提高整体经济效率。但是，在实现中，这一机制的发挥依赖于有效的市场机制。此外，即使在市场比较完善的发达经济中，破坏性创新是不是市场演化的主要动力也一直存在争议。比如 Acemoglu 和 Cao（2015）认为，除新进入企业具有破坏性创新外，存活企业也具有持续性创新，而且在某些情况下新企业进入还可能不利于创新而降低行业生产率的进步速度。实际上，正如 Bartelsman 等（2013）所指出的，企业进入和退出贡献的大小，关键在于进入企业和退出企业生产率与存活企业的相对状况：高生产率企业进入和低生产率企业退出才会推动生产率增长；否则恰恰相反。

从对欧美发达国家制造业企业动态研究的结果来看，企业进入和退出并非生产率增长的主要来源。例如，Bartelsman 和 Doms（2000）以及 Foster 等（2001）发现，美国制造业只有25%左右的生产率增长是由企业进入和退出带动的，剩余的75%则是由企业自身效率提高和企业间要素配置改进成长引起的。而 Baldwin 和 Gu（2003）发现企业进入与退出仅仅能解释加拿大制造业生产率增长的15%~25%，剩下的部分主要由存活企业TFP提高解释。其背后的原因在于：企业的TFP水平并不完全取决于其生产技术，还受管理能力、市场环境，甚至相关企业的影响。新进入企业往往需要一段时间来协调生产和适应市场，因而即使采用更新的技术或生产方式，通常实际生产效率也未必从进入时刻就远高于存活企业。具体到我国，毛其淋和盛斌（2013）与本章的企业生产率测算结果都证实，1998~2007年新进入企业TFP平均而言低于存活企业，因而更不可能促进行业

TFP 增长。

以上讨论表明，现有对我国制造业 TFP 增长来源的分解可能存在一定的偏误。那么，更为重要的是，导致其偏误的原因是什么呢？通过对现有我国制造业生产率增长来源分解的深入考察，我们发现关键在于这些研究中采用的 BHC、GR、FHK 和 BG 等方法均存在一定的内在缺陷，而且应用到我国制造业企业分析中时问题更为严重。

首先，这些方法本身有以下三个缺陷：①BHC 方法对进入和退出企业对总体生产率增长贡献的衡量没有考虑这些企业与存活企业的生产率差异，而 GR、FHK 和 BG 方法为保证分解方程式的平衡需要给进入和退出企业选择相同的参照组，从而误将部分参照组企业生产率的变化①视为企业进入与退出的贡献，往往高估企业进入和退出的净效应。②这些方法对企业间要素再配置效应的衡量均直接依赖于企业进入和退出贡献的构建，因此对企业进入与退出效应估计的偏差将直接传递给组间效应，通常导致企业成长效应被低估。③在衡量企业成长引起的总体生产率增长时，这些方法均涉及计算企业生产率变化和企业权重变化的信息，因而只能根据是否进入统计样本来定义企业状态。

其次，以上缺陷在应用到我国制造业分析时问题尤为严重的原因也有三个方面：第一，由于我国经济快速成长过程中存活企业技术进步很快，因而参照组企业生产率的变化也很大，这就使缺陷①对分解结果的影响非常显著。第二，进入企业生产率水平相对更低，甚至平均而言低于存活企业，造成缺陷②形成的偏误远大于发达国家。第三，中国大中型工业企业数据对企业的统计存在口径下限（即截尾数据样本），部分存活企业在不同时点并不一定都纳入统计，应用这些方法时会将它们错误定义为进入企业或退出企业，也会导致对生产率变化来源分解的偏误。②

为克服上述方法应用到我国问题分析时的不足，本章借鉴 Melitz 和 Polanec（2015）的处理方式，采用动态 Olley – Pakes（Dynamic Olley – Pakes, DOP）方法对我国 1998~2007 年制造业生产率变化的来源进行了分解。该方法以企业生产率异质性理论为基础，允许根据不同方式来定义企业进入和退出，而且能为进入和退出企业选择不同的参照组，因而能更为准确地捕捉加总生产率变化的来源。特别地，我们根据我国工业发展和大中型工业企业数据的具体情况，还在已

---

① 企业生产率的"年代效应"（Period Effect）。对中国制造业企业的详细讨论可参见周黎安等（2007）。

② 多数发达国家为普查数据，因而不受这一缺陷影响。

有研究基础上进行了以下扩展：第一，利用企业成立时间和 2008～2009 年状态等信息，更精确地定义了进入、退出和在位等企业状态，剔除了年代效应的影响；第二，采用不同的截尾标准进行样本选择，以间接反映数据截尾性质的影响；第三，根据时间、区域、行业和所有制进行了样本划分，以考察其差异和结果的稳健性。

基于 1998～2007 年中国大中型企业微观数据，我们的分解结果显示：①企业成长效应是我国制造业生产率进步的主因，尤其存活企业自身生产率提高的作用更为突出，而企业进入与退出的净贡献很小；②不同时段、行业、区域和所有制类型企业的分解结果也基本如此，只有个别行业和领域表现出一定的结构差异；③分解结果对于企业状态定义方式、时间阶段、生产率测算方法、样本截尾问题等都是稳健的。本章与既有研究结果的差异，提示我们更为谨慎地认识我国制造业生产率的现实状况，重新审视企业成长和企业进入与退出的作用，并在此基础上针对不同行业、所有制和区域特征制定差别化的产业政策。

第二节 生产率变化的结构分解方法

所谓生产率变化的结构分解，就是利用企业微观数据考察加总生产率水平变化的来源，比如将行业生产率进步分解为行业内各企业自身的生产率提高，不同生产率企业间的要素再分配，以及企业进入和退出的贡献。如前所述，目前已经有多种方法用于研究此问题，如 BHC、FHK、GR、BG 和 DOP 方法等。本节对这些方法进行比较性介绍，从原理上说明 DOP 方法的优势所在。

一、BHC、FHK、GR、BG 方法

为分析行业生产率变化的来源，Baily 等（1992）、Griliches 和 Regev（1995）、Foster 等（2001）以及 Baldwin 和 Gu（2003）等分别提出了不同分解方法。这些方法的基本思想是一致的，都是利用统计变换对加总生产率进行分解。

（一）BHC 分解法

Baily 等（1992）最早开始利用微观数据对加总生产率进行分解，其方法具体如下：首先，定义加总（行业、地区或不同类型企业）生产率：

$$\Phi_t = \sum s_{it} \varphi_{it} \tag{3-1}$$

其中，Φ_t 表示 t 时期的加总生产率水平；φ_{it} 表示 i 企业 t 时期的生产率水平，通常采用企业全要素生产率（对数）来衡量，即 $\varphi_{it} = \ln TFP_{it}$；$s_{it} \in (0, 1)$ 为权重，通常指标为企业产值、增加值、销售额或就业量的比重。由此可见，t 时期相对于 $t-k$ 时期（其中 k 为观测间隔，例如，对于中国工业企业数据库等连续观测为 1，对于不连续普查数据为普查间隔）加总生产率的变化可记为：

$$\Delta \Phi_t = \Phi_t - \Phi_{t-k} \tag{3-2}$$

其次，将 t 时期市场中的企业分为两类，一类为 $t-k$ 时期就已经进入市场并且存活到 t 时期的企业，即存活企业（Surviving Firms，也称在位企业，Incumbent Firms）；另一类为 $t-k$ 时期之后进入市场的企业，即进入企业（Entering Firms）①。因此，t 时期的加总生产率水平可以表示为存活企业加权生产率和进入企业加权生产率之和：

$$\Phi_t = \sum_{i \in S} s_{it} \varphi_{it} + \sum_{i \in N} s_{it} \varphi_{it} \tag{3-3}$$

其中，S 和 N 分别表示存活企业和进入企业集合。类似地，从 t 时期回看，$t-k$ 时期市场中的企业可以分为存活到 t 时期的企业和未能存活到 t 时期的企业，后者即退出企业（Exiting Firms）。因此，$t-k$ 时期的加总生产率水平可以表示为存活企业加权生产率和退出企业加权生产率之和：

$$\Phi_{t-k} = \sum_{i \in S} s_{it-k} \varphi_{it-k} + \sum_{i \in X} s_{it-k} \varphi_{it-k} \tag{3-4}$$

其中，X 表示退出企业集合。将以上两式代入式（3-2），t 时期至 $t-k$ 时期加总生产率的变化可以表示为：

$$\Delta \Phi_t = \underbrace{\sum_{i \in S} s_{it} \varphi_{it} - \sum_{i \in S} s_{it-k} \varphi_{it-k}}_{\text{存活企业效应}} + \underbrace{\sum_{i \in N} s_{it} \varphi_{it}}_{\text{进入效应}} - \underbrace{\sum_{i \in X} s_{it-k} \varphi_{it-k}}_{\text{退出效应}} \tag{3-5}$$

这样，根据式（3-5）就可以将加总生产率变化分解为存活企业、进入企业和退出企业的贡献。

最后，为了进一步分析存活企业之间要素配置的影响，Baily 等（1992）将式（3-5）中的存活企业效应分解为企业生产率成长和不同生产率企业市场份额变化的影响。他们选择 $t-k$ 时期作为分解的基期，并注意到 $\sum_{i \in S} s_{it} \varphi_{it} = \sum_{i \in S} (s_{it-k} + \Delta s_{it})(\varphi_{it-k} + \Delta \varphi_{it})$，因此有：

---

① 严格地讲，应当为 $t-k$ 时期之后进入市场并且存活到 t 时期的企业，但不同方法对于如何定义进入有差别，这一点在后文中详细讨论。

$$\sum_{i \in S} s_{it}\varphi_{it} - \sum_{i \in S} s_{it-k}\varphi_{it-k} = \sum_{i \in S} s_{it-k}\Delta\varphi_{it} + \sum_{i \in S} \Delta s_{it}\varphi_{it-k} + \sum_{i \in S} \Delta s_{it}\Delta\varphi_{it} \quad (3-6)$$

其中，Δs_{it} 和 $\Delta \varphi_{it}$ 分别代表 $t-k$ 时期至 t 时期企业市场份额和企业生产率的变化。将式（3-6）代入式（3-5）整理后即得到 BHC 分解：

$$\Delta\Phi_t = \underbrace{\sum_{i \in S} s_{it-k}\Delta\varphi_{it}}_{\text{组内效应}} + \underbrace{\sum_{i \in S} \Delta s_{it}\varphi_{it-k}}_{\text{组间效应}} + \underbrace{\sum_{i \in S} \Delta s_{it}\Delta\varphi_{it}}_{\text{交叉效应}} + \underbrace{\sum_{i \in N} s_{it}\varphi_{it}}_{\text{进入效应}} - \underbrace{\sum_{i \in X} s_{it-k}\varphi_{it-k}}_{\text{退出效应}}$$

(BHC)

BHC 方法将加总生产率的变化分解为五项：第一项为组内效应（Within Effect），反映的是企业市场份额不变时存活企业自身生产率变化引起的行业生产率变化；第二项为组间效应（Between Effect），为企业生产率不变时企业资源配置调整引起的行业生产率变化；第三项为交叉效应（Cross Effect），用以考察企业占用资源与企业生产率的协同变化情况及其对行业生产率变化的影响，如果企业占用的资源与企业生产率同向变化，也就是说，生产率提升程度越高的企业占用的资源越多，将有利于促进行业生产率增长，反之则不利于提高行业生产率；第四项、第五项分别为进入效应（Entry Effect）和退出效应（Exit Effect），分别用于衡量进入企业和退出企业带动的行业生产率变化。

尽管具有开创意义，但 BHC 分解有两个严重不足：一方面，该方法对存活企业效应的分解完全是一个统计变换，其中企业份额不变或企业生产率不变都是统计假设，缺乏经济学理论基础。另一方面，该方法对企业进入和退出效应的衡量存在根本缺陷，无论这些企业生产率是高于还是低于存活企业，企业进入（退出）对总体生产率变化的贡献总是正（负）向的。为说明这一偏差，不妨考虑一个极端例子：某行业 $t-k$ 期到 t 期所有进入企业和退出企业的生产率都低于存活企业观测期间的生产率水平。此时企业进入（退出）对加总生产率的实际影响显然是负（正）向的，然而 BHC 方法的分解结果却都完全相反。此外，类似于价格指数的制定，BHC 方法还存在基期选择，特别是进入和退出企业究竟应当与存活企业哪个时期的生产率进行比较等问题。

（二）FHK 分解法

为了克服 BHC 方法在衡量进入和退出企业贡献时的问题，Foster 等（2001）以样本初期的平均生产率水平作为参照系，从而提出了一种新的分解方法。具体地，FHK 分解的处理如下：

首先，注意到 $t-k$ 期至 t 期存活企业权重变化与进入企业和退出企业权重的关系：

$$\sum_{i \in S}(s_{it} - s_{it-k}) = -\left(\sum_{i \in N} s_{it} - \sum_{i \in X} s_{it-k}\right) \qquad (3-7)$$

其次，将式（3-7）两边同时乘以 $t-k$ 期加总生产率水平 Φ_{t-k} 得：

$$\Phi_{t-k} \sum_{i \in S}(s_{it} - s_{it-k}) + \Phi_{t-k}\left(\sum_{i \in N} s_{it} - \sum_{i \in X} s_{it-k}\right) = 0 \qquad (3-8)$$

然后，将式（3-8）代入式（3-5）并整理便得到 FHK 分解：

$$\Delta \Phi_t = \underbrace{\sum_{i \in S} s_{it-k} \Delta \varphi_{it}}_{\text{组内效应}} + \underbrace{\sum_{i \in S} \Delta s_{it}(\varphi_{it-k} - \Phi_{t-k})}_{\text{组间效应}} + \underbrace{\sum_{i \in S} \Delta s_{it} \Delta \varphi_{it}}_{\text{交叉效应}} + \underbrace{\sum_{i \in N} s_{it}(\varphi_{it} - \Phi_{t-k})}_{\text{进入效应}} -$$

$$\underbrace{\sum_{i \in X} s_{it-k}(\varphi_{it-k} - \Phi_{t-k})}_{\text{退出效应}} \qquad (\text{FHK})$$

FHK 分解等号右边各项含义与 BHC 方法相似，但由于引入初期加总生产率水平作为参照系，部分地缓解了 BHC 方法对进入效应和退出效应衡量的偏误。在 FHK 方法中，仅当进入企业生产率水平高于基期行业平均生产率水平时，进入效应才为正，否则为负；类似的，仅当退出企业生产率水平低于基期行业平均生产率水平时，退出效应才为正，否则为负。此外，FHK 方法与 BHC 方法的差异还体现在组间效应。在 FHK 方法中，生产率高于（低于）基期行业平均生产率水平的企业市场份额增加（减少）将有利于行业生产率增长，否则相反。不过，如果仔细推敲，FHK 方法的处理也存在不足，即为什么采用初期，而不是末期或其他时期的加总生产率水平作为参照系。通常而言，选择初期作为企业进入贡献的参照系是可以接受的，但对于企业退出的贡献则以末期作为参照系更为恰当。

（三）GR 分解法

Griliches 和 Regev（1995）与 FHK 的区别是采用加总生产率初期与末期的均值作为衡量企业进入和退出对行业 TFP 变化贡献时参照系，同时采用加权方式缓解了 BHC 方法对存活企业效应分解中的基期选择问题。该方法分解思路如下：

首先，以末期为基期对存活企业效应进行类似式（3-6）的变换得到：

$$\sum_{i \in S} s_{it} \varphi_{it} - \sum_{i \in S} s_{it-k} \varphi_{it-k} + \left(\sum_{i \in S} s_{it} \varphi_{it} - \sum_{i \in S} s_{it} \varphi_{it-k}\right) = \sum_{i \in S} s_{it} \Delta \varphi_{it} + \sum_{i \in S} \Delta s_{it} \varphi_{it-k}$$
$$(3-9)$$

然后，将式（3-6）和式（3-9）等号左右两边分别相加除以 2 得到：

$$\sum_{i \in S} s_{it} \varphi_{it} - \sum_{i \in S} s_{it-k} \varphi_{it-k} = \sum_{i \in S} \bar{s}_i \Delta \varphi_{it} + \sum_{i \in S} \Delta s_{it} \bar{\varphi}_i \qquad (3-10)$$

其中，$\bar{s}_i = (s_{it} + s_{it-k})/2$，$\bar{\varphi}_i = (\varphi_{it} + \varphi_{it-k})/2$。同时，将式（3-7）两边同时乘以企业生产率的平均值 $\bar{\Phi} = (\Phi_t + \Phi_{t-k})/2$，得：

$$\overline{\Phi}\sum_{i\in S}(s_{it}-s_{it-k}) + \overline{\Phi}\left(\sum_{i\in N}s_{it}-\sum_{i\in X}s_{it-k}\right) = 0 \qquad (3-11)$$

最后，将式（3-10）代入式（3-4）并减去式（3-11），即得到 GR 方法：

$$\Delta\Phi_t = \underbrace{\sum_{i\in S}\bar{s}_i\Delta\varphi_{it}}_{\text{组内效应}} + \underbrace{\sum_{i\in S}\Delta s_{it}(\overline{\varphi}_i - \overline{\Phi})}_{\text{组间效应}} + \underbrace{\sum_{i\in N}s_{it}(\varphi_{it} - \overline{\Phi})}_{\text{进入效应}} - \underbrace{\sum_{i\in X}s_{it-k}(\varphi_{it-k} - \overline{\Phi})}_{\text{退出效应}} \qquad (\text{GR})$$

GR 分解可以看作对 FHK 的一种"微创"改进，其结果的经济学含义与 FHK 分解完全类似。不过，GR 分解与 FHK 分解有两点不同：一是基期选择不同，二是平滑化处理使 GR 分解不再含有交叉效应。通过对生产率和权重的平滑化处理，GR 方法有利于克服 FHK 分解中的衡量误差，但由于并无本质性改进，GR 方法实际上具有与之类似的理论缺陷。

（四）BG 分解法

尽管参照系选择不同，但 FHK 方法和 GR 方法都是通过对比进入和退出企业生产率与存活企业生产率（或者其时间平滑）来衡量进入和退出效应的。而 Baldwin 和 Gu（2003）指出，由于新进入企业通常更倾向于与退出企业而不是存活企业竞争（Neuman，1978），并且跨国的经验证据也表明行业的进入率与退出率基本相等（Gable 和 Schwalbach，1991）。因此，他们主张根据进入企业和退出企业生产率差额来衡量净进入效应，以反映进入企业对退出企业的替代。

BG 分解的思路是：首先定义初期退出企业（加权）平均生产率 $\Phi_{Xt-k} = \sum_{i\in X}(s_{it-k}/s_{Xt-k})\varphi_{it-k}$，其中 $s_{Xt-k} = \sum_{i\in X}s_{it-k}$ 为全部退出企业的市场份额。其次，在式（3-7）两边同时乘以 Φ_{Xt-k}，得：

$$\Delta\text{cov}(s_{it}, \varphi_{it}) \qquad (3-12)$$

然后，将式（3-10）和式（3-12）同时代入式（3-5）得到：

$$\Delta\Phi_t = \sum_{i\in S}\bar{s}_i\Delta\varphi_{it} + \sum_{i\in S}\Delta s_{it}(\overline{\varphi}_i - \Phi_{Xt-k}) + \sum_{i\in N}s_{it}(\varphi_{it} - \Phi_{Xt-k}) + \sum_{i\in X}s_{it-k}(\varphi_{it-k} - \Phi_{Xt-k}) \qquad (3-13)$$

最后，注意到式（3-13）最后一项 t，于是简化为：

$$\Delta\Phi_t = \underbrace{\sum_{i\in S}\bar{s}_i\Delta\varphi_{it}}_{\text{组内效应}} + \underbrace{\sum_{i\in S}\Delta s_{it}(\overline{\varphi}_i - \Phi_{Xt-k})}_{\text{组间效应}} + \underbrace{\sum_{i\in N}s_{it}(\varphi_{it} - \Phi_{Xt-k})}_{\text{净进入效应}} \qquad (\text{BG})$$

由于对存活企业效应的处理相同，BG 方法中的组内效应与 GR 方法一样，同时因为进入退出效应衡量的参照系不同，BG 方法中组间效应与 GR 方法不同。

BG 分解中仅有生产率高于（低于）初期退出企业加总生产率的企业市场份额增加（减少）才有利于行业生产率增长；否则相反。不过，虽然 Baldwin 和 Gu (2003) 试图根据市场竞争来衡量企业进入和退出对加总生产率变化的影响，但其假设并没有坚实的理论和实证基础。例如，进入企业往往具有较快的成长率，形成对存活企业的竞争；退出企业也往往是被存活企业打败的，而不一定是新企业进入的结果。此外，由式（3-12）和式（3-13）可以清楚地看出，BG 分解方法的组间效应同样依赖于对进入和退出效应的统计核算，与 BHC、FHK、GR 方法一样难以明确反映企业生产率与资源分布的互动。更为严重的是，由于这些方法都忽视了企业生产率的年代效应，对进入效应和退出效应的衡量不可避免地会出现偏差，从而造成生产率分解结果的不可靠。

二、OP 和 DOP 方法

从原理上讲，以上方法的重要缺陷是单纯依赖统计变换来刻画组间效应（即企业生产率变化与企业市场份额变化的交互影响），既缺乏经济理论的基础又容易因不同变换选择而导致结果差异巨大。为了克服这一缺陷，Olley 和 Pakes (1996) 提出了以企业异质性理论为基础的组间效应分解方法。Melitz 和 Polanec (2015) 则进一步引入了对企业进入退出的处理，从而很好地完善了加总生产率分解的分析方法，使我们能够更为准确地认识不同效应对加总生产率变化的影响。

（一）OP 分解法

Olley 和 Pakes (1996) 提出，可将 t 时期加总生产率水平分解为企业生产率的（未加权）平均值和企业生产率与市场份额的协方差两个部分：

$$\Phi_t = \overline{\varphi}_t + \sum_i (s_{it} - \overline{s}_t)(\varphi_{it} - \overline{\varphi}_t) = \overline{\varphi}_t + \text{cov}(s_{it}, \varphi_{it}) \qquad (3-14)$$

其中，$\overline{\varphi}_t = \dfrac{1}{n_t}\sum_{i=1}^{n_t}\varphi_{it}$，$n_t$ 为 t 期企业总数，$\overline{s}_t = \dfrac{1}{n_t}\sum_{i=1}^{n_t} s_{it} = \dfrac{1}{n_t}$ 为 t 期企业市场份额平均值。值得注意的是，式（3-14）中的企业生产率与市场份额协方差（通常称为"Olley-Pakes 协方差项"）是基于企业生产率和企业权重的分布构建的，当且仅当企业完全同质时此项为 0。由于直接与企业生产率异质性理论相联系，Olley-Pakes 协方差项可以用来反映市场机制如何根据企业生产率来调整企业间的要素分布。从静态来看，如果协方差项大于零，说明高于市场平均生产率的企业占有相对更多的资源；否则相反。从动态来看，如果协方差项出现正向变化，则表明市场资源配置在改善，有利于整体生产率进步；否则亦相反。

对式（3-14）两边取 $t-k$ 期至 t 期差分，便得到了 Olley 和 Pakes（1996）的生产率分解：

$$\Delta\Phi_t = \Delta\overline{\varphi}_t + \Delta\mathrm{cov}(s_{it}, \varphi_{it}) \tag{OP}$$

其中，$\Delta\Phi_t$、$\Delta\overline{\varphi}_t$ 和 $\Delta\mathrm{cov}(s_{it}, \varphi_{it})$ 分别代表 $t-k$ 期至 t 期总体生产率、（未加权）平均生产率和企业生产率与市场份额协方差的变化。OP 分解方法对特定时点的生产率分解具有很强的吸引力，它表明行业总体生产率变化由行业内企业生产率（未加权）平均水平变化和不同生产率企业间要素分布变化决定。然而，OP 分解有一个非常严重的缺陷，即没有考虑企业的进入与退出。

（二）DOP 分解法

为弥补 OP 分解的这一不足并保留其理论优势，Melitz 和 Polanec（2015）在其基础上引入了企业进入和退出的影响。具体思路为：首先，分别将第 $t-k$ 期和第 t 期的加总生产率表示为存活企业与退出企业和存活企业与进入企业加总生产率水平之和，即作如下变换：

$$\Phi_{t-k} = \Phi_{St-k}\sum_{i\in S}s_{it-k} + \Phi_{Xt-k}\sum_{i\in X}s_{it-k} = \Phi_{St-k} + \sum_{i\in X}s_{it-k}(\Phi_{Xt-k} - \Phi_{St-k}) \tag{3-15}$$

$$\Phi_t = \Phi_{St}\sum_{i\in S}s_{it} + \Phi_{Nt}\sum_{i\in N}s_{it} = \Phi_{St} + \sum_{i\in N}s_{it}(\Phi_{Nt} - \Phi_{St}) \tag{3-16}$$

其中，Φ_{St}、Φ_{St-k}、Φ_{Nt} 和 Φ_{Xt-k} 分别为各类企业（加权）加总生产率，即 $\Phi_{Jt} = \sum_{i\in J}(s_{it}/S_{Jt})\varphi_{it}$，$s_{Jt} = \sum_{i\in J}s_{it}$，$J = S, N, X$。另外，各类企业权重满足 $s_{St} + s_{Nt} \equiv 1$ 和 $s_{St-k} + s_{Xt-k} \equiv 1$。其次，式（3-16）减去式（3-15）并将式（3-14）代入可以得到 Dynamic Olley-Pakes 分解：

$$\Delta\Phi_t = \underbrace{\underbrace{\Delta\overline{\varphi}_{St}}_{\text{组内效应}} + \underbrace{\Delta\mathrm{cov}_S(s_{it}, \varphi_{it})}_{\text{组间效应}}}_{\text{企业成长效应}} + \underbrace{\underbrace{s_{Nt}(\Phi_{Nt} - \Phi_{St})}_{\text{进入效应}} - \underbrace{s_{Xt-k}(\Phi_{Xt-k} - \Phi_{St-k})}_{\text{退出效应}}}_{\text{企业净进入效应}} \tag{DOP}$$

与前面的方法类似，DOP 分解等号右边各项刻画了 $t-k$ 期至 t 期加总生产率变化的来源：第一至四项分别为组内效应、组间效应、进入效应和退出效应。但与 BHC、FHK、GR 和 BG 分解不同的是，DOP 分解中组内效应的贡献直接由存活企业的（未加权）平均技术进步来衡量，组间效应由存活企业间资源配置效率变化（即 Olley-Pakes 协方差项变化）来刻画，企业进入效应采用观测末期存活企业加总生产率为参照系，企业退出效应采用样本初期存活企业加总生产率为参照系。由于 DOP 分解中组内效应和组间效应与进入退出企业完全无关，我们称两项之和为"企业成长效应"（Firm Growth Effect），以反映存活企业成长导致的加总生产率进步。相应地，称进入效应和退出效应之和为净进入效应（Net Entry Effect），用以衡量企业进入与退出对总体生产率变化的净作用。

(三) DOP 方法的理论优势

由此可见，DOP 方法既保留了 OP 分解的理论优势，又能恰当地捕捉企业进入和退出对加总生产率的影响。具体来看，与 BHC、FHK、GR 和 BG 等方法相比，其优点主要有以下几个方面：

首先，DOP 方法能真实地反映存活企业间资源配置效率的变化情况。一方面，类似于 OP 分解，DOP 方法中组间效应的构建直接与企业生产率异质性理论相联系，能够较好地捕捉企业生产率分布与生产要素分布的互动。另一方面，DOP 方法中组间效应的构建还独立于进入效应和退出效应的估计。而在 FHK、GR 和 BG 方法中，组间效应的构建直接取决于进入与退出企业参照系的设定，它们均以扣除参照组企业生产率后的企业生产率值作为权重、对企业市场份额变化进行加权平均计算。也就是说，这些方法构建的组间效应并不是从经济理论或经济现象出发，而是服务于进入效应和退出效应的构建以及分解方程式两边的平衡，因此往往出现测度的偏误。

其次，DOP 方法能够克服生产率分解中的年代效应问题。由于企业生产率会随时间而变化，因而基于同一时期不同类型企业生产率的比较才有意义。对比各种分解方法可以发现，只有 DOP 方法分别使用末期和初期存活企业生产率作为进入和退出效应的参照系，因而能够不受企业生产率年代效应的干扰，真实地反映企业进入与退出对总体生产率增长的贡献。而 BHC、FHK、GR 和 BG 方法在衡量进入效应和退出效应时需要选择同期（基期、末期，或中间某一时点）企业生产率作为进入企业和退出企业的参照系，相当于对不同类型企业不同时期的生产率进行了比较，必然包含参照组企业生产率的年代效应。

最后，DOP 方法对数据的要求更低，特别是在截尾数据下的稳健性更高。BHC、FHK、GR 和 BG 等方法在衡量存活企业组内和组间效应时，需要计算存活企业生产率和市场份额变化的信息（即 Δs_{it} 或 $\Delta \varphi_{it}$），只能根据样本数据变化来定义企业状态，从而会误将仅出现在某一期（$t-k$ 期或 t 期）的存活企业视为进入企业或退出企业。① 对于截尾样本而言，那些处于截断边界的企业可能反复进入或退出统计，对企业状态的界定和生产率分解结果造成很大影响。而 DOP 方法由于不涉及直接计算企业层面生产率和权重在时间上变化的信息，并未要求存活企业同时出现在第 $t-k$ 期和第 t 期的统计样本中，因此可采用企业成立准则来

---

① 在本书样本中，如果要定义 2003~2007 年的新进入企业，对于 2003 年未出现但 2007 年出现的 20.22 万家企业，仅 8.36 万家是在 2004~2007 年成立的，这种做法将导致 2003 年之前成立的 11.86 万家企业被错误定义为新进入企业。

定义企业状态(详见第三节)。即使在我国大中型企业这样的截尾数据样本下,我们仍能较准确地定义企业生存状态(进入、退出和存活)。

第三节 企业生产率的测算与企业状态的确定

分解制造业生产率进步,一要测算企业生产率水平,二要界定企业存活、进入和退出状态。本节介绍我们采用的方法和数据,报告企业生产率测算和企业状态界定的结果,特别是对进入、退出和存活企业的生产率状况进行比较,为后面的生产率分解提供初步的判断依据。

一、TFP 测算方法与数据处理

本章采用索洛余值法测算企业全要素生产率,即将企业生产率定义为企业产出中资本、劳动和中间投入不能解释的部分。为解决企业生产函数估计中的内生性和选择性偏倚问题,在基本分析中我们采用最为广泛接受的 Olley 和 Pakes (1996) 方法。[①] 该方法以企业投资作为可观测 TFP 的代理变量,以半参数估计克服 OLS 估计的不一致问题。我们假设企业生产函数为包含中间投入的柯布—道格拉斯函数形式,因而 t 时期 i 企业全要素生产率(对数)为:

$$\ln TFP_{it} = \ln Y_{it} - a_{Kz}\ln K_{it} - a_{Lz}\ln L_{it} - a_{Mz}\ln M_{it} \tag{3-17}$$

其中,Y 代表企业总产值,K 和 L 分别为企业固定资本存量和从业人员数,M 为企业中间投入,$\alpha_{jz}(j=K,L,M)$ 为相应要素的份额,与行业 z 有关。

本章使用的制造业企业数据主要来自中国工业企业数据库。该数据库涵盖的工业企业总产值占全部工业的 90%~95%,能够较好地反映我国制造业的总体特征。我们收集和整理了 1998~2009 年数据,但 2008 年和 2009 年未报告企业增加值和企业中间投入,无法计算企业 TFP。因此本章主要使用 1998~2007 年的数据资料,同时用 2008~2009 年的数据辅助识别退出企业。为了保持统计口径一致,本章仅选择年主营业务收入和年销售额均超过 500 万元企业数据进行

---

① 作为稳健性检验之一,我们还采用 Levinsohn 和 Petrin (2003) 方法估计生产函数,然后测算企业生产率。参照通常做法,两种方法的估计中我们都引入时间和企业年龄作为控制变量并考虑行业和地区效应。

分析。①

使用该数据前,我们根据新旧行业代码表和国家统计局颁布的行政区划代码分别调整企业的行业和地区代码,并对样本进行了以下处理:①删除企业总产值、增加值、固定资产合计、从业人员、销售额数值缺失、等于或小于零的企业观测点;②删除不符合一般会计准则的企业观测,包括从业人员数小于8人(这些企业缺乏可靠的会计系统)、流动资产大于总资产、固定资产合计大于总资产的企业观测点;③删除了烟草制品业与废弃资源和废弃材料回收加工业两个行业,没有考虑部分年份分类不全的其他制造业。经过上述处理后得到覆盖28个(二位数)行业制造业企业的有效观测点约178.74万个。本章所需的企业产值、增加值、中间投入和从业人员变量均可直接或间接从数据库中获得,其中企业产值和增加值使用企业所在地区工业品出厂价格指数平减,中间投入使用原材料、燃料、动力购进价格指数平减;企业固定资本存量直接使用"企业固定资产净值年平均余额"指标表示,并利用企业所在地区固定资产价格指数平减。② 上述指标均调整到以1998年为基期的实际值,各类价格指数主要来自《中国统计年鉴》和中经网统计数据库。

二、企业状态的确定

对加总生产率变化的分解需要界定进入、退出以及存活企业。需要指出的是,虽然这些企业状态的界定看似明确,但实际上在应用到中国工业企业数据库的研究时却存在很大差异。具体地说,由于该数据库的截尾性质,企业状态定义可以分为企业成立准则(见表3-2中的定义方式Ⅰ)和企业统计准则(见表3-2中的定义方式Ⅱ)两种方式。两种方法的主要差别体现在如何处理成立时间在计算初期之前但在计算末期才首次进入统计的企业,企业成立准则将它们作为存活企业而企业统计准则却将它们作为进入企业。③ 在生产率分解中,由于

---

① 全部样本中规模以下企业观测点占全部观测数7.81%,根据我们的检验,剔除与否不会显著影响分解结果。

② 本书并未使用永续盘存法测算企业固定资本存量,这是因为利用永续盘存法测算企业固定资本存量时,多数研究均使用相邻年份企业固定资产原值差额计算企业固定资产投资(I_{it}),但是他们忽视了有1/4左右观测点的I_{it}小于零,这意味着使用永续盘存法($K_{it} = K_{it-1} + I_{it} - D_{it}$)测算企业固定资本存量反而可能产生错误的估算。

③ 当然,还可以将这部分样本剔除,但据我们所知,没有学者采用剔除的方式。比如,对于2003年未出现但2007年出现的20.22万家企业,仅有8.36万家企业的成立年份为2004~2007年,要定义2003~2007年的新进入企业,如果采用剔除的方式,则有11.86万家企业观测点被剔除,这显然将损失大量的信息。

BHC、FHK、GR 和 BG 方法依赖于统计核算平衡,只能采用统计准则;而 DOP 方法则没有此限制,可以采用任何一种方式界定企业状态。对于在截尾数据而言,定义方式 II 下进入和退出仅仅是样本数据的变化,会错误地将一部分存活企业定义为进入或退出企业,并不能完全反映现实经济中企业真实的进入和退出①;而定义方式 I 则充分地利用了企业建立时间和生存状况的信息,因此采用这种方法进行企业状态定义能够相对更为准确地反映现实经济中企业真实的进入和退出行为。

表 3-2 企业状态定义方式比较

企业观测类型	定义方式 I	定义方式 II
$t-k$ 期未出现,t 期出现,$\tau \in [t-k, t]$ 期成立	新进入企业(N)	新进入企业(N)
$t-k$ 期未出现,t 期出现,$t-k$ 期之前成立	存活企业(S)	新进入企业(N)
$t-k$ 期出现,$\tau \in (t-k, t)$ 期及以后均未出现的企业	退出企业(X)	退出企业(X)
$t-k$ 期出现,t 期未出现,此后又曾出现	存活企业(S)	退出企业(X)
$t-k$ 期和 t 期均出现的企业	存活企业(S)	存活企业(S)
$\tau \in (t-k, t)$ 期出现并退出的企业	不考虑	不考虑

据此,我们采用企业成立准则界定了 1998~2007 年我国制造业企业进入和退出的基本情况,结果发现我国制造业企业存在较高的进入率和退出率(如表 3-3 第 2、3 列所示),并且多数行业的进入率和退出率较为接近。首先,总体来看 1999~2007 年新进入的企业占 2007 年全部企业数的 68.34%(合计 20.68 万家),而 1998~2006 年退出的企业总数占 1998 年全部企业数的 69.21%(合计 7.70 万家)。其次,二位数行业的结果也表明,1998~2007 年我国制造业二位数行业均存在较高的企业进入率和退出率,2/3 以上(23 个)行业的企业进入率和退出率均分布在 60%~75%,并且各行业企业进入率和退出率差额均不超过 12%,这表明各个行业的企业进入率和退出率差别不大。最后,相比于存活企业,进入和退出企业的平均规模较小。进入企业和退出企业的销售额和从业人员占比均低于其相应的企业数占比,分行业的结果也是类似的。

---

① 明确指明使用表 3-2 中定义方式 II 的学者有 Griliches 和 Regev(1995)、李玉红等(2008)、李平等(2012)、毛其淋和盛斌(2013)等。

表 3-3　1998~2007 年制造业企业进入、退出的基本情况

时间跨度	企业数占比（%）		销售额占比（%）		从业人员占比（%）	
	进入企业	退出企业	进入企业	退出企业	进入企业	退出企业
1998~2003	35.27	51.02	25.06	36.62	24.45	41.52
2003~2007	28.15	33.35	16.78	22.00	18.06	27.12
1998~2007	68.34	69.21	52.03	55.65	53.14	61.75

注：由于我们使用了 1998~2009 年的数据资料，检验企业是否退出的时间终点为 2009 年。

三、制造业企业 TFP 的基本情况

利用以上方法与数据，我们测算了 1998~2007 年我国工业企业全要素的生产率水平，全部制造业的全要素生产率水平可以通过企业加总来获得。由于加权平均法被纳入了企业规模异质因素，因此下文在计算分类型企业平均 TFP 时均使用加权平均方式计算，基本分析中权重为企业销售额。从以下结果来看，我们的测算结果比较符合这些年我国工业的发展情况，也与类似研究的结果比较接近。

首先，我们来看制造业的总体生产率水平。从表 3-4 可看出，加权平均计算的 1998~2007 年制造业的全要素生产率（对数）从 1.163 上升到 1.473，年平均技术进步率在 1.35%~5.36%，整个时段年均为 3.44%。由此可见，这十多年间我国制造业 TFP 总体处于上升趋势。值得指出的是，加权平均法计算得出的制造业 TFP 相比于算术平均法计算的结果较高、增速较快，这从侧面说明规模较大的企业 TFP 较高、进步更为显著。

表 3-4　1998~2007 年制造业 TFP

年份	加权平均		算术平均	
	lnTFP	TFP 增速（%）	lnTFP	TFP 增速（%）
1998	1.163	—	1.041	—
1999	1.177	1.35	1.053	1.18
2000	1.216	3.94	1.084	3.12
2001	1.243	2.72	1.103	1.86
2002	1.272	2.86	1.118	1.52
2003	1.317	4.52	1.159	4.08
2004	1.361	4.38	1.196	3.69
2005	1.415	5.36	1.258	6.20

续表

年份	加权平均		算术平均	
	lnTFP	TFP 增速（%）	lnTFP	TFP 增速（%）
2006	1.458	4.36	1.309	5.07
2007	1.473	1.46	1.335	2.62
平均	—	3.44	—	3.26

注：本章中 TFP 增速根据对出差分计算，下同。

其次，我们考察不同性质行业生产率的特征。本章将制造业行业根据三种方式进行归类：①根据经营类型将制造业二位数行业分为食品工业（13-15）、轻纺工业（17-24）、化学工业（25-30）、材料工业（31-34）和装备制造业（35-41）；②借鉴王德文等（2004）的行业分类方式，将行业分为技术密集型（高新技术）行业（27、40、41、376）、资本密集型行业（25、26、28、31-34、37、39）和劳动密集型行业（13-24，剔除16）[1]；③根据市场垄断程度，将四位数行业分为高垄断行业、次高垄断行业、垄断竞争行业和高竞争行业四类[2]。具体测算结果如下：如果按经营类型来划分，装备制造业和化学工业 TFP 水平较高，而食品工业和材料工业 TFP 水平较低；同时，装备制造业 TFP 提升幅度明显较高，而材料工业 TFP 提升幅度较低［见图 3-1（a）］。如果按要素密集程度划分，技术密集型行业 TFP 水平明显高于资本密集型行业和劳动密集型行业，但后两者差别不大［见图 3-1（b）］。根据市场竞争性比较，竞争性较强的行业（"垄断竞争行业"和"高竞争行业"）TFP 水平明显较低，而垄断程度较高行业的 TFP 水平相对较高［见图 3-1（c）］。

再次，所有制和区域生产率变化也存在一定差异。从不同所有制类型企业看[3]，1998~2007 年各类企业平均 TFP 基本上都处于上升态势，但是各类企业平均 TFP 水平及其增幅也有所不同。从水平来看，不同所有制企业中，平均 TFP

---

[1] 括号内的数值对应国民经济行业分类（GB/T2、GB/T3）二、三位数行业代码，对照表见附录。

[2] 垄断程度以赫芬达尔指数（HI）衡量，计算公式为：$HI_{St} = \sum_{i \in S} \theta_{it}^2$，其中 θ_{it} 为企业销售额占所属行业销售总额的比重。市场结构的分类标准如下：分别将 HI 位于最高和次高 30% 分位区间的四位数行业定义为高垄断行业和次高垄断行业，HI 位于最低和次低 20% 分位区间的四位数行业分别定义为高竞争行业和垄断竞争行业。

[3] 所有制类型的划分：将明确登记了所有制类型（国有、集体、私营、外资或港、澳、台资五类企业）的企业划入相应所有制类型企业，对于剩下的企业（主要是有限责任公司、股份合作企业或登记为"其他企业"的企业）则根据资本来源构成占比辅助划分，例如，将国家资本占比超过 50% 的企业划入国有企业，将集体资本占比超过 50% 的企业划入集体企业，以此类推，最后不能归入上述五类的企业记为"其他企业"。

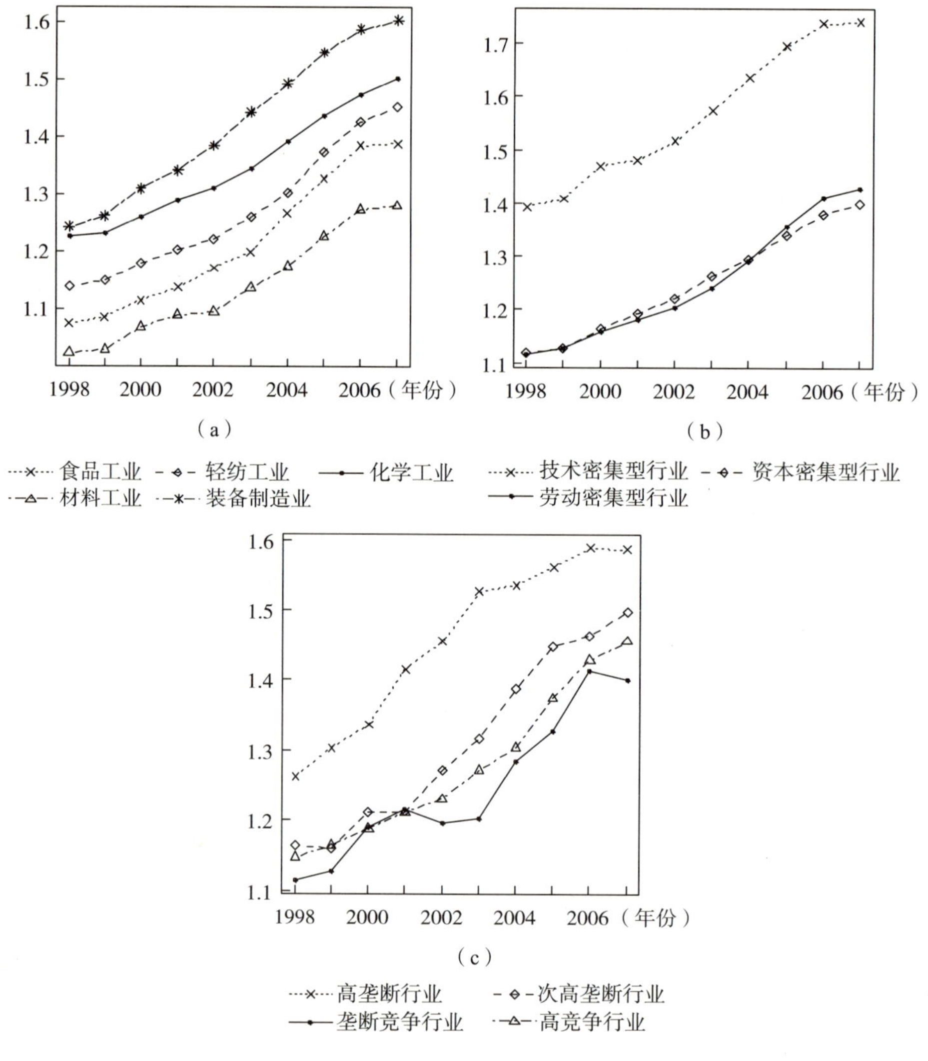

图 3-1 不同类型行业企业平均 lnTFP

水平相对较高的是外资企业和港、澳资企业，而其他内资企业平均 TFP 水平较低①；从 TFP 水平的提升幅度来看，1998~2007 年，平均 TFP 水平提升幅度从高到

---

① 在同样使用中国工业企业数据库的一些相关研究中，一些学者发现不同所有制企业中，国有企业生产率最低，从而得出"国有企业低效率或无效率"的结论，而本书发现，国有企业和集体企业平均 TFP 并未明显低于私营企业，导致这种差距的原因有两方面：其一，其他学者使用算术平均方法计算平均 TFP，而本文使用加权平均的方法计算；其二，其他学者并未删除数据库中的规模以下企业样本（多数为国有企业），而本文进行了删除处理，以保持各类企业统计口径一致。

低排序依次为：外资企业（36.17%）＞港、澳、台资企业（32.27%）＞集体企业（30.54%）＞私营企业（28.59%）＞其他企业（24.80%）＞国有企业（24.02%）。从不同区域的企业看，地区平均 TFP 水平相对较高的是东部地区，其次是东北地区，而中部、西部地区企业平均 TFP 水平总体较低（见图 3-3）。从增长趋势看，东部地区企业平均 TFP 呈现稳步上升趋势，TFP 增速也明显高于其他地区[①]。

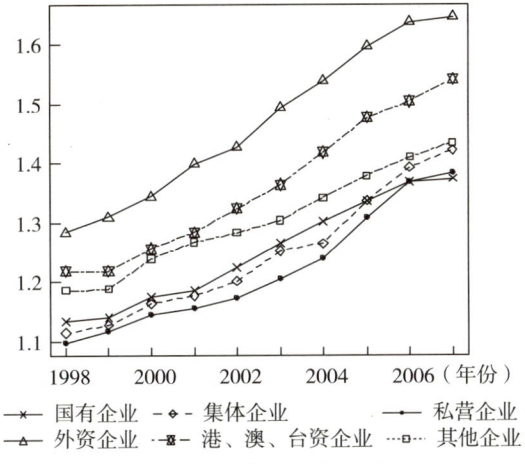

图 3-2　不同所有制企业平均 lnTFP

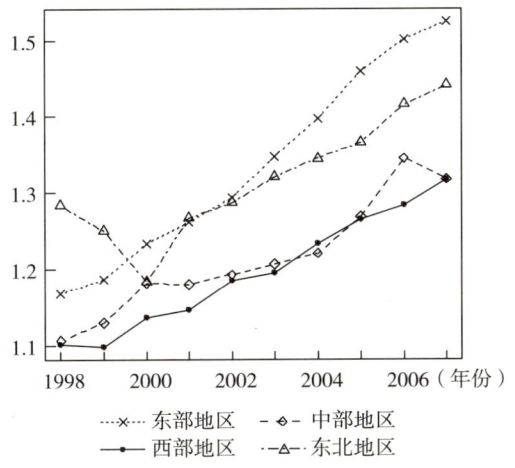

图 3-3　不同区域企业平均 lnTFP

---

① 2000 年东北地区企业平均 TFP 下降趋势明显，这可能与该地区的样本变化有关，2000 年东北地区企业样本量由 1999 年的 6188 家下降到 5365 家，而 2001 年回升到 6476 家；对于现价的企业"固定资产净值年平均余额"指标，1999 年和 2001 年样本均值分别为 5997.51 万元和 6258.97 万元，而 2000 年为 5709.07 万元。

最后，也是最为重要的，我们比较存活企业和进入、退出企业的TFP水平。从总体平均水平来看，退出企业全要素生产率低于存活企业，但进入企业全要素生产率并不高于存活企业。例如，从1998~2007年各类企业的（加权）平均生产率水平看，1998年退出企业为1.13，低于存活企业的1.21；2007年新进入企业为1.46，低于存活企业的1.49。同时，1998~2003年和2003~2007年两个时段的结果也均表明，相比于存活企业，进入与退出企业（加权）平均生产率都比较低。从各制造业行业来看，也是存活企业的（加权）平均生产率较高，而进入和退出企业相对较低。为了尽可能剔除离群值影响，图3-4分别报告了1999年、2003年和2006年制造业28个二位数行业进入、退出和存活企业的（加权）平均生产率，从中可见大多数制造业二位数行业存活企业的平均生产率较高，而进入和退出企业相对较低。图3-5分别报告了1999年、2003年和2006年进入、退出和存活企业生产率的核密度分布，结果显示存活企业生产率核密度曲线基本位于进入和退出企业的右侧，而且有越来越明显的趋势，再次表明存活企业生产率整体上高于进入和退出企业。

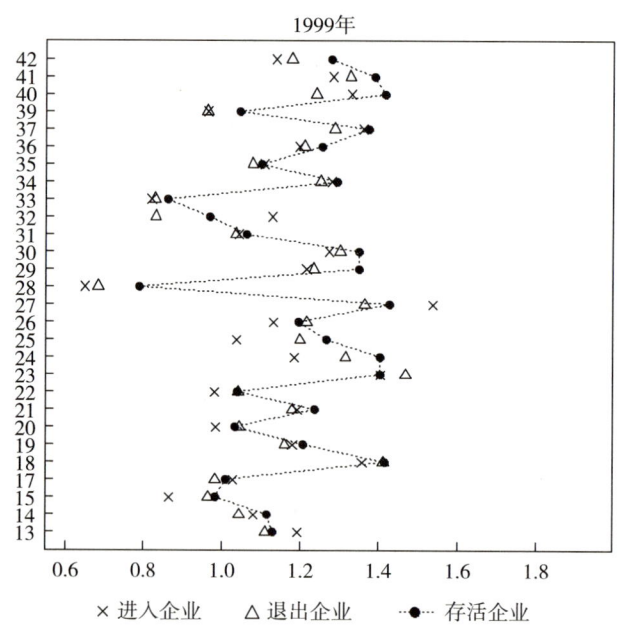

图3-4 不同行业企业（加权）平均 lnTFP

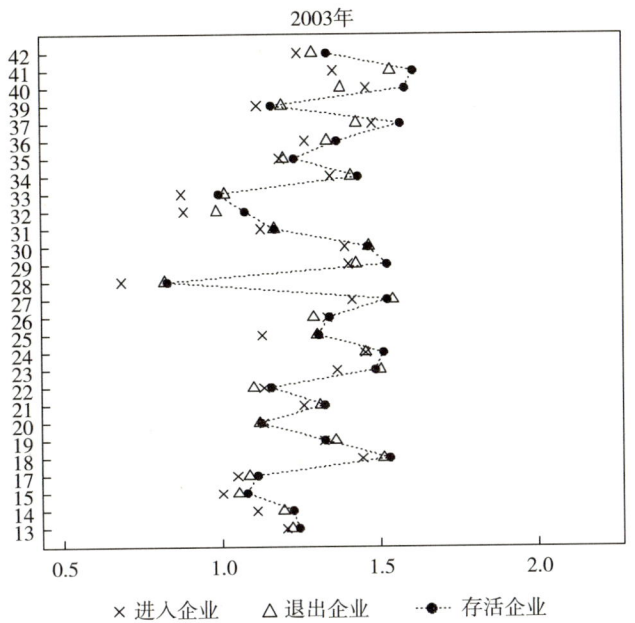

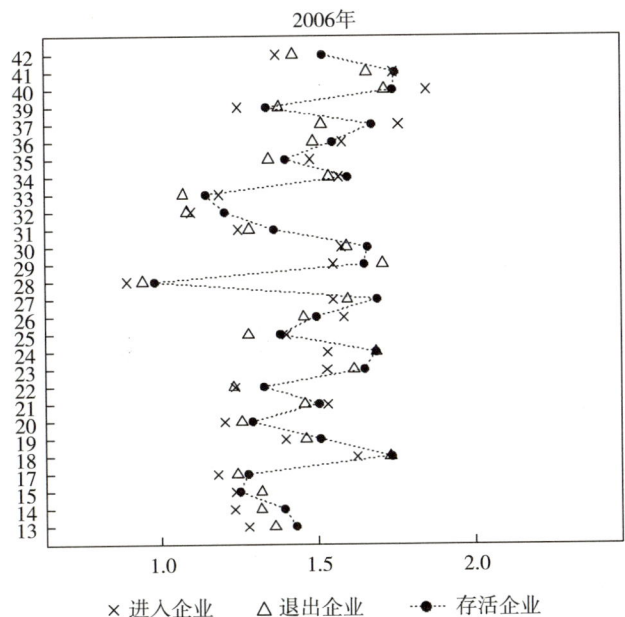

图 3-4 不同行业企业（加权）平均 lnTFP（续）

注：此处进入企业为首次出现，并在当年成立的企业；退出企业为下一期至 2009 年均未出现的企业；其他为存活企业；图中纵坐标对应国民经济行业分类与代码（GB/T2）中的二位数行业编码。

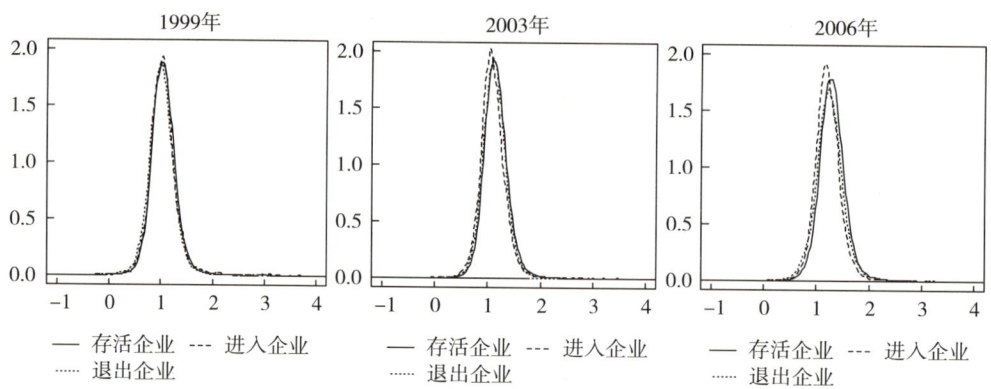

图 3-5 进入、退出和存活企业 lnTFP 分布特征

注：剔除各年 TFP 最高和最低 0.5% 分位企业观测点后绘制；核密度估计使用高斯核密度估计法（Gaussian Kernel Density Estimation），相应窗宽（Bandwidth）使用积分均方误差最小化方法求解。

综上可知，1998~2007 年我国制造业全要素生产率总体上呈现持续、稳定和较快的进步趋势，而且这种生产率进步普遍存在于各个行业、各个地区和各种类型的企业。与此同时，企业进入和退出相当频繁，是我国制造业市场演化的重要形态。而且，尽管差距不大，但退出企业生产率水平确实普遍相对较低，企业退出可能带来部分生产率的改进。不过，总体来看存活企业拥有比新进入企业更高的 TFP 水平，企业进入不可能直接导致行业生产率水平的大幅提高。此外，不同行业、地区和所有制企业的 TFP 水平及差异不尽相同，分别考察其生产率增长来源也具有重要意义。

第四节 制造业 TFP 增长来源的分解

基于以上分析，本节利用 DOP 方法对我国制造业的 TFP 增长来源进行分解，以考察企业成长和企业进入与退出对制造业 TFP 变化的贡献。除对 1998~2007 年制造业总体情况进行分析外，我们还从不同时期、区域和行业等几个维度入手进行讨论，以更好地揭示我国制造业 TFP 增长来源的规律。最后，我们比较 DOP 方法与其他方法分解结果的差异，并讨论其理论与政策含义。

一、基本结果

作为基准分析,我们采用DOP方法分析1998~2007年我国制造业总体全要素生产率增长的结构来源。表3-5中第二行报告了DOP方法的基本分解结果(DOP1),其中企业状态根据成立原则界定,TFP采用OP方法估计,加总权重为企业销售收入。

表3-5 基于DOP方法的制造业TFP增长分解结果(1998~2007年)

方法	总变化	组内效应	组间效应	企业成长效应	进入效应	退出效应	净进入效应
DOP1	0.310	0.279 (90.00)	0.001 (0.32)	0.280 (90.32)	-0.012 (-3.87)	0.042 (13.55)	0.030 (9.68)
DOP2	0.310	0.297 (95.81)	0.004 (1.29)	0.301 (97.10)	-0.035 (-11.29)	0.044 (14.19)	0.009 (2.90)

注:括号外的值为各效应值大小;括号内的值对应各类效应占制造业TFP增长的比重,单位为%。DOP1结果企业状态采用企业成立原则定义,DOP2结果企业状态采用企业统计原则定义。

从结果来看,1998~2007年我国制造业TFP增长主要来自企业成长效应,进入和退出的净效应很小。具体来说,制造业加总TFP提升幅度为0.310,其中衡量存活企业自身TFP增长的组内效应为0.279,对制造业TFP增长的贡献达90.00%;而衡量企业间资源配置效率提高的组间效应值仅为0.001,对制造业TFP增长的贡献仅为0.32%。从进入效应看,1998~2007年企业进入对制造业TFP增长具有负效应,其绝对值大小占制造业TFP增长的3.87%。同时,退出效应的值为正,其值大小占制造业TFP增长的13.55%。1998~2007年整个时段,企业成长效应对制造业TFP增长的贡献率达90.32%,而企业进入与退出对我国制造业TFP增长的净贡献仅为9.68%。

二、稳健性分析

考虑到生产率分解结果与企业状态界定、企业生产率的测算方式、行业生产率加权方式和数据截尾状况等有关,因此我们进一步检验这些因素的影响,以判断以上结论是否稳健。

首先,考虑到企业状态定义对分解结果(特别是进入效应和退出效应)的影响,我们采用统计原则来定义企业状态,再次进行了DOP分解,结果如表3-5中的第三行(DOP2)所示。与我们根据DOP分解原理的判断一致,企业状态界定对分解结果有一定影响，尤其对进入效应影响还比较大。但是，DOP 分解中的组内效应和组间效应并不直接依赖于对企业进入效应的核算，所以在不同企业状态界定下变化不大。而且，由于企业进入效应对总体生产率变化的影响比较小，所以两种不同状态定义下进入效应的变化也不大。总体而言，企业状态定义对本章 DOP 分解结果的影响很小。

其次，为了观察企业生产函数估计方法的影响，我们采用 Levinsohn 和 Petrin (2003) 方法（以下简称 LP）估计产出弹性并测算企业 TFP，再利用 DOP 方法对制造业 TFP 增长进行结构分解。对比两种生产率测算方法的分解结果（见表 3 - 6）可以发现，二者的总体结论是一致的，都显示企业成长效应贡献很大而净进入效应贡献很小。不过，两个结果也有差别，一是 LP 方法测算得出的制造业 TFP 年均增长率（12.34%）远远高于 OP 方法结果（3.44%），二是企业成长效应中组内效应和组间效应有很大不同，基于 LP 方法的分解结果组间效应比较显著。我们认为，这很可能与企业增加值的虚报问题有关。在本章应用的中国工业企业数据中，大部分企业增加值增长率显著高于总产值增长率，增加值率呈现大幅上升趋势。由于 LP 方法以增加值为因变量，要素弹性估计和企业 TFP 测算都会受此影响。但 OP 方法测算不涉及增加值，所以本章主要以该结果为基准。

表 3 - 6　不同企业 TFP 测算方式下的分解结果（1998~2007 年）

TFP 测算	总变化	组内效应	组间效应	成长效应	进入效应	退出效应	净进入效应
OP 方法	0.310	0.279 (90.00)	0.001 (0.32)	0.181 (94.76)	-0.012 (-3.87)	0.042 (13.55)	0.030 (9.68)
LP 方法	1.137	0.516 (45.38)	0.634 (55.76)	11.50 (101.14)	-0.382 (-33.60)	0.369 (32.45)	-0.013 (-1.14)

注：括号外的值为各效应值大小；括号内的值对应各类效应占制造业 TFP 增长的比重，单位为%；表中"OP 方法"和"LP 方法"指企业 TFP 测算分别采用了 Olley 和 Pakes (1996)、Levinsohn 和 Petrin (2003) 方法。

再次，我们考察企业权重指标选择影响。既有研究表明，生产率变化的动态分解不仅与企业生产率的测算方法有关，还取决于加总企业生产率时所使用的权重指标（Foster 等，2001）。本章前面分析中采用国内学者普遍的做法，即汇总企业 TFP 时使用企业销售额权重。不过，国外学者在汇总企业 TFP 时，更倾向于使用企业产值权重或企业增加值权重（参见 Petrin 和 Levinsohn，2012；Brandt 等，2012；Melitz 和 Polanec 等，2015）。为此，本章使用不同企业权重指标汇总企业 TFP 后进行分解,以考察权重指标选择对分解结果的影响。结果(见表 3-7)显示,几种加权方式得出的分解非常接近,企业成长效应对制造业 TFP 增长的贡献率均超过 90%,说明本章结论在不同企业权重指标下是稳健的。

表 3-7 基于不同权重指标汇总企业 TFP 的分解结果(1998~2007 年)

权重指标	总变化	组内效应	组间效应	进入效应	退出效应
企业销售额(基准)	0.310	0.279 (90.00)	0.001 (0.32)	-0.012 (-3.87)	0.042 (13.55)
企业产值	0.309	0.279 (90.29)	0.001 (0.32)	-0.012 (-3.88)	0.042 (13.59)
企业增加值	0.289	0.279 (96.54)	-0.014 (-4.84)	-0.008 (-2.76)	0.032 (11.07)

注:括号外的值为各效应值大小;括号内的值对应各类效应占制造业 TFP 增长的比重,单位为%。

最后,我们看截尾数据特征影响。由于中国工业企业数据库统计口径的原因,前文主要基于企业年主营业务和年销售额均超过 500 万元的企业观测数据进行分析。为了检验该数据截尾性质对本章结论的影响,我们构造了新(更高)的截尾门槛,删除年销售额位于新门槛以下的企业观测值,然后使用 DOP 方法重新进行分解。根据进入、退出和存活企业年销售额的核密度曲线,我们选择了年销售额 600 万元、700 万元、800 万元和 1000 万元四个新的门槛值。结果(见表 3-8)与前文中对该方法特性的讨论一致,表明不同门槛值对 DOP 分解结果的影响很小。虽然这并不能说明年销售额 500 万元这样一个观测门槛对生产率进步来源分解没有影响,但至少间接说明 DOP 方法对截尾数据问题并不敏感,能够较好地利用既有数据反映我国制造业 TFP 增长的真实来源。

表 3-8 基于不同截尾门槛值的分解结果(1998~2007 年)

销售额门槛	总变化	组内效应	组间效应	进入效应	退出效应
500 万元(基准)	0.310	0.279 (90.00)	0.001 (0.32)	-0.012 (-3.87)	0.042 (13.55)
600 万元	0.308	0.295 (95.78)	0.006 (1.95)	-0.036 (-11.69)	0.043 (13.96)
700 万元	0.307	0.295 (96.09)	0.005 (1.63)	-0.036 (-11.73)	0.043 (14.01)

续表

销售额门槛	总变化	组内效应	组间效应	进入效应	退出效应
800万元	0.306	0.294 (96.08)	0.006 (1.96)	-0.036 (-11.76)	0.042 (13.73)
1000万元	0.304	0.294 (96.71)	0.006 (1.97)	-0.037 (-12.17)	0.041 (13.49)

注：括号外的值为各效应值大小；括号内的值对应各类效应占制造业 TFP 增长的比重，单位为%。

三、与其他方法的比较

以上 DOP 方法的分解结果显示，我国制造业 TFP 增长主要来自企业成长，而企业进入与退出的贡献极为有限，与现有研究（见表 3-1）差异极大。不过，由于不同研究在时间跨度、行业选择、样本处理、企业 TFP 测算和企业权重设定等方面存在差异，并不能直接将各研究结果的区别完全归结于分解方法的差异。为了便于比较，我们选择相同的时间跨度、行业选择、样本处理、企业 TFP 测算、企业权重和企业状态设定，分别使用不同方法进行分解。这样，各种方法的分解结果就可以直接比较，而且其差异完全来源于方法本身。

表 3-9 报告了 BHC、FHK、GR 和 BG 方法对 1998~2007 年全部制造业 TFP 增长的分解结果。通过与表 3-5 比较可以发现，不同方法的分解结果确实有很大不同，特别是 DOP 方法结果与其他方法存在根本性差异：首先，两类方法对进入效应的测度差别最大。与 DOP 方法结果不同，BHC、FHK 和 GR 方法估计的进入效应都是正的，并且贡献率很大。[1] 其次，各种分解得到的退出效应也有所不同。FHK、GR 和 DOP 方法得出的退出效应均为正，DOP 方法结果位于前两者之间。由于分解原理所致，BHC 方法结果为负数且数值很大。再次，各方法进入退出的净效应差别也不小。DOP 分解中企业进入与退出对制造业 TFP 增长的总体贡献比较小，两种企业状态定义下都不超过 10%。而其他方法得出的值都很大，FHK、GR 和 BG 结果在 69.74%~78.06%，BHC 方法结果更是超过 139%[2]。最后，必然地，两类方法的企业成长效应差距也很大。从组内效应看，

---

[1] BG 方法基于"进入企业刚好替代退出企业的市场地位"的严格假设，不分别衡量进入效应和退出效应而只测度净进入效应。而且，为了服务于净进入效应测度，BG 方法组间效应的构建同样缺乏理论基础。

[2] BHC 方法对企业进入和退出相对贡献的界定比较模糊，得出的净进入效应往往偏高，由此受到了不少学者的批判（毛其淋和盛斌，2013；Disney et al.，2003；Roberts and Thompson，2009）。

DOP 方法得出的组内效应超过 90%，而其他方法的组内效应则在 30% ~ 40%。从组间效应来看，DOP 方法结果得出的组间效应为正，但是值很小，而其他方法的组间效应均是负的。

表 3-9　基于其他方法的制造业 TFP 增长分解结果（1998 ~ 2007 年）

方法	总变化	组内效应	组间效应	交叉效应	进入效应	退出效应	净进入效应
BHC	0.310	0.111 (35.81)	-0.219 (-70.65)	-0.015 (-4.84)	1.070 (345.16)	-0.637 (-205.48)	0.433 (139.68)
FHK	0.310	0.111 (35.81)	-0.023 (-7.42)	-0.015 (-4.84)	0.217 (70.00)	0.019 (6.13)	0.236 (76.13)
GR	0.310	0.103 (33.23)	-0.004 (-1.29)	—	0.104 (33.55)	0.106 (34.19)	0.210 (67.74)
BG	0.310	0.103 (33.23)	-0.036 (-11.61)	—			0.242 (78.06)

注：来自笔者计算。括号外的值为各效应值大小；括号内的值对应各类效应占制造业 TFP 增长的比重，单位为%。

这些不同分解结果将会直接导致对我国制造业生产率演进模式的不同判断。例如，根据 DOP 方法结果，我们将认为企业成长是制造业 TFP 增长的主要推动力，尤其企业自身技术进步的作用更为突出。但根据其他方法，则可能得出存活企业生产率改进不明显，而企业进入和退出对制造业 TFP 增长具有决定性影响的结论。那么，哪种结果更为贴近我国制造业生产率演进的现实呢？接下来我们就来讨论这些问题。

第一，企业进入不太可能是我国制造业生产率增长的主要来源。根据本章以及毛其淋和盛斌（2013）等生产率测算结果，进入企业的生产率低于存活企业，因而从定性角度讲企业进入对生产率的影响必然负向的。换句话说，单纯的企业进入不仅不会提高总体生产率水平，还会拉低总体生产率水平。从定量角度看，由于进入企业与存活企业生产率差异不大，因而其影响幅度也不会太大。对比各方法的分解结果，只有 DOP 方法结果与此相符，其他方法结果中企业的进入效应都是正向的，而且数值很大。这就表明，使用 BHC、FHK 和 GR 方法对我国制造业生产率变化进行分解会产生严重的偏误。如前所述，这是由于这些方法实际上将不同年份的各类型企业生产率进行了比较，把参照组企业 TFP 增长视为新进入企业的贡献，因而必然会高估企业进入对制造业 TFP 增长的贡献。而 DOP 方法则规避了这一缺陷,不同类型企业的生产率对比都是基于同时期的,因而能够更为恰当地度量企业进入的贡献。

第二,类似地,企业退出也不可能大幅提高我国制造业的生产率。根据对不同类型企业平均生产率的比较可以看出,尽管退出企业的生产率确实低于存活企业,但差异并不显著。因而,企业退出对总体生产率会有正向贡献,但幅度不会太大。对比不同方法的分解结果,FHK 和 DOP 方法结果与此判断相符,BHC 方法结果是负向的,GR 方法结果是正向的但绝对数值比较大。由此可见,DOP 方法对企业退出贡献的度量也是比较准确的,其原因同样是 DOP 方法规避了其他方法比较不同年份各类型企业生产率的缺陷。

第三,综合企业进入和企业退出的情况,净进入效应的影响也应当比较小。但是,只有 DOP 方法结果符合这一判断,其他四种方法结果中净进入效应的贡献都超过 2/3,BHC 方法结果更是超过了 100%。实际上,从我国工业发展的现实来讲,企业进入与退出不太可能是 1998~2007 年制造业生产率增长的主要来源。这段时期,我国经历了受东南亚金融危机冲击造成的萧条,与加入 WTO 后房地产市场兴起拉动的繁荣。其中制造业波动尤为突出,经济繁荣时企业"潮涌"般进入热门行业,经济萧条时大规模被迫退出。这种情况下,相当比例的新进入企业生产率水平不高,而一旦经济环境恶化就因不能及时退出而形成大规模产能过剩,所以企业进入和退出不可能带来大幅的总体生产率提高。

第四,既然进入效应和退出效应贡献比较小,那么存活企业的成长效应自然是总体生产率提高的主要来源。不过,细分组内效应和组间效应的话,不同方法间的差异在这两方面还有所不同。从反映企业间要素再分配的组间效应来看,BHC、FHK、GR、BG 结果为负,DOP 方法为正,但除 BHC 方法外绝对数值都比较小。这表明这一阶段的要素再分配至少没有带来我国制造业生产率的很大提升。从反映存活企业自身生产率提高的组内效应来看,BHC、FHK、GR 和 BG 分解结果中的贡献份额都在 1/3 左右①,而 DOP 结果则高达 90%。

第五,需要指出的一点是,DOP 方法分解并一定与其他方法差异很大,也不会必然得出企业自身成长贡献大的结果。例如,Melitz 和 Polanec (2015) 利用 1995~2000 年斯洛文尼亚制造业普查数据比较了 DOP、FHK 和 GR 方法,结果其差异并不大。再如,本章后面对东北地区的分解结果显示,企业自身成长贡献远小于其他地区。因此我们认为,本章利用 DOP 方法分解得到企业自身生产率

---

① 由于方法的一致性,BHC 和 FHK 结果相同,GR 和 BG 结果相同。

改进是1998~2007年我国制造业生产率进步主要源泉的结论，是因为该方法能够更准确地反映我国现实。正如前文所指出的，BHC、FHK、GR和BG方法倾向于高估企业净进入效应的原因在于将参照组企业生产率增长视为企业进入与退出对总体生产率增长的贡献。由于相对于其他国家（尤其是发达国家），我国进入企业与存活企业的生产率水平差距更大而退出企业与存活企业的差距更小，因而这一问题也更为严重。同时，由于中国大中型工业企业数据为截尾数据，企业进入退出的定义，也对BHC、FHK、GR和BG方法分解造成了一定偏差。

我们认为，我国存活企业生产率进步贡献较大有两方面原因：一方面，1998~2007年经济发展速度较快，企业成长迅速，各类企业生产率普遍提高较快；另一方面，我国企业进入、退出频繁，而企业如果能够存活下来，往往生产率进步更快。当然，进入、退出净效应很小并不意味着企业进入和退出对生产率改进不重要，而恰恰说明我国市场的优胜劣汰机制发挥得还不充分，特别是需要通过市场和政府的有效配合尽量消除企业进入的盲目性。而且，企业间资源配置效应对制造业生产率贡献不足，也反映出我国部分区域和领域市场化仍然非常不充分、不完善，通过体制改革促进经济效率改进的空间还很大。

四、扩展分析

本节从不同时期、区域和行业等几个维度讨论我国制造业TFP增长的来源。前文对1998~2007年制造业的总体TFP增长分析中我们讨论了DOP方法的优势及其稳健性，因而下面仅报告该方法的结果，其中TFP采用OP方法测算，权重为企业销售额，企业进入采用成立原则定义。

根据中国宏观经济景气周期和数据状况，本章分1998~2003年和2003~2007年两个时段进行了比较分析。结果（见表3-10）显示，1998~2003年我国制造业的TFP年平均增长速度为3.08%，而2003~2007年平均增速为3.9%。当然，这两个阶段生产率进步的来源结构也有不同：从组内效应看，1998~2003年和2003~2007年存活企业的（未加权）平均TFP分别增长了10.3个和17.5个百分点，2003年以后存活企业技术进步更快，贡献也更大。从组间效应看，1998~2003年企业间资源配置明显改进，对制造业TFP增长的贡献达到18.83%；而2003~2007年则出现了恶化，不利于加总生产率制造业TFP的提高。从进入和退出效应看，不同时段的方向没有发生变化，进入效应的值均为负，而退出效应的值均为正。但退出效应的具体数值变化较大，1998~2003年为0.026，对制造业TFP增长的贡献率达到16.88%，明显大于2003~2007年的

0.017和10.90%。不过,两个时段企业进入与退出的净贡献均没有超过15%,我国制造业的TFP增长都主要得益于企业成长。

表3-10 不同时间阶段的分解结果

年份	总变化	组内效应	组间效应	成长效应	进入效应	退出效应	净进入效应
1998~2003	0.154	0.103 (66.88)	0.029 (18.83)	0.132 (85.71)	-0.005 (-3.25)	0.026 (16.88)	0.021 (13.64)
2003~2007	0.156	0.175 (112.18)	-0.030 (-19.23)	0.145 (92.95)	-0.006 (-3.85)	0.017 (10.90)	0.011 (7.05)
1998~2007	0.310	0.279 (90.00)	0.001 (0.32)	0.280 (90.32)	-0.012 (-3.87)	0.042 (13.55)	0.030 (9.68)

注:括号外的值为各效应值大小;括号内的值对应各类效应占制造业TFP增长的比重,单位为%。

我国制造业生产率变化的结构来源,不仅在不同阶段存在差异,各地区也有各自特点。为了比较不同区域的状况,本书分别对东部、中部、西部和东北四个区域①的制造业生产率增长来源进行DOP分解。从总体情况来看,四个区域制造业生产率变化的结构来源基本与全国总体状况类似:都是企业成长效应占主导,特别是组内效应贡献比较突出,而企业进入和退出效应并不是生产率进步的主要来源,进入和退出净效应的贡献比较小(见表3-11)。但进一步比较来看,各地区还是具有各自的区域特征:首先,东部地区制造业TFP增长在四个区域中最快,但主要来自企业自身的技术进步,刻画企业间资源配置调整的组间效应和企业进入退出效应较不显著。其次,中部和西部地区结果较为相似,都是组内效应很显著,而企业间资源配置效应对制造业TFP增长的贡献为负。另外,值得注意的是,西部地区退出效应明显比中部地区显著,因此,企业进入和退出效应对制造业TFP增长的贡献率达到20.46%。最后,东北地区制造业的TFP增长最慢,组内和组间效应对生产率进步的贡献均比较突出,两者的贡献率分别为53.50%和36.94%,并且企业退出效应非常显著,表明该地区这一时期清理了大量的落后企业,明显促进了制造业TFP的增长,不过东北地区新进入企业的TFP显著低于存活企业,因此退出效应被大大抵消。

---

① 其中,东部包括北京、天津、河北、上海、江苏、浙江、福建、山东、广东和海南;中部包括山西、安徽、江西、河南、湖北和湖南;西部包括内蒙古、广西、重庆、四川、贵州、云南、西藏、陕西、甘肃、青海、宁夏和新疆;东北包括辽宁、吉林和黑龙江。

第三章 中国制造业生产率提升的来源

表 3-11 不同区域制造业 TFP 增长来源的结构分解（1998~2007 年）

区域	总变化	组内效应	组间效应	进入效应	退出效应
东部	0.356	0.315 (88.48)	0.014 (3.93)	-0.014 (-3.93)	0.040 (11.24)
中部	0.211	0.213 (100.95)	-0.010 (-4.74)	0.004 (1.90)	0.004 (1.90)
西部	0.215	0.190 (88.37)	-0.019 (-8.84)	-0.005 (-2.33)	0.049 (22.79)
东北	0.157	0.084 (53.50)	0.058 (36.94)	-0.045 (-28.66)	0.061 (38.85)

注：括号外的值为各效应值大小；括号内的值对应各类效应占制造业 TFP 增长的比重，单位为%。

正如前文所描述，1998~2007 年各类制造业行业的 TFP 总体上都呈现上升趋势，但其 TFP 增长的来源是否存在差异？为回答此问题，本章根据行业经营类型、投入要素构成、市场垄断程度和企业所有制性质对制造业企业进行分类，并对各类企业加总 TFP 增长进行结构分解，以考察其来源差异。结果（见表 3-12）显示，大多数行业的分解结果都与全部制造业的结果类似：①行业生产率增长主要来自企业成长效应，企业自身 TFP 增长的贡献都是最大的，各类行业的贡献率都在 75% 以上，而组间效应值有正也有负，但是对行业 TFP 增长的贡献份额均比较小；②企业进入效应基本上是负向的（或者正向但值很小），企业退出效应都是正向的，但进入退出的净效应都很小，对总体生产率增长的贡献不大。当然，不同行业类型也有一定区别。例如，从经营类型的行业分类看，食品工业和装备制造业企业间资源配置效率提高幅度较为明显，对行业 TFP 增长的解释力达到 10%。如果从投入要素构成的行业分类看，技术密集型行业 TFP 增长最快，而资本密集型行业企业间资源配置效率出现下降。而从市场结构的行业分类看，垄断性较强的行业 TFP 明显提高，其 TFP 增长明显高于竞争性较强的行业，而且高垄断行业进入效应的符号为正，明显高于垄断程度较低行业的进入效应。各类所有制类型企业中，国有企业生产率进步最慢，存活企业自身 TFP 增长和企业间资源配置效率改进幅度也相对较小；但新进入企业 TFP 水平与存活企业差距小，而且大量低生产率企业的淘汰导致企业退出效应非常显著，从而使企业进入与退出对国有企业生产率增长的净贡献率高于其他所有制类型企业。与此同时，私营企业 TFP 增长较快，但这主要得益于企业成长效应，而进入企业 TFP 水平明显低于存活企业，并且企业退出对私营企业整体生产率进步的贡献相对较小，从而使企业进入与退出对私营企业生产率增长的净贡献率为负。

表 3-12 不同类型企业的 TFP 增长来源的结构分解（1998~2007 年）

行业或所有制类型		总变化	组内效应	组间效应	进入效应	退出效应
经营类型	食品工业	0.314	0.266 (84.71)	0.034 (10.83)	-0.006 (-1.91)	0.020 (6.37)
	轻纺工业	0.313	0.283 (90.42)	0.016 (5.11)	-0.031 (-9.90)	0.045 (14.38)
	化学工业	0.276	0.271 (98.19)	-0.007 (-2.54)	-0.020 (-7.25)	0.032 (11.59)
	材料工业	0.256	0.273 (106.64)	-0.026 (-10.16)	-0.006 (-2.34)	0.016 (6.25)
	装备制造业	0.361	0.288 (79.78)	0.038 (10.53)	-0.005 (-1.39)	0.039 (10.80)
要素密集	技术密集型行业	0.348	0.295 (84.77)	0.063 (18.10)	-0.019 (-5.46)	0.010 (2.87)
	资本密集型行业	0.283	0.276 (97.53)	-0.018 (-6.36)	-0.014 (-4.95)	0.038 (13.43)
	劳动密集型行业	0.313	0.279 (89.14)	0.020 (6.39)	-0.022 (-7.03)	0.036 (11.50)
市场结构	高垄断行业	0.325	0.268 (82.46)	0.005 (1.54)	0.004 (1.23)	0.047 (14.46)
	次高垄断行业	0.335	0.300 (89.55)	0.021 (6.26)	-0.012 (-3.58)	0.027 (8.06)
	垄断竞争行业	0.287	0.278 (96.86)	-0.007 (-2.43)	-0.011 (-3.82)	0.027 (9.41)
	高竞争行业	0.309	0.277 (89.64)	0.010 (3.24)	-0.021 (-6.80)	0.044 (14.23)
所有制性质	国有企业	0.240	0.242 (100.83)	-0.043 (-17.92)	-0.001 (-0.42)	0.042 (17.50)
	集体企业	0.305	0.252 (82.62)	0.052 (17.05)	-0.010 (-3.28)	0.012 (3.93)
	私营企业	0.286	0.293 (102.45)	0.020 (6.99)	-0.032 (-11.19)	0.006 (2.10)

续表

	行业或所有制类型	总变化	组内效应	组间效应	进入效应	退出效应
所有制性质	外资企业	0.362	0.337 (93.09)	0.027 (7.46)	-0.020 (-5.52)	0.017 (4.70)
	港、澳、台资企业	0.323	0.336 (104.02)	-0.008 (-2.48)	-0.027 (-8.36)	0.021 (6.50)
	其他企业	0.248	0.308 (124.19)	-0.060 (-24.19)	-0.018 (-7.26)	0.018 (7.26)

注：括号外的值为各效应值大小；括号内的值对应各类效应占制造业 TFP 增长的比重，单位为%。

以上结果表明，1998~2007 年我国制造业 TFP 增长主要来自企业成长的核心发现没有改变，但企业进入与退出对制造业 TFP 增长的影响确实存在一定的行业、所有制和区域差异。更为重要的是，行业、所有制和区域的差异还进一步揭示了我国制造业 TFP 增长来源结构变化的内在机制。

从不同阶段的比较看来，首先，得益于国有企业改革和市场化改革加速，1998~2003 年市场对资源的配置作用得到较大改善，企业间资源配置效率短期内大幅度提高，对该时期我国制造业 TFP 增长的贡献率达到 18.83%；而在 2003~2007 年，企业间要素配置效率出现了下降，但这一时期国内经济环境比较稳定、企业国际化程度大幅提高，因而企业自身技术进步速度进一步加快。其次，2002 年以后我国经济发展中重化工业比重不断提高，但此类型工业的市场竞争性相对要弱很多，企业间资源调整也相对困难，也是 2003~2007 年企业自身技术进步较快但企业间资源配置贡献下降的原因。此外，以上变化还反映出宏观经济运行周期的影响。例如，通常在经济不景气的阶段，企业重组与兼并等资源配置变化相对更为显著，同时在总需求不足时，低生产率企业更容易被淘汰出市场（Lieberman，1990；Klepper，1996；Hanazono 和 Yang，2007），因而 2003~2007 年组间效应和退出效应的下降也与 2002 年后的我国经济过热有关。但总体来看，1998 年以来我国企业发展和资源配置的基础性机制没有发生根本性转变，企业成长仍是制造业 TFP 增长的主要来源，而企业进入没有提高总体生产率水平，并导致进入退出净效应对制造业 TFP 增长的贡献很小。

与时间阶段特征类似，各地区生产率增长来源的特征也是我国经济发展和体制变革地区差异的体现。东部地区经济发达，市场化程度高，企业比重比较大，实际上是我国制造业生产率变化的主导力量。与东部地区相反，东北地区制造业生产率增长最慢，但 1998~2007 年国有企业改革和老工业基地改造的影响更为突出，因而企业间资源配置效应和企业退出效应均非常显著。中部地区原本是我国工业化和制造业生产率的"洼地"，但进入21世纪以来工业化进程加快，特别是逐步成为承接东部地区产业扩散的重要基地，因而生产率水平提高也比较明显，同时企业退出效应相对较小。从国家实施西部大开发以来，西部地区经济发展加快，制造业企业生产率明显提高，但地区市场化程度比较低，存活企业间资源配置效率降低，限制了西部地区制造业 TFP 的增长；不过，该地区资源型行业行政性清理使企业退出效应比较突出。

从不同类型企业的结果来看，有几个发现值得注意：第一，不同要素密集型行业分解结果反映出要素市场扭曲的影响，资本密集型行业企业间资源配置效率的下降最为突出，表明资本市场扭曲对企业间要素再分配的影响最为严重。这与 Brandt 等（2013）对要素扭曲的测度结果一致，都反映出要素扭曲程度实际上有所增加。第二，垄断行业进入效应为正说明高垄断行业企业进入的生产率门槛较高，只有效率更高的企业才能进入这些行业。第三，企业进入与退出对国有企业生产率增长的净贡献率高于其他所有制类型企业，说明"抓大放小"等政策取得了一定成效（Hsieh 和 Song，2015）。而私营企业进入对整体生产率进步的负影响最为突出，则表明总体上这一时期私营企业的行为理性程度还有待提高（徐朝阳、周念力，2015）。

本章小结

基于我国制造业企业动态与生产率的特征事实分析，本章使用动态 Olley - Pakes 方法对我国制造业生产率增长的来源进行结构分解。该方法以企业生产率异质性理论为基础，允许根据不同方式来定义企业进入和退出，而且能为进入和退出企业选择不同的参照组，更适用于我国制造业发展和大中型工业企业数据的特点，能够较好地反映我国制造业生产率变化的来源。我们利用 1998～2009 年大中型工业企业数据，在 DOP 方法的框架下更精确地定义了企业状态，剔除了 BHC、FHK、GR 和 BG 等方法中的年代效应影响，试图更为准确地分解企业自身成长、企业间要素再分配和进入与退出对我国制造业 TFP 增长的贡献。

本章的基本发现是：企业成长效应是 1998～2007 年我国制造业生产率进步的主因，尤其存活企业自身生产率进步的作用更为突出，而企业进入与退出对制造业 TFP 增长的净贡献很小。然而我们认为，本章最大的贡献不在于这一结论，而在于它与既有研究结果的差异。基于不同的方法得到的生产率变化来源的不同分解结果，给我们两点重要启示：第一，鉴于工业发展和市场动态的独特性以及微观统计数据的现实状况，应当更为谨慎地认识我国制造业生产率变化的现实状况，有必要重新审视企业成长和企业进入与退出的作用，特别是根据行业、所有制和区域特征制定差别化、针对性强的产业政策。第二，应当根据不同分解方法的理论基础进一步分析其结果差异的原因所在，从而更为深入地认识不同方法中生产率提高来源的作用机制，也更为准确地反映现实情况。尽管本章从企业状态定义、数据结尾性质和要素再分配效应判别等角度进行了一些探讨，但其背后理论机制的研究仍是今后的重要工作。

附表 A　不同行业企业进入、退出基本情况（1998~2007 年）　　单位:%

行业代码	企业数占比 进入企业	企业数占比 退出企业	销售额占比 进入企业	销售额占比 退出企业	就业数占比 进入企业	就业数占比 退出企业	行业代码	企业数占比 进入企业	企业数占比 退出企业	销售额占比 进入企业	销售额占比 退出企业	就业数占比 进入企业	就业数占比 退出企业
13	74.7	81.3	61.4	70.2	59.6	75.7	28	75.7	74.8	50.9	58.7	42.9	66.0
14	67.2	73.8	56.3	61.6	55.6	67.1	29	62.1	68.6	47.6	63.7	48.5	67.8
15	65.8	77.7	49.0	68.0	47.0	72.9	30	68.6	68.9	59.4	58.8	58.3	62.7
17	74.1	75.0	61.1	69.1	59.8	74.2	31	66.5	72.5	59.5	66.6	55.5	69.3
18	72.2	69.7	63.5	61.9	62.9	63.1	32	75.5	79.3	47.3	52.0	46.0	53.9
19	67.6	72.1	56.0	61.0	53.7	60.3	33	72.3	74.4	46.7	53.4	47.2	49.4
20	83.9	80.4	77.0	72.9	74.1	79.5	34	68.2	70.4	58.6	64.4	56.9	68.4
21	71.4	76.1	61.1	69.9	62.7	71.5	35	64.7	63.5	52.8	53.4	51.3	57.0
22	62.9	74.4	50.5	68.1	49.9	74.8	36	67.1	67.9	50.4	62.4	50.4	65.6
23	53.5	64.2	44.4	55.2	40.5	56.9	37	63.6	64.7	49.5	52.5	47.3	53.0
24	65.1	62.7	50.8	50.2	44.8	52.0	39	65.3	64.0	50.8	54.5	53.6	57.3
25	74.9	76.5	60.1	58.2	57.9	62.6	40	68.7	61.7	61.1	43.3	58.5	49.8
26	66.3	69.8	49.5	55.5	48.7	61.1	41	58.9	61.0	52.1	53.3	46.6	60.0
27	59.1	63.6	42.2	51.4	40.2	56.5	42	68.7	71.0	56.5	61.6	55.8	64.4

附表 B　行业名称、代码表

行业代码	行业名称	行业代码	行业名称
13	食品加工业	29	橡胶制造业
14	食品制造业	30	塑料制品业
15	饮料制造业	31	非金属矿物制品业
16	烟草制品业	32	黑色金属冶炼及压延加工业
17	纺织业	33	有色金属冶炼及压延加工业
18	纺织服装、鞋、帽制造业	34	金属制品业
19	皮革、毛皮等制造业	35	通用设备制造业
20	木材加工及木、竹、藤等制造业	36	专业设备制造业
21	家具制造业	37	交通运输设备制造业
22	造纸及纸制品业	39	电气机械及器材制造业
23	印刷和记录媒介的复制业	40	通信设备、计算机及其他电子设备制造业
24	文教体育用品制造业	41	仪器仪表及文化、办公用机械制造业
25	石油加工、炼焦及核燃料加工业	42	工艺品及其他制造业
26	化学原料及化学制品业	43	废弃资源和废弃材料回收加工业
27	医药制造业	376	航空航天器制造业
28	化学纤维制造业		

第四章　劳动力成本上涨与企业退出

近年来，我国劳动力供求关系发生了显著的变化，新增劳动年龄人口的规模出现下降，并对各行各业产生明显的影响。不少企业因难以承受劳动力成本快速上涨的压力而被迫退出市场。本章将对这一现象进行深入研究，分析劳动力成本上涨对不同行业企业生存风险的影响，借此讨论劳动力成本上涨是否会对企业成长起到优胜劣汰的作用。

第一节　研究进展

长期以来，我国制造业依靠丰富的劳动力资源和低廉的劳动力成本获得了国际竞争优势，成为名副其实的"世界工厂"。不过，受低生育率、人口老龄化、农村剩余劳动力向城市转移殆尽等多种因素的影响，2004年以后，我国东部沿海地区陆续出现了劳动力供给短缺现象，其结果是劳动力成本快速上涨（金三林和朱贤强，2013）。有学者指出，2000~2006年，我国制造业职工的劳动报酬增长了近90%，增长速度明显高于世界其他国家（都阳和曲玥，2009），本章测算结果也表明，2002~2010年我国制造业大中型企业职工平均工资水平增长了1.78倍，由此看来，大中型企业面临的劳动力成本上涨幅度更大。无疑，劳动力成本快速上涨将为我国制造业转型升级带来契机（罗来军等，2012），但在微观层面，劳动力成本上涨直接给企业带来了生存压力，尤其是那些劳动密集度高、利润低的企业。有学者指出，当要素成本上涨时，企业可以通过提高产品价格、调整要素结构或提高要素使用效率等手段缓解要素成本的上涨压力（李晓华，2016），但是，并非所有企业都能够完全规避劳动力成本上涨带来的生存压力，有一些企业遵循"雁阵理论"，转移到劳动力成本更低廉的其他国家（蔡昉，2013），而有些企业不可避免地陷入经营风险，最终倒闭退出市场。不过，劳动力成本上涨是否会增加企业退出风险，不同类型企业面临的劳动力成本上涨带来的生存压力有何不同？极少学者从经验上关注该话题，而这却关系到我国劳动力市场稳定和制造业的可持续发展，为此，本章利用企业层面数据直接对该问题进行研究，这不仅有助于填补经验研究的空白；同时，有助于为中央或地方政府出台相应的产业政策提供理论依据。

虽然对劳动力成本的衡量存在争议，但是从20世纪90年代中后期以后，我国劳动力成本快速上涨已成为不争的事实。蔡昉和王美艳（2007）指出，中国人口转变已经到了刘易斯拐点，即从劳动力无限供给的时代逐步进入劳动力供给短缺的时代，从而引起劳动力成本上涨。Li等（2012）指出，由于中国劳动力市场制度改革和人口转型，我国劳动力的价格低估趋于结束。不过，劳动力成本上涨并不一定是件坏事，现有的许多理论支持工资上涨将引致企业创新或改进技术进步这一观点。新古典经济学认为资本与劳动可以相互替代，工资上涨使得资本价格相对便宜，企业将采用资本替代劳动力投入，资本作为技术的载体，加大其投入有利于企业进行企业技术创新，比如采用革新生产技术或工艺、嫁接新的行业技术等手段保持企业竞争优势（Vergeer与Kleinknecht，2007；叶振宇和叶素云，2010）。内生增长理论也支持工资上涨有利于企业创新的观点，Romer（1987）指出工资上涨将激励企业创新，而工资增长率下降会降低企业创新，并使得知识溢出减少（张庆昌和李平，2011）。

对于我国劳动力成本上涨的问题，国内许多学者指出，劳动力成本上涨为我国制造业产业转型升级提供了契机：林毅夫（2013）指出，非洲许多国家的平均收入水平远远低于我国，随着国内劳动力成本上涨，劳动力密集型产业向非洲转移有利于中国产业升级，可以增加中国劳动密集型产业进入"微笑曲线"两端的可能性。卫兴华和侯为民（2007）认为，劳动力成本上涨将直接转化为企业创新的激励，从而催生了产业结构转型的机会。劳动力成本上涨有可能直接或间接地促进企业创新从而提高制造业生产率（林炜，2013；叶振宇和叶素云，2010）。不过，总的来看，2000年以后，生产率提高抵消劳动力成本上涨的幅度呈现越来越弱的趋势，对整个工业部门而言，要素成本上涨仍然有一半的成本传导到出厂价格上（国务院发展研究中心课题组，2013）。除此之外，劳动力快速上涨短期内还可能为企业发展带来不利影响，日本学者Akamatsu（1935）提出的"雁阵理论"，技术和要素成本的变化无疑是推动历次国际制造业产业转移最

---

① 林毅夫. 中国产业升级要驶入"蓝海"[N]. 人民日报, http：//finance.people.com.cn/n/2013/0821/c1004 - 22635986.html, 2013 - 08 - 21.

为重要的原因。另一个直观但往往被学者忽视的事实是，短期内，对于具体的企业，在拓展市场无果，无力提高产品价格、企业创新乏力的情况下，劳动力成本过度上涨可能直接导致企业倒闭，尤其是那些劳动力成本比重高、处于盈利边沿的企业（杨长勇，2011）。

虽然要素成本上涨与企业倒闭之间存在直接的联系，但学者却很少直接从微观层面研究劳动力成本变化对企业退出风险的影响。产业组织领域的学者主要从企业层面特征作为切入点去研究企业退出风险，最突出的是企业年龄和企业规模因素，例如，"幼年期效应"（newness）（Stinchcomebe，1965；Geroski，1995）、"衰老期效应"（obsolescence 或 senescence）（Barron 等，1994）、"老年期效应"（aging）（Hannah，1998）、"规模小效应"（smallness）（Aldrich 与 Auster，1986；Geroski，1995；Honjo，2000）等。

对于国内劳动力成本上涨对制造业发展的影响，目前还缺少定量分析研究，受研究数据、专业领域等因素限制，少数学者研究了劳动力成本上涨后如何促进制造业技术进步（叶振宇和叶素云，2010）和企业创新（林炜，2013）等，却极少关注劳动力成本上涨是否会直接增加企业生存压力，虽然有不少定性研究表明了劳动力上涨增加了企业倒闭的风险，但是极少研究对这种影响进行定量测度。为此，本章利用微观计量手段，检验劳动力成本上涨是否增加了企业退出的风险，以此来填补该领域定量研究的空白。此外，本章的研究还有以下特点：首先，在数据资料上，由于利用了2004年和2008年工业企业普查数据资料，因此可以准确并详细地考察企业的生存情况，据我们所知，目前尚未有学者使用该数据库研究企业的生存状态问题。相比于使用大中型工业企业数据库，使用企业普查数据的好处是我们可以精确地确定企业的生存状态。其次，在研究内容上，不仅关注劳动力成本上涨对企业生存风险的影响，还关注不同类型企业（包括所有制类型、要素密集度和企业盈利能力等异质性因素）所受影响的差异，这使得我们的研究结果更加稳健，并能够丰富本章的政策含义。最后，在研究方法上，由于我们使用了微观企业数据，并采用了微观计量手段，因此可以更全面地纳入企业异质性因素，使我们的研究结果更加科学。

第二节　理论假说

根据经济学理论知识，假设企业有多种投入要素并生产单一产品，其生产函

数 f 在 R_+ 取值上具有连续、严格递增和拟凹的性质，f 的连续性和严格递增性质保证要素投入的微小增加都会使得产出增加，而拟凹的性质保证要素投入之间具有一定的互补性，比如在资本 k 和劳动 l 两种要素投入的情况下，要保证产出不变，某种要素投入的减少意味着必然需要增加另一种要素的投入。

假设产品市场和要素市场都是完全竞争的，即企业是产品价格和要素价格的接受者，那么他们通过选择投入要素使利润最大化，即：

$$\pi = \min_x py - rk - wl$$
$$s.t. f(k, l) \geq y \tag{4-1}$$

其中，y 和 p 分别表示产品数量和产品价格，r 和 w 分别为资本和劳动的价格。π 关于 w 是递减的，即要素价格上涨，将导致企业利润减少。短期内，只要企业面临的商品价格超过生产的平均可变成本，企业进行生产便是有利可图的，否则企业将退出市场。虽然短期内，企业进行生产并不必然获得正的利润，但在长期中，拥有正的利润是企业生存下去的必要条件。该理论逻辑也已经获得不少经验研究的支持，比如 Golombek 和 Raknerud（2012）利用挪威制造业企业数据，从利润率的角度来解释企业退出行为，研究发现，偶然的负利润率不会导致企业立刻退出市场，但较长时期连续累积的低利润增长率，是企业退出风险增加的关键原因。从长期来看，企业要获得正的利润，就要求企业生产商品的平均成本（由可变成本和固定成本构成）低于产品价格。由此看来，在其他条件不变时，企业可变成本的增加将逐步削减企业利润，而企业利润下降到一定程度时，企业将选择关停生产。与可变成本相对应的，本章要研究的是劳动力成本上涨后企业的生存压力变化，根据上述分析，我们提出本章待检验的第一个假说，即：

假说1：劳动力成本上涨将增加企业的生存压力，从而使得企业退出风险增加。

事实上，企业利润下降速度的快慢不仅与要素价格上涨的程度有关，还与要素投入量有关，即取决于价格上涨的要素在企业所有投入要素中所占的份额，这是由企业生产函数决定的。不妨假设企业生产函数服从柯布—道格拉斯函数（C-D型），假设 $y = Ak^\alpha l^\beta$，利润最大化求解不难得出：$\frac{rK}{wL} = \alpha/\beta$。由此可见，$\beta$ 值越大，劳动力成本在总要素投入成本中所占的份额越大，如果劳动力成本上涨，β 值越大的企业所受的影响也将更大。

为此，本章进一步完善假说1，建立如下假说：

假说1-1：劳动力成本上涨将增加企业退出风险，尤其是劳动力成本份额大的企业所受的影响更大。

上述企业利润最大化的分析基本是基于单个企业的分析或假设经济中企业是同质的。在现实经济中，企业异质性问题越来越受关注，最为突出的是企业生产技术条件或企业生产率异质性（Melitz，2003）。本章主要讨论两种情况：

第一种情况是企业转换使用不同投入要素的能力。经典经济学理论还假设，企业投入要素之间可以相互替代，在利润最大化的点上，任意两种投入要素之间的边际技术替代率等于两种要素的价格之比，即在最优投入选择（k^*，l^*）上：

$$\frac{\partial f(k^*, l^*)/\partial l}{\partial f(k^*, l^*)/\partial k} = \frac{w}{r} \qquad (4-2)$$

这意味着，如果劳动力的价格（w）发生变化，企业将逐步调整自身的要素投入组合（k，l）以使在任意的产出水平上，企业利润达到最大。设想，当劳动力成本逐步上涨时，企业将采取新的生产设备或技术工艺来替代劳动，这往往表现为资本投入的增加或生产率的提高，这里我们将这种情况称为企业转换使用投入要素，即企业调整各种投入要素比例的能力。当然，这种分析是基于长期的分析，短期内，企业面临的往往是受限的利润函数，即企业无法调整某些要素的投入以达到最优生产决策。

第二种情况是企业将要素转化为产出的能力。假设市场中存在两家企业，其生产函数可以写成 $y = A_i k^\alpha l^\beta (i=1, 2)$，企业1的全要素生产率 A_1 大于企业2的全要素生产率 A_2，即 $A_1 > A_2$，企业1将同样要素转化为产出的能力高于企业2。显然的，在式（4-1）的利润函数下，假设劳动力成本突然上涨，其他条件一致时，企业1的利润削减程度要慢于企业2，这说明生产率水平的差异最终也会影响企业对要素价格上涨的承受能力。许多学者很早就关注到生产率因素对企业生存能力的影响，并且有学者构建了相关理论模型，比如，Hopenhayn（1992）构建了包含企业异质性的企业动态均衡模型，在其模型中，企业退出与否由企业生产率决定，当生产率低于一定的门槛时企业将退出；反之则继续存活下去。由此看来，在考虑劳动力成本上涨对企业退出风险的影响时，不可避免地需要纳入企业异质性问题。

事实上，不管是要素间转换还是要素转化为产出，企业这两种能力的差异最终都将表现为企业生产率的差异，即企业生产率异质性，并影响企业面对要素成本上涨的承受能力。为此，本章提出假说2：

假说2：企业异质性影响企业对要素价格上涨的承受能力；工资上涨后，生产率较低的企业所面临的退出风险更大。

由此，我们构建了上述本章待检验的假说。

第三节 劳动力成本上涨与企业退出的基本特征

一、企业退出基本事实

利用 2004 年和 2008 年工业经济普查数据，本章计算了 2004～2008 年工业企业退出的基本情况。

首先，我们来看工业大类企业退出的基本情况。从表 4-1 可以看出，2004 年，中国工业企业总数达到 137.50 万家，在后续的 4 年间，仅有 56.90%（合计 78.24 万家）的企业存活了下来，而退出企业的比例则为 43.10%（合计 59.26 万家）。我们将整个工业划分为采掘业、制造业，以及电力热力、燃气、水的生产和供应业三大类进行分析，结果发现制造业企业生存情况与整个工业接近，企业存活和退出比例分别为 57.78% 和 42.22%，这与制造业占整个工业行业的比重（91.52%）较大有关，达到 125.83 万家，而采掘业和电力水电等企业数占整个工业的比重不足 10%，企业生存状况与整个工业也有较大差别。考虑到行业的特点与企业分布情况，本章仅挑选制造业企业进行分析。

表 4-1 2004～2008 年企业退出基本情况

	工业企业	采掘业	制造业	电力热力、燃气、水的生产和供应业
存活比例（%）	56.90	41.64	57.78	59.60
退出比例（%）	43.10	58.36	42.22	40.40
企业总数（家）	1374996	78904	1258344	37748

其次，我们考察了不同行业类型制造业企业的退出情况。表 4-2 显示了制造业二位数行业企业的退出情况，从中可以看出，各二位数行业企业退出比例均在 32.15%～58.48% 之中，有一半以上（17 个）行业企业生存压力较大，行业企业退出率均高于 40%。另外，我们对二位数行业是否属于劳动密集型行业进行了划分，从中不难看出，劳动密集型行业企业数普遍较多，并且企业退出比例普遍高于其他行业，12 个劳动密集型行业中，仅有 2 个行业的企业退出率低于 40%，其他行业企业退出率均高于 40%。

表4-2 2004~2008年不同行业类型企业退出情况

行业代码	2004年企业数（家）	退出比例（％）	劳动密集型	行业代码	2004年企业数（家）	退出比例（％）	劳动密集型
13	69656	51.17	√	28	3381	32.15	×
14	29895	49.72	√	29	15188	35.53	×
15	25525	49.79	√	30	69740	37.74	×
16	285	51.93	√	31	157836	50.83	×
17	83080	39.02	√	32	20518	44.98	×
18	48275	44.42	√	33	15185	37.58	×
19	22696	44.60	√	34	81015	38.91	×
20	39931	52.64	√	35	113774	34.57	×
21	23905	48.31	√	36	55137	37.60	×
22	39713	40.25	√	37	53836	43.01	×
23	41232	35.68	√	39	60138	35.10	×
24	14618	40.22	√	40	27329	37.75	×
25	7164	51.49	×	41	16711	36.15	×
26	75159	40.32	×	42	32573	44.73	×
27	11294	35.60	×	43	3555	58.48	×

再次，企业退出率与企业规模明显相关。表4-3根据企业2004年的企业当年销售额对制造业企业按照规模大小进行了划分，然后计算不同规模企业在2004~2008年的退出率，结果显示，企业规模越大，企业存活比例越高，并且趋势非常明显。这与产业组织领域学者的发现一致（Mansfield，1962；Lieberman 1989；Acemoglu等，2018）。规模大的企业表现出较低的退出率，这很可能是因为规模较大的企业能够获得规模经济的好处，它们本身具有较强的生存能力，同时，也可能因为规模较大的企业往往面临较高的沉没成本，退出壁垒更大。

表4-3 2004~2008年不同规模制造业企业退出情况

	制造业	销售额≥2000万元	500万元≤销售额<2000万元	200万元≤销售额<500万元	100万元≤销售额<200万元	50万元≤销售额<100万元	50万元<销售额
存活比例（％）	57.78	80.44	76.11	57.46	57.28	56.10	43.77
退出比例（％）	42.22	19.56	23.89	42.54	42.72	43.90	56.23
企业总数	1258344	105664	151076	354001	181275	321494	309576

最后，我们考察了不同所有制类型企业的退出情况。表4-4的结果显示，不同所有制类型企业退出情况差异较大，2004~2008年企业存活比例从高到低依次为：外资企业（74.14%）＞港、澳、台资企业（70.89%）＞私营企业（56.77%）＞国有或集体企业（50.56%）。2004~2008年国有和集体企业拥有较高的退出率，这与国有企业改制以及这一时期经济过热，国家化解过剩产能有关。

表4-4 2004~2008年不同所有制类型制造业企业退出情况

	制造业	国有或集体	私营	外资	港、澳、台	其他
存活比例（%）	57.78	50.56	56.77	74.14	70.89	60.38
退出比例（%）	42.22	49.44	43.23	25.86	29.11	39.62
企业总数	1258344	139447	835353	50537	54181	178843

总之，我们发现2004~2008年我国国有企业具有较高的退出率，劳动密集型行业企业的退出率普遍高于其他行业，这可能与我国劳动力成本快速上涨有关，下文将进一步对此进行研究。与现有研究一致，企业规模越大，退出率越低；在各类所有制类型企业中，内资企业的退出率高于外资和港、澳、台资企业，而国有和集体企业的退出率高于私营企业，这与国有企业改制和当时国家出台的产业政策导向是契合的。

二、劳动力成本上涨的事实

丰富低廉的劳动力是我国制造业能够保持国际竞争优势的主要原因之一，随着劳动力成本快速上涨，我国制造业企业面临的来自其他发展中国家低成本劳动力的竞争压力越来越大。研究显示，2005年以后，我国劳动力成本上涨趋势更加明显。

在图4-1中我们绘制了两种方式计算出来的劳动力成本：一是利用算术平均法计算平均工资，二是利用中位数方法计算平均工资；计算劳动力成本的指标也有两种：一种是企业平均工资，另一种是企业平均劳动者报酬。① 受数据的限

---

① 在计算2001~2007年劳动力成本上涨情况时，利用大中型工业企业数据库，使用企业数据库中的"本年应付工资总额（贷方累计发生额）"和"本年应付福利费总额（贷方累计发生额）"累加除以"全部从业人员年平均数"计算企业劳动者报酬；使用"本年应付工资总额（贷方累计发生额）"除以"全部从业人员年平均数"计算企业工资。

制，汇总计算劳动力成本的企业层面原始数据来自中国大中型工业企业数据库，该数据库包括规模以上非国有工业企业和全部国有工业企业，我们挑选出制造业企业进行分析。

根据图4-1的结果，我们发现如下：首先，中位数方法计算的平均劳动力成本明显高于算术平均法计算的劳动力成本，这说明行业内企业劳动力成本呈右偏分布。其次，在计算方式一样时，以企业平均工资或企业平均劳动者报酬计算的企业劳动力成本变化趋势是一致的，这说明使用工资或使用劳动者报酬刻画企业劳动力成本差异应当比较一致。最后，2007年平均劳动力成本基本是2001年的两倍，说明我国劳动力成本出现了上涨，而且这种上涨趋势在2003年以后显得更加明显。

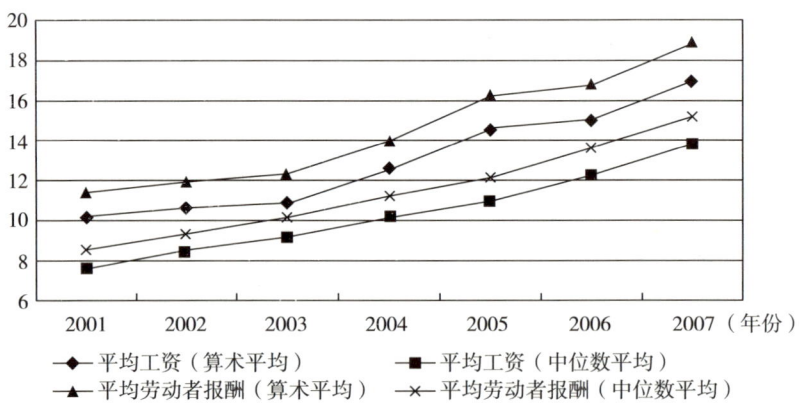

图4-1 2001~2007年我国劳动力成本上涨情况

注：原始数据来自中国大中型工业企业数据计算；纵坐标工资或劳动者报酬的单位为千元，经不变价调整。

上面图4-1显示了制造业劳动力成本上涨的基本趋势，但是我们并不知道劳动力成本分布的具体情况。为此，我们分别绘制了2004年和2008年全部制造业和劳动密集型制造业企业工资水平的核密度分布图（见图4-2），原始数据分别来自2004年和2008年中国大中型工业企业数据库。图4-2的直观结果显示，企业工资水平并没有服从正态分布，而且出现拖尾和偏态特征，而且不同年份企业工资核密度曲线出现多个峰点，这可能与不同行业或地区的企业工资结构存在差异有关。同时，这也提醒我们，在考虑企业劳动力成本时，应当结合企业的行业和地区特征，而且，在计算企业面临的劳动力成本时，应该注意劳动力平均成本的计算方法，在工资出现偏态分布的情形下，中位数平均工资相比算术平均工资能更好地衡量企业面临的劳动力成本。

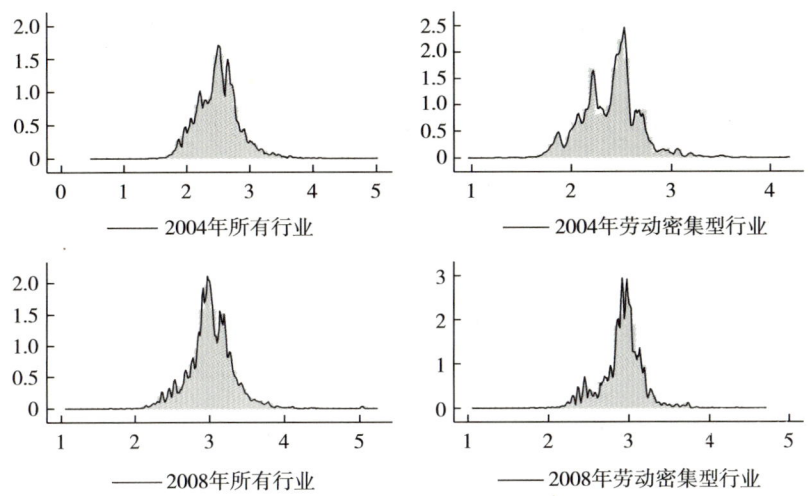

图 4-2 劳动密集型行业企业工资核密度曲线

三、企业退出与劳动力成本变动的关联性分析

制造业企业退出风险与劳动力成本上涨是否有关？在图4-3中我们绘制了2004~2008年制造业三位数行业企业的退出率与行业平均劳动工资上涨的关系，从散点图和拟合的直线不难看出，行业企业退出率与行业平均劳动工资上涨之间基本呈现正相关关系，这说明，在不考虑其他因素时，劳动力成本上涨可能加重企业生存压力。

通过前面的研究发现，劳动密集型行业的企业退出率普遍高于其他行业，这是否与劳动密集型企业的劳动份额较大，以及劳动力成本快速上涨有关？在图4-4中我们绘制了2004~2008年制造业劳动密集型三位数行业企业退出率与行业平均劳动工资上涨的关系，从中不难看出，劳动密集型行业企业退出率与行业企业平均工资上涨呈正相关关系，并且拟合这种正相关关系直线的斜率比图4-3的更大，这说明，在不考虑其他因素的情况下，劳动密集型行业企业受劳动力成本上涨的影响更大一些。

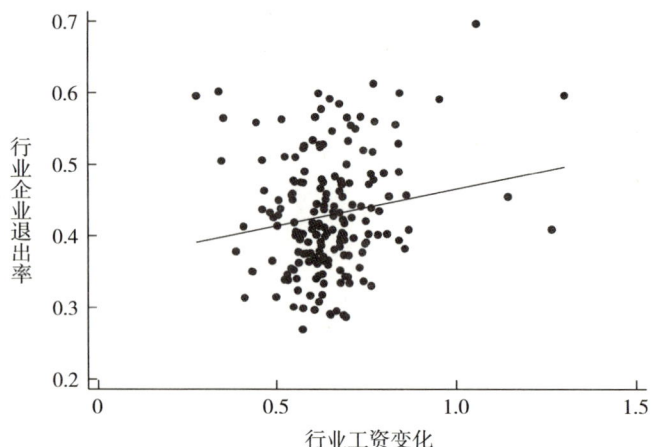

图 4-3 制造业三位数行业企业退出率与行业工资变化关系

注：行业工资变化使用 2008 年和 2004 年行业中位数平均工资的对数值相减得到。

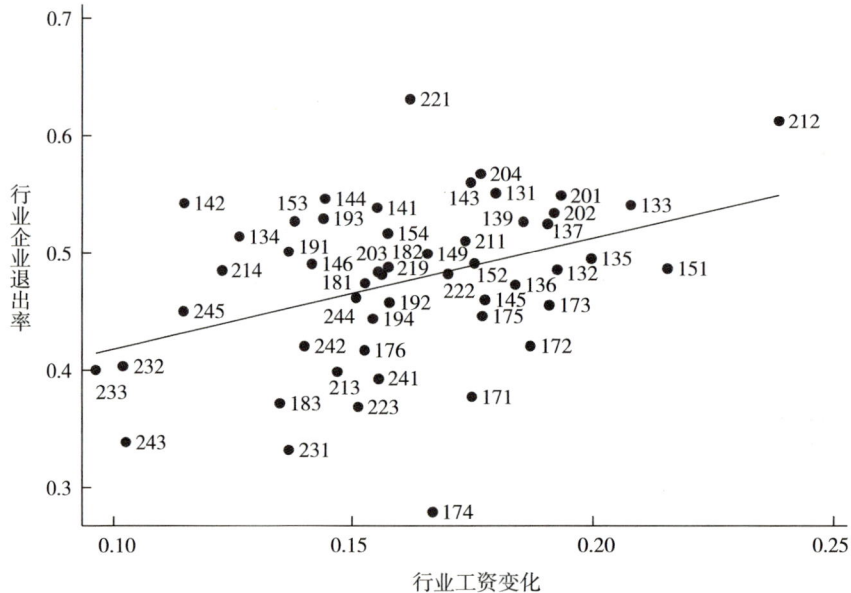

图 4-4 劳动密集型（三位数）行业企业退出率与行业工资变化关系

注：行业工资变化使用 2008 年和 2004 年行业中位数平均工资的对数值相减得到。图中散点数字标识对应国民经济行业（GB/T3）三位数行业代码。

第四章 劳动力成本上涨与企业退出

在不同类型所有制企业中，私营企业具有数量多、企业差异大等特点。在2004年工业经济普查数据中，约有2/3的企业属于私营企业。与国有企业不同，私营企业市场化程度高，不像国有企业那样存在预算软约束问题，直接受各级政府干预的影响较少。同时，私营企业也与外资或港、澳、台资企业有较大区别，由于后者在全球范围内进行生产布局以降低生产成本，同时，它们在技术、资金和市场等方面相对内资企业具有较大优势，因此，应对劳动力成本上涨的方式和能力可能与内资企业有较大的不同。为了考察私营企业生存状况是否受劳动力成本变动的影响，我们单独挑选出私营企业进行分析，考察制造业三位数行业私营企业的退出率与行业工资上涨的关系（见图4-5），结果与上面的发现一致，在不考虑其他因素的情况下，私营企业退出率与工资水平上涨呈正相关关系。

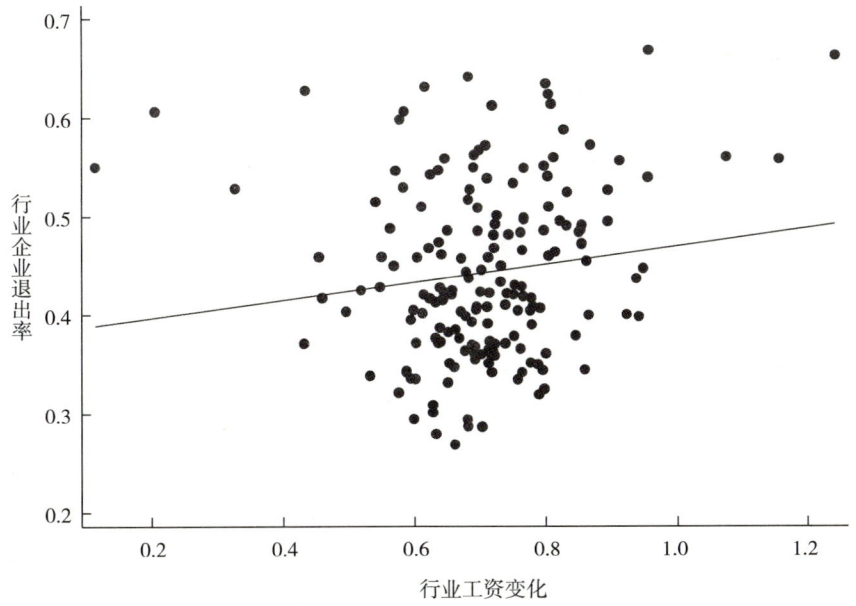

图4-5　私营企业成本上涨与企业退出率

注：行业工资变化使用2008年和2004年行业中位数平均工资的对数值相减得到。

此外，我们进一步考察了劳动密集型制造业三位数行业私营企业退出率与行业工资上涨的散点图（见图4-6），从中不难看出，企业退出率与劳动力成本上涨的正相关关系并未被打破，并且在不考虑其他因素时，这种正相关关系有更强的趋势。

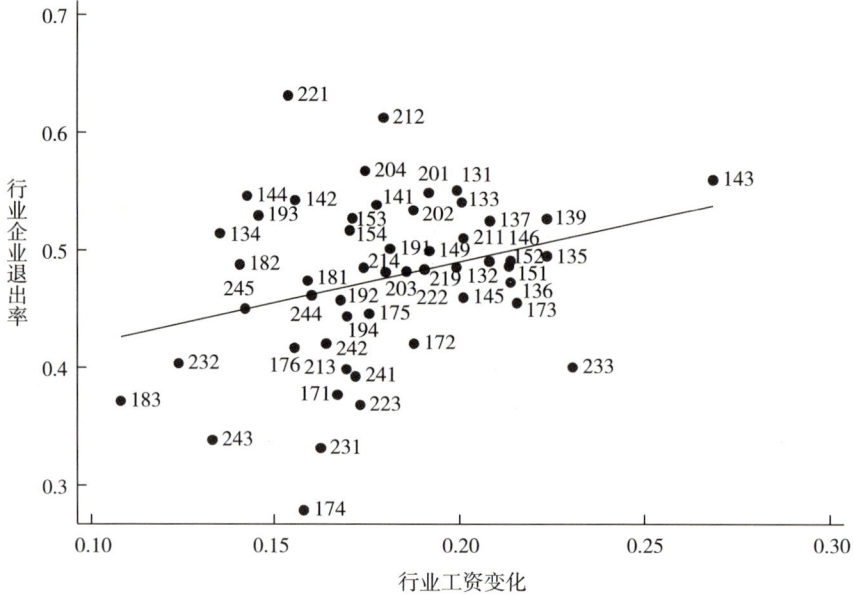

图 4-6 劳动密集型私营企业成本上涨与企业退出率

注：行业工资变化使用 2008 年和 2004 年行业中位数平均工资的对数值相减得到。图中散点数字标识对应国民经济行业（GB/T3）三位数行业代码。

第四节 模型与变量

首先，为了考察劳动力成本上涨对企业退出的影响，本章使用二元离散模型进行估计，其中二元离散因变量 y 的取值由企业状态决定，如果企业退出，则 $y=1$，否则 $y=0$。假设 y 的概率模型为：

$$P(y=1 \mid X) = G(X\beta) \quad (4-3)$$

$G(\cdot)$ 的取值区间 $0 < G(\cdot) < 1$。企业的退出概率由企业潜在退出风险 y^* 决定，如果企业风险 y^* 大于零，则企业退出，而 y^* 取决于：

$$y^* = X\beta + \varepsilon \quad (4-4)$$

其中，X 包含劳动力成本变化（d_lw）和影响企业生存风险的其他变量集 Z（即 $X\beta = \beta_0 + \beta_1 * d\_lw + Z\gamma$），$\beta$ 和 γ 为系数向量。那么，不管随机扰动 ε 具体服从何种分布，只要它的概率密度函数关于 0 对称，就可以得出：$P(y=1 \mid X) =$

$P(y^* > 0 \mid X) = G(X\beta)$。假设 ε 服从标准 Logistic 分布，ε 的概率密度函数将关于 0 对称，这时，企业退出概率可写为 $P_i = \dfrac{\exp(X\beta)}{1 + \exp(X\beta)}$，进一步进行简单变换便可得到企业退出机会比率（odds ratio）：

$$L_i = \ln\left[\dfrac{P_i}{1 - P_i}\right] = X\beta \tag{4-5}$$

上式使用 Logit 模型进行估计便能获得待估系数向量 β，对于 Logit 模型的估计，可采用极大似然方法（MLE）进行估计。

其次，我们使用 2004 年和 2008 年工业经济普查数据（工业企业数分别为 134.50 万家和 197.66 万家）来检验劳动力成本上涨是否增加了企业的退出风险。上述数据库是全样本数据，我们使用变量"企业代码""企业名称"和"电话号码"变量来识别 2004 年的企业是否退出，如果 2004 年和 2008 年的企业至少存在上述某一个变量取值相同的情况，则视它们为同一家企业，即 2004 年的企业至 2008 年并未退出（$y=0$），否则为退出企业（$y=1$）。

对于劳动力成本变量，我们使用以下方式构建：在下文回归分析中，计算 2004~2008 年劳动力成本上涨变量（d_lw），使用 2004 年和 2008 年工业企业普查数据，使用企业"本年应付工资总额"（贷方累计发生额）除以"全部从业人员年平均数"计算企业工资，然后使用中位数平均法计算城市四位数行业企业平均工资水平（$wage$），最后为了计算 2004~2008 年企业所在行业的劳动力成本上涨变量（d_lw），利用 2008 年和 2004 年平减后的 $wage$ 的对数值相减得到。①

最后，为了防止企业退出风险回归模型中存在遗漏解释变量而引起内生性问题带来的干扰，我们需要尽可能地控制影响企业退出风险的变量（Z），根据现有研究成果，本章主要还考虑了以下变量：

（1）企业规模（$lscalek$）。规模无疑是反映企业沉没成本的一个重要变量，来自世界各国、各类行业的经验研究都表明企业退出与企业规模存在密切关系，规模越小的企业由沉没成本造成的退出壁垒越小，因此越容易退出（Mansfield，1962；Lieberman，1989；Acemoglu 等，2018）。同时，规模还反映企业的规模效率情况，企业在规模相对较小的时候进入市场，相对于其他企业，它们在最低有效规模上经营时的成本较高，而大企业往往能获得规模经济上的好处，因此，规模小的企业退出风险较大。本章使用的是企业年销售额的对数值（ls）来表示企

---

① 上文研究观察计算了三位数行业企业平均工资水平，下面的回归分析中，计算的是城市四位数行业企业平均工资水平，均使用中位数平均法计算。

业规模。

（2）企业年龄（age）。企业年龄也常常被视为影响企业退出的关键因素。有些学者认为年龄反映了企业"学习效应"（Jovanovic, 1982; Pakes 和 Ericson, 1998），这意味着年龄越大的企业越不容易退出；而 Dun 与 Bradstreet（1980）认为，年龄较小的企业面临的退出风险较高是因为它们具有相对脆弱的资金结构。相反地，根据"年轮效应"（vintage effect）理论，新技术或创新总是以新资本、新企业为载体，这意味着年轻的企业具有较强的生命力而不容易退出（Baily et al., 1992; Salvanes 和 Tveteras, 2004）。由此看来，企业退出风险与企业年龄之间并不一定存在确定的正向或负向关系，为此，本章引入企业年龄（age）作为控制变量，其中，企业年龄 $age = year - setyear + 1$，$year$ 和 $setyear$ 分别代表观测年份和企业成立年份。

（3）所有制结构（gov）。市场化改革是我国经济体制转型的主要特征之一，这场改革使我国经济从国有经济独存向目前的多种所有制并存转变，同时，不同所有制企业之间表现出极大的差异。林毅夫和谭国富（2000）、林毅夫等（2004）认为，由于政策性负担，企业预算软约束问题普遍存在于转型的发展中国家中，在消除冗员、社会福利支出、高资本密集度行业投资等方面，我国国有企业的政策性负担高于非国有企业，并且，国家对国有企业亏损或倒闭负有责任，于是造成了国有企业相对明显的预算软约束。对于一些处在濒临破产边缘的国有企业，政府常常利用税收减免、财政补贴等手段缓解其生存危机，从而扭曲了国有企业的退出机制。同时，相比于内资企业，外资和港、澳、台资企业由于更可能在世界范围内配置资源，因此，在面临要素成本上涨时，他们的应对能力和应对方式可能也会有所差别。为了控制所有制因素差异，本章除了尝试对不同所有制类型企业进行分组估计之外，在包含各类所有制企业样本的估计中，还引入反映企业所有制类型的一组虚拟变量（$D. gov$）表示所有制结构特征。

（4）企业利润率（rev）。企业盈利能力是影响企业生存能力最为直接的因素（Foster 等，2008）。本章直接引入企业利润率作为衡量企业盈利能力的关键指标，虽然一些学者使用生产率表示企业盈利能力，但 Foster 等（2008）指出，企业的存活率直接取决于企业的盈利能力而非生产率，"生产率→存活率"仅仅是"利润率→存活率"对应关系的简化，只有当企业利润率是生产率的单调递增函数时，上述的简化对应关系才能成立。相对增长效率（生产率）指标，增长效益（利润率）除了反映投入与产出的关系外，还反映产出符合社会需求或产出实现的程度，它受产出结构和产品质量的共同影响（郭克莎，1997；苏振东、洪玉娟，2013）。对于利润率指标，本章使用企业净利润与资产总额之比计算企业净利润率，其中净利润为企业利润总额扣除企业应交所得税之后的部分。

此外，本章还引入所属省（市、区）虚拟变量（D. prov）和所属于二位数行业虚拟变量（D. sic2），用于捕捉不可观测的地区或行业冲击。

第五节 实证分析

前面的散点图分析结果显示，企业退出率与行业工资上涨呈正相关关系，但这种关系是基于汇总数据的分析，即我们将行业企业退出率进行了汇总，这并没有考虑行业内企业自身的结构差异，比如，某些重化工业行业企业规模可能普遍高于轻工业行业的企业规模，而企业规模可能是企业生存能力的关键决定因素之一。为此，本章利用企业层面数据，使用 Logit 模型直接估计企业退出风险模型，除了引入行业工资上涨变量（d_lw）作为核心解释变量，我们还引入了企业年龄（age）和企业规模（$lscale$）作为控制变量。通过限定不同的企业样本，我们将回归结果报告于表 4-5。得出的主要结果如下：

表 4-5 劳动力成本上涨对企业退出影响的估计

	模型（1）	模型（2）	模型（3）	模型（4）	模型（5）	模型（6）	模型（7）
要素密集型	全部	劳动密集型	劳动密集型	劳动密集型	劳动密集型	劳动密集型	劳动密集型
所有制类型	全部	全部	私营企业	港、澳、台企业	外资企业	国有企业	集体企业
d_lw	0.2169*** (4.96)	0.3372*** (4.30)	0.1876* (1.94)	0.4201 (0.74)	0.7605 (1.56)	0.7627*** (3.67)	0.1221 (0.58)
age	0.0005* (1.76)	-0.0000 (-0.06)	-0.0059*** (-7.34)	0.0384*** (11.24)	0.0416*** (9.86)	-0.0057*** (-6.45)	-0.0058*** (-4.99)
$lscale$	-0.2707*** (-216.10)	-0.2775*** (-132.10)	-0.2644*** (-95.93)	-0.3568*** (-36.08)	-0.3796*** (-33.34)	-0.1885*** (-30.94)	-0.2740*** (-49.23)
样本量	1172414	410807	285263	20495	17796	36808	50442
Pseudo R^2	0.073	0.072	0.070	0.082	0.088	0.053	0.070
似然函数值	-7.3e+05	-2.6e+05	-1.8e+05	-1.1e+04	-9.5e+03	-2.4e+04	-3.2e+04

注：***、**、*分别表示系数通过1%、5%和10%的显著水平检验。d_lw为2008年和2004年企业所在城市四位数行业中位数对数工资的差，工资经可比价调整。

首先,表4-5模型(1)的结果显示,d_lw的系数为0.2169,并且高度显著,可见在剔除企业年龄和企业规模因素后,劳动力成本正向变化对制造业企业退出风险具有正向影响,劳动力成本上涨,企业退出机会比将提高。同时,其他条件一样,企业规模越大退出风险越低,这与前文提到的其他学者的研究发现一致;而企业年龄变量显著为正,但系数值很小,可见企业年龄对制造业企业退出风险具有微弱正向影响。

其次,劳动密集型企业受劳动力成本上涨的影响更大。其他条件一样,劳动力成本上涨,劳动密集型企业退出风险更高。表4-5的模型(2)是仅采用劳动密集型企业样本的估计结果,d_lw的系数为0.3372,明显高于全部制造业企业样本的0.2169%,并且高度显著。即在剔除企业年龄、企业规模等因素后,行业工资上涨,劳动密集型企业的退出机会比将提高。事实上,劳动力成本上涨对劳动密集型企业有更大影响是合乎逻辑的,因为劳动密集型企业的劳动力成本在投入总成本中往往占有较高份额,因此它们受劳动力成本变化的影响更大。由此,前文假说1-1得到了初步验正。

最后,不同所有制类型企业受劳动力成本上涨的影响不同。模型(3)至模型(7)报告了不同所有制类型的劳动密集型企业受行业工资上涨的影响情况,令人意外的是,当其他条件一样时,国有企业的生存能力受劳动力成本上涨的影响最大,其次是私营企业,而其他类型企业受劳动力成本上涨的影响并不显著。国有企业的生存能力受劳动力成本上涨的影响最大,这很可能是因为国有企业灵活性较小,在面对劳动力成本上涨时采取应对劳动力成本上涨的策略不足,从而导致其面临较高的生存压力;私营企业在应对劳动力成本上涨时,企业采用要素替代或技术革新等应对策略的动力和能力较强,从而面临的退出风险相对较低;虽然我国劳动力成本上涨给外资和港、澳、台资企业带来一定的压力,但是从本章的研究时段来看,劳动力成本上涨并没有直接导致这类企业的退出风险增加,这很可能与前文提到的,这类企业在国际范围内进行要素资源配置,在技术、资金和市场等方具有明显优势的原因有关。

表4-5的估计结果并没有考虑到企业所处地区和行业的不可观测特征,为此,我们将表4-5中的模型(1)和模型(2)引入地区和行业虚拟变量,同时,引入企业所有制类型的虚拟变量后进行估计,估计结果分别如表4-6的模型(8)和模型(9)所示。结果不难看出,引入上述虚拟变量后,d_lw变量的系数均稍有下降,但下降幅度不大,并且依然显著。可见,剔除不可观测的地区、行业和企业所有制类型特征后,并不会改变上文我们得出的劳动力成本上涨

将增加企业退出风险的基本发现,并且这种影响对于劳动密集型企业而言更明显。

表4-6 劳动力成本上涨对企业退出影响的估计

	模型(8)	模型(9)	模型(10)	模型(11)	模型(12)	模型(13)
要素密集型	全部制造业	劳动密集型	劳动密集型	劳动密集型	劳动密集型	劳动密集型
利润率	—	—	低	中低	中高	高
d_lw	0.1982*** (4.55)	0.3215*** (4.09)	0.8184*** (4.36)	0.3644* (1.95)	0.2973* (1.75)	-0.0226 (-0.14)
age	-0.0035*** (-11.60)	-0.0039*** (-7.41)	-0.0042*** (-3.81)	-0.0078*** (-6.08)	-0.0065*** (-4.91)	-0.0049*** (-3.81)
lscale	-0.2588*** (-202.73)	-0.2633*** (-121.23)	-0.2804*** (-57.29)	-0.2956*** (-55.21)	-0.2541*** (-46.75)	-0.2288*** (-42.50)
$D.gov\_2$	-0.2243*** (-20.12)	-0.2115*** (-12.31)	-0.1730*** (-4.62)	-0.2775*** (-6.62)	-0.3444*** (-6.92)	-0.3544*** (-6.85)
$D.gov\_3$	-0.3636*** (-30.57)	-0.3791*** (-20.56)	-0.3249*** (-7.69)	-0.4838*** (-10.71)	-0.5287*** (-10.62)	-0.7280*** (-12.95)
$D.gov\_4$	0.2270*** (31.03)	0.2440*** (18.05)	0.3442*** (11.98)	0.3091*** (9.59)	0.1916*** (5.93)	0.1355*** (4.44)
$D.gov\_5$	-0.0286*** (-4.78)	-0.0468*** (-4.41)	-0.0334 (-1.47)	-0.1028*** (-4.33)	-0.0504** (-2.07)	-0.0114 (-0.44)
$D.prov$	yes	yes	yes	yes	yes	yes
$D.sic2$	yes	yes	yes	yes	yes	yes
样本量	1172414	410807	89974	88274	83524	75852
Pseudo R^2	0.075	0.074	0.069	0.081	0.074	0.081
似然函数值	-7.3e+05	-2.6e+05	-5.5e+04	-5.5e+04	-5.4e+04	-4.8e+04

注:***、**、*分别表示系数通过1%、5%和10%的显著水平检验。d_lw为2008年和2004年企业所在城市四位数行业中位数对数工资的差,工资经可比价调整。$D.gov\_2$、$D.gov\_3$、$D.gov\_4$和$D.gov\_5$依次代表港澳台资企业、外资企业、国有企业和集体企业的虚拟变量,$D.gov\_k$($k=2,3,4,5$)=1则为相应所有制类型企业,$D.gov\_k=0$则反之。$D.prov$和$D.sic2$分别为省(市)区和二位数行业虚拟变量。

表4-5和表4-6在估计结果前没有考虑企业生产率的异质性,而不同生产率异质性的企业在面临既定的外部市场时会表现出明显差别。根据经济学理论,

在理想的市场结构下,造成企业盈利能力差别的主要原因无非是企业生产率和企业要素成本的差异。在要素成本普遍上涨的情况下,生产率高或技术进步相对快的企业对要素成本上涨的承受能力也相对较高,因为较高的生产效率能够抵消部分要素成本上涨带来的压力;反之,那些生产率低的企业很可能对要素成本上涨的承受力较低,因此,要素价格上涨时面临的退出风险较高。这就是说,企业对要素成本上涨的反应很可能随着企业生产率的变化而变化。不过,由于企业生产函数本身的内生性问题以及中国工业企业数据库的数据特点,测度企业生产率难度较大并且往往容易产生较大偏误(吴利学等,2016)。一个间接反映企业生产率的直观指标是企业的利润率,它能较好地综合反映企业应对内外风险的指标之一(Foster 等,2008)。因此,这里我们直接根据企业利润率(rev)的高低对企业进行分类,分组估计工资上涨对劳动密集型私营企业退出的影响[见表4-6中模型(10)~模型(13)],以间接地检验不同生产率水平企业在面对劳动力成本上涨时面临的退出风险差异。

具体地,本章进一步将劳动密集型企业样本按企业利润率从低到高进行排序,并使用分位数将企业样本平均分成四组,重新估计企业退出风险模型[见表4-6中模型(10)~模型(13)],结果显示,随着企业利润率由低向高的组变化,d_lw 的系数逐步下降,从 0.8184 下降到 -0.0226,并且仅有模型(10)~模型(12)的 d_lw 系数通过 10% 的显著性检验,而模型(13)中 d_lw 的系数为负,但并不显著。由此看来,其他因素一样时,利润率较低的企业受劳动力成本上涨带来的生存风险更大,而利润率高的企业消化劳动力成本上涨的压力较强,劳动力成本上涨无法增加这类企业的退出风险。可见,企业异质性也影响其面临劳动力成本上涨时的反应,企业盈利能力能够消化一部分劳动力成本上涨带来的生存压力,从而导致盈利能力强的企业受劳动力成本上涨的影响更小一些,由此,我们间接地检验了前文的假说2。

本章小结

近年来,我国劳动力成本快速上涨已成为不争的事实,2001~2007年,大中型制造业企业平均工资水平涨了1倍左右。与此同时,我国制造业企业退出也非常频繁,根据2004年和2008年工业企业普查数据资料分析发现,2004年制造业42.22%的企业在2008年已经退出了市场。作为企业的必要投入之一，劳动力成本变动对企业经营状况存在影响是不争的事实，但我国劳动力成本上涨是否足够对企业生存造成威胁？本章利用2004年和2008年工业企业普查数据，使用企业生存风险模型，估计了劳动力成本上涨对企业生存的影响，得出的发现如下：

第一，劳动力成本上涨确实会增加企业的生存风险，并且劳动密集型企业所受的影响更大一些。对于制造业企业而言，在剔除企业年龄、企业规模等因素后，劳动力成本上涨，企业退出机会比将提高，而对于劳动密集型制造业，企业退出机会比提高的幅度更大。

第二，不同所有制类型企业受劳动力成本上涨的影响也不同。本章发现，其他条件一样，国有企业的生存能力受劳动力成本上涨的影响最大，其次是私营企业，而外资企业则不受劳动力成本上涨的影响。这很可能与不同所有制类型企业通过自身生产或经营调整以应对劳动力成本上涨的能力不同有关。

第三，在市场结构既定时，不同劳动生产率企业应对劳动力成本上涨时，面临的退出风险也存在差异。本章利用企业利润率指标对企业进行分组，然后估计企业退出风险模型，结果发现，盈利能力较低的企业在面临劳动力成本上涨时，退出风险明显较高；而盈利能力达到一定水平时，劳动力成本上涨并不会显著增加企业的退出风险。简言之，随着盈利能力的提高，企业对劳动力成本上涨的承受能力也随之增强。

总之，劳动力成本上涨确实会增加企业的退出风险，但这种影响对不同类型企业是有差异的，应该区别对待。通过自身的调整，努力提高自身盈利能力是企业应对劳动力成本上涨的重要生存之道。

第五章　国内产业转移的识别与趋势分析

当前,我国正在经历着新一轮国际国内产业转移同步进行的过程,从东部沿海到中西部广阔腹地,从我国到东南亚、南亚、非洲、拉美等地区,都能触及我国产业转移的踪迹。随着产业生命周期的变动,绝大多数的产业都会经历一次次排浪式空间调整。而加强对产业转移的识别和趋势性判断,有利于揭示产业布局调整的一般规律,也有利于洞察各类产业的转移趋势。

第一节　产业转移的战略意义

产业转移是优化生产力布局、形成合理产业分工体系的有效途径,是推进产业结构调整、落实区域发展总体战略的必然要求。现阶段,我国产业转移出现了"西进、外移"的趋势,势必对生产力总体布局产生深远的影响。因此,依靠产业转移促进生产力合理布局具有重要的战略意义。

第一,产业转移是优化生产力空间布局的重要途径。"十一五"时期以来,我国逐渐走出"东部隆起、中西部塌陷"的不平衡发展状态,地区差距呈现缩小的趋势,形成了以城市群为主体的多极化的发展格局。然而,在面对这些积极变化的同时,我们应该看到产业布局不平衡、不可持续、不协调发展的突出问题,如产业分布"过密、过疏"尚未发生根本转变,产业布局与人口、资源环境的分布不协调日益突出,产业转移的体制机制障碍较多等。要从根本上解决这些问题,需要综合施策。实践表明,通过产业转移优化生产力布局是一种有效、精准、可行的途径。产业转移不只是"腾笼换鸟""涓滴扩散""蛙跳转移"等形式的空间调整,更是产业生态环境的大漂移、大迁徙和大转型,这不仅有利于缓解东部地区资源环境紧张的局面,也有利于加快中西部地区工业化进程,实现资源就近利用、人口就近就业和全国环境容量的相对平衡。这轮产业转移是市场力量主导的结果，产业"西进、外移"的趋势客观上反映了产业布局趋势性的调整，也说明了东部地区比较优势的转换。

第二，产业转移是推进"一带一路"、长江经济带等重要战略支撑带建设的主要任务。"一带一路"、长江经济带等重要战略支撑带从理念走向实践，成为现阶段优化经济格局的主要方向。"一带一路"是国家统筹国内国外两个大局做出的战略决策，必将带动国内外产业互动，加快我国产业"走出去"步伐。陆上依托陆路通道，以经贸产业园区为平台，承接国内外产业转移，建设若干条国际经济走廊。同时，海上以沿海港口为依托，共同打造通畅、安全、高效的运输大通道，带动产业转移。同样，依托长江黄金水道推动长江经济带发展也是国家适应国内外形势的战略部署。长江经济带横跨东、中、西三大区域，具有独特的优势和巨大的发展潜力。依托沿江通道，利用上中下游优势互补、协作互动的格局，引导产业向中西部转移，不仅能够引导中西部外出务工人员回流和就近就业，也能够减少大规模的资源长距离运输。

第三，产业转移是加快中西部工业化和城镇化进程的着力点。我国中西部地区腹地广阔，具有较大的回旋余地，承接国内外产业转移的发展空间很大。跟东部相比，中西部工业化和城镇化具有"双滞后"的特征，后发赶超的优势非常明显。另一方面，中西部地区具有较低要素成本优势，劳动力资源相对充足，能源和原材料优势比较明显，市场潜力也很大。可以说，现阶段，中西部地区承接国内外产业转移具有良好的条件和外部环境。事实表明，近年来，中西部地区承接产业转移成效显著。安徽、河南、四川、重庆、贵州等中西部省份抓住产业布局调整的趋势，积极对接东部地区，承接了一批产业项目，带动了当地产业结构的调整升级。同时，随着产业转移，中西部地区外出务工人员越来越多地选择回乡就业和就近进城落户，进而加快了中西部城镇化进程。

第二节　产业转移的理论与测度研究进展

产业转移是产业整体或部分环节发生空间转移的过程，是产业转型升级的空间表现。近年来，受生产要素成本上涨、国际市场环境变化、环境监管更加严格等因素的影响，我国东部地区产业既存在向中西部转移的趋势，也出现向东南亚、非洲等地区转移的趋势。无论是中央还是地方，都积极实施一系列促进产业转移的政策，有效引导产业向中西部转移或"走出去"。同时，国内学者作为亲历者对这个现象的思考和研究由来已久，已积累了丰富的学术成果。

一、产业转移概念的界定

产业转移是产业活动的空间调整现象，是要素重新配置和地区相对优势转换的过程。20世纪以来，全球性产业转移先后发生了四次，第一次是"二战"以后美国产业向欧洲和日本转移，第二次是日本产业向亚洲"四小龙"转移，第三次是我国承接国际产业转移，第四次是我国产业"走出去"。这四次产业转移的背后都是由东道国要素成本上涨和企业占领国际市场动机共同推动的。伴随着产业梯度转移，全球范围内的技术扩散随之发生，我国在较短时间内完成工业化进程就是最好的例证。为此，经济学家们从来不放过每一次理论创新的机会，他们对全球性产业转移现象大胆地提出自己的理论预见或理论解释，这些解释为日后产业转移相关研究的顺利开展提供了多样的视角和丰富的内容。

合理界定产业转移的概念并不是一件容易的事情。以往，许多学者将国际产业转移简单地等同于跨国投资或外商直接投资，事实并非如此简单画等号。综观国内外研究，从空间表征来看，产业转移可以表现为不同层面的特征：第一类是宏观层面产业转移。主要表现为生产中心出现明显的跨国或跨区域转移，旧的生产中心逐渐衰落，新兴的生产中心日益崛起，如我国笔记本制造中心从苏州转移到重庆。第二类是中观层面产业转移，主要表现为区域内或省域内跨地市产业合作，地方政府行为在其中起到了非常大的作用，例如，江苏省苏南与苏北共建产业园区、广东省珠三角与两翼共建"飞地园区"等。第三类是微观层面产业转移，主要表现为企业跨地迁移或产业链重组，如首钢集团将生产制造环节从北京石景山区搬至唐山曹妃甸。可见，产业转移既有国际一般规律，又有中国特色。

为什么产业会发生空间调整的过程？产业转移如何测度？诸如此类的问题，一直是国内外学术界努力的方向。学者的研究如同管中窥豹，基于本国的经济现象进行解释，由此产生了产品生命周期理论、雁阵理论等。这些理论对当前我国产业转移现象仍具有较强的解释力。同时，还有一些学者开始观测产业转移的去向、规模、影响等问题。这些现实问题都是在产业转移过程中出现的，如产业转移带来的"污染转移"、产业转移带来的"空心化"等。

2000年以来，我国学者对产业转移的研究逐渐增多，涌现出一大批研究成果，其中相当多的成果是对我国各地产业转移实践经验的总结，还有一些成果讨论产业转移对地区差距、资源环境、劳动力流动等方面的影响。与之相比，我国学者对产业转移的理论解释显得十分不足，这不仅表现为对经典的产业转移理论缺少创新性的批评，还表现为对我国特色的产业转移现象缺少足够的理论思考和构建。

二、产业转移的理论解释

在主流经济学领域，产业转移现象主要为国际经济学家所关注，他们更多地从资本跨国投资或外商直接投资的理论视角解释国际产业转移现象。同时，有一些学者通过现象提出自己的理论构建，如弗农的产品生命周期理论、赤松要的"雁阵理论"等。这些理论尽管没有严谨的一般均衡分析框架，但却得出非常具有说服力的理论观点，于是被学术界广为传播。

第一，产品生命周期理论。美国经济学家弗农从美国产品生命周期与进出口贸易活动的关系出发，分析了一种产品从初创到标准化生产过程中的产量与国内消费量的变化。当产品处于初创阶段，美国作为领先的地区通常是产品净输出国，直至产品处于成熟生产阶段。在这一阶段，产品生产成本升高，尽管其他发达国家也可以模仿生产，但因规模优势等条件不足以撼动美国的主导地位。当产品进入标准化生产阶段，越来越多的企业选择到海外设立生产基地以克服不断上升的生产成本，并且由于产品生产技术工艺容易掌握，越来越多的发达国家甚至发展中国家加入这种产品的生产行列，使美国由产品净输出国转为净输入国。为此，弗农认为，产品生命周期与国际贸易、国际资本投资密切相关。换言之，国际贸易与国际投资之间的关系是随着产品生命周期的阶段变化而变化的。当然，弗农的理论假设产品可以大规模标准化生产，对生产成本比较敏感，当静态比较优势丧失之后，产品生产对外转移的压力增大。

第二，雁阵理论。日本经济学家赤松要是最早提出雁行理论的学者，他通过对日本羊毛工业品贸易趋势的观察发现了日本的某一产业发展通常要经历进口、本国生产和出口三个阶段，小岛清等日本经济学家在此基础上又做了延伸，提出了两个引申的雁行形态：一种是国内消费品进口、生产和出口向资本品进口、生产和出口升级，或者从低附加值制成品进口、生产和出口向高附加值产品进口、生产和出口升级；另一种是某种产品进口、生产和出口的模式在跨国之间的动态演化，简言之就是某种产品生产在不同时间出现跨国转移。从"雁阵理论"的基本观点可以看出，该理论是典型的追赶型经济发展模式，刻画了日本产业发展的轨迹，其暗含的假设是国际产业转移能够发生，主张产业国际垂直分工。不可否认，该理论具有一定的局限性，如"领头雁"的作用和不同雁位之间的互动关系需要持久维持，然而现实中难以做到。

第三，新经济地理理论。20世纪90年代初，以美国经济学家克鲁格曼教授为首的学者将"空间"纳入一般均衡的分析框架，用于解释经济活动分布问题。由于这个领域得到空前的发展，于是许多学者称之为"新经济地理学"，以区别传统经济地理学。跟以往国际贸易理论相比，新经济地理理论强调市场需求对经济活动空间分布的决定作用，从而改变了要素禀赋影响经济活动分布的认识。在新经济地理理论看来，市场需求变化引起了产业的跨地区转移，当一个地区市场需求增大，或更便利地接近更大的区外市场时，越能够吸引产业集聚。该理论能够解释市场规模较大的地区或对外开放度较高的地区往往容易形成全球制造业基地的原因，但不能解释为什么原材料产业大规模地向产地转移，也难以解释低成本优势地区承接产业转移的现象。

综观上述这些理论，大家不难发现，这些理论对现实的经济现象有一定的解释力，但针对我国现阶段的国际国内产业转移，这些理论仍存在一些局限性，例如，产业国内转移和"走出去"同时进行，这是以往其他发达国家几乎没有出现过的现象，这个问题难以用现有的理论进行解释；又如，从传统产业到高技术产业，我国企业都可以在世界范围内开展国际产能合作，合作对象既包括发达国家，又包括广大发展中国家，这一现象已超出现有理论的解释能力；再如，地方政府在产业转移中的作用是非常突出的，"飞地园区"发展模式作为中国方案的组成部分正开始向全球推广，然而现有理论很难找到政府作用的"影子"，这也是那些基于成熟的市场化国家提出的理论难以解释的。无疑，中国式产业转移有望成为全球经济理论的追逐热点。

中国式产业转移是在大国和要素尚未充分利用的背景之下进行的，是比较优势、市场扩张和政府行为共同推动的，这"三驾马车"联袂发挥，形成不同的产业转移模式。完善技术工艺、完善配套体系和高性价比的产品是支持我国产业"走出去"的现实条件。虽然我国产业在产品技术层面与发达国家还存在明显差距，但在差异化消费的市场环境中仍有较强的竞争优势。

三、产业转移的测度方法

事实上，学术界对产业转移的研究自20世纪90年代就有，但当时产业转移现象尚未像今天这么明显。但一直以来，学者们更多地依靠直接判断产业转移的基本趋势和发展动向，而利用翔实数据和合理方法测度产业转移的研究相对较少,主要的原因是难以获取产业转移的相关数据。于是,有些学者尝试在这一领域做一些探索,主要的研究可以概括为以下四类:第一类是用产业相对比重变化近似反映产业转移的基本状况。例如,中国社会科学院工业经济研究所课题组(2012)采取四大板块各产业份额变动衡量产业地带转移;胡安俊和孙久文(2014)采用各地区不同时点产业相对比重的变动衡量制造业转移趋势;张公嵬、梁琦(2010)利用赫芬达尔指数、区位熵、产业的绝对份额三个指标分析产业转移趋势。指标法相对简单,也易于找到数据,但只能近似地发现产业转移的趋势特征,无法识别产业转移的流向和路径。第二类是基于贸易流的视角考察区域间实际贸易流量。刘红光等(2011)和刘红光等(2014)都是构造了一个衡量区域间投入产出模型,利用1997年和2007年区域间投入产出数据进行测算,结果表明产业只有北上趋势,而向中西部转移趋势不明显。而覃成林和熊雪如(2013)则在区位熵指数和修正的引力模型的基础上构建了一个产业转移相对流量分析模型,进而编制了2000~2010年产业转移的相对流量矩阵,以此刻画了产业转移的趋势和路径。第三类是从投资视角考察微观企业主体的对外投资行为,用对外投资的规模和行业类型或者企业异地搬迁作为度量产业转移的直观变量。不过这种方法往往需要企业调查数据,不易获取。桑瑞聪等(2011)直接采用上海、浙江、江苏、广东四省在沪深两市的上市公司数据,分析其中312家对外投资公司的产业转移原因。类似的研究也可推广到中国对外投资企业的分析。第四类是用计量方法分析不同时点产业份额变化的显著性。Dumais等(2002)通过计量模型分解出均值复归效应和随机增长效应,这两种效应的相抵效果可以分析产业是否趋于进一步集聚还是趋于扩散。这种方法一般用于分析产业布局的总体变化趋势,但不能清楚地表明区际产业转移的方向和规模。

理论上,产业转移背后是产业转出地和转入地之间存在技术、成本等方面的差异,这些梯度差异是推动产业转移的动因。另一种理论解释来自克鲁格曼的"中心—外围"模型,他认为由于中心地区拥挤成本上升太快,致使有些产业被迫向外围地区扩散,而引起产业转移的原因是市场需求变动。现阶段,我国出现了新一轮大范围的产业转移,但学者对产业转移的成因或动力机制认识并未达成共识,主要原因是他们分析产业转移的理论框架和数据来源存在较大的差异。王珺(2010)认为,工资差距是国际产业转移的直接动因,而地价差距对国内地区间产业转移的推动力更强。桑瑞聪等(2013)通过上市公司企业层面的计量分析发现,要素成本、市场需求、集聚外部性、对外开放水平、市场发育程度和企业规模都是影响产业转移的重要因素。高波等(2012)引入房价因素,拓展了一个新经济地理模型，发现地区间房价差异导致了劳动力流动，从而诱发产业转移，并得到中国数据的经验佐证。而邵挺和范剑勇（2010）、范剑勇和邵挺（2011）则利用 Krugman – Helpman 新经济地理模型深入研究了城市房价水平过快上涨对差异化产品区位选择产生扩散倾向的内在机制，并出现了城市体系扁平化趋势的"非黑洞"条件，他们无论是用全国层面还是长三角地区层面的数据都证实了这一发现的存在。

综合来看，我国产业转移的测度相关研究更多地关注于方法创新，却忽视了方法与现实之间的差距，许多研究得出的结论脱离现实或者难以为政策提供明确的方向。正是由于这些不足，本研究将从创业的视角，利用各省区制造业三位数行业企业单位数进行细致分析，从中识别出发生转移或正处于衰退的产业，这样能更清晰地展现出产业转移的基本情况。以往研究忽视了产业转移过程中的创业现象，更多地考察产业转移带来的产出结果变化，但现实中，一个地区产出增大或增速加快可能是由于经济周期、地区比较优势、市场变化等因素分别或共同带来的结果，而不是产业转移形成的，如果仅仅用这些指标度量产业转移可能导致误判。另一方面，以往研究使用的数据多是工业二位数行业数据，这种选择可能迫于数据可得性的无奈，但事实表明，采用工业二位数行业数据分析地区间产业转移是不妥当的，因为加总数据往往掩盖或夸大了产业转移的事实，从而导致研究结论不准确。

第三节 产业转移的现状特征

进入 21 世纪以来，我国产业转移从平静期进入了全面活跃期，产业既有从沿海地区转移到中西部的现象，又有从省内中心城市转移到欠发达城市的现象，同时也存在从国内向东南亚、南亚、非洲等地区转移的现象。这些现象不仅符合大国产业梯度转移的基本规律，也表现出国际产业转移的雁阵式特征。总的来看，这些年我国产业转移的基本特点主要表现为以下方面：

如图 5-1 所示，从四大板块看，2005 年以来，我国东部、中部、西部和东北地区四大板块工业产值占全国的份额出现了历史性变化，中部和西部所占比重呈现出稳定上升的势头；而东部地区工业产值占全国比重却持续下降，2005 ~ 2015 年期间下降了 7.8 个百分点。如表 5-1 所示，从工业增加值的增长速度看，西部地区是工业产值增速最快的板块,年均增速 15.87%,西部工业增加值增速也表现出强劲态势,为 14.71%,明显高于东部和东北地区。如表 5-2 所示,2005~2015 年期间,东部地区制造业固定资产投资占全国的比重连续下降,2015 年较 2005 年下降了 15.93 个百分点。中部地区制造业固定资产投资增长最快,2015 年占全国的比重为 30.05%,比 2005 年提高了 13.38 个百分点,西部比重的提高也比较明显。

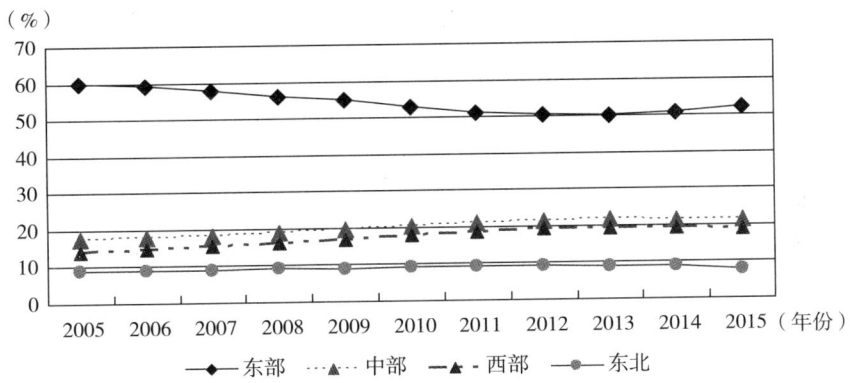

图 5-1 四大板块工业增加值占全国比重变化

资料来源:历年《中国统计年鉴》。

表 5-1 四大板块工业增加值增长速度 单位:%

年份 地区	2006	2007	2008	2009	2010	2011	2012	2013	2014	2015	平均增速
东部	18.47	17.78	16.85	4.02	18.01	15.83	6.28	6.62	4.76	1.77	10.85
中部	21.60	24.10	25.87	8.30	28.19	24.68	9.63	7.66	2.48	-0.81	14.71
西部	26.64	25.42	27.38	11.00	29.19	25.53	10.89	8.15	3.40	-3.37	15.87
东北	17.67	20.42	24.80	1.35	28.06	22.45	5.71	5.38	0.98	-10.18	11.00

资料来源:历年《中国统计年鉴》。

表 5-2 四大板块制造业固定资产投资占全国比重 单位:%

年份 地区	2005	2006	2007	2008	2009	2010	2011	2012	2013	2014	2015
东部	61.32	59.55	55.20	50.92	47.86	46.13	45.25	42.99	42.59	43.47	45.39

续表

年份 地区	2005	2006	2007	2008	2009	2010	2011	2012	2013	2014	2015
中部	16.67	17.89	20.54	22.79	24.56	26.14	26.92	27.59	28.79	29.16	30.05
西部	12.38	12.45	13.50	14.58	15.65	15.30	16.93	17.65	17.40	17.44	16.13
东北	9.63	10.11	10.75	11.72	11.93	12.44	10.90	11.78	11.21	9.93	8.43

资料来源：历年《中国统计年鉴》。

从八大经济区域看①，2005~2015年期间，北部沿海、东部沿海和南部沿海三大经济区工业产值占全国的比重都出现了不同程度下降，其中东部沿海经济区（即长江三角洲地区）下降最为明显（见表5-3）。黄河中游、长江中游等其他五个中西部经济区工业产值占全国的比重都出现上升势头，其中，长江中游地区工业增加值占全国的比重提高了4.8个百分点，是2005~2015年期间工业增长最为强劲的地区。从八大经济区看，北部沿海、东部沿海、南部沿海东部三大经济区制造业固定资产投资占全国的份额都出现明显下滑，长江中游经济区是承接国内国际产业转移的重点地区，地区制造业固定资产投资出现强势增长，中西部其他经济区也出现明显的增长态势（见表5-4）。

表5-3 八大经济区域工业产值占全国比重变化　　　　　　单位：%

年份 地区	2005	2006	2007	2008	2009	2010	2011	2012	2013	2014	2015
北部沿海	20.87	20.63	20.04	20.00	19.56	18.41	17.91	17.89	17.81	17.85	17.89
东部沿海	23.19	22.78	22.22	20.95	20.57	19.90	19.05	18.54	18.40	18.42	19.04
南部沿海	15.78	15.63	15.57	14.99	14.92	14.61	14.15	13.95	13.99	14.45	15.11
黄河中游	8.21	8.30	8.63	9.04	8.52	8.59	8.59	8.42	8.22	7.67	7.34
长江中游	9.25	9.38	9.61	9.98	10.96	11.76	12.56	13.09	13.42	13.72	14.05
大西南	7.88	8.05	8.37	8.67	9.42	9.91	10.31	10.62	10.88	10.89	10.97
大西北	5.98	6.57	6.88	7.41	7.46	7.86	8.29	8.51	8.45	8.39	7.81
东北	8.84	8.66	8.67	8.96	8.59	8.96	9.15	8.97	8.83	8.61	7.79

资料来源：历年《中国统计年鉴》。

---

① 八大经济区划分是参照工业和信息化部发布《产业转移指导目录（2012年本）》。北部沿海：北京、天津、河北、山东；东部沿海：上海、江苏、浙江；南部沿海：福建、广东、海南；黄河中游：山西、河南；长江中游：安徽、江西、湖北、湖南；大西南：广西、重庆、四川、贵州、云南、西藏；大西北：内蒙古、陕西、甘肃、青海、宁夏、新疆；东北：辽宁、吉林、黑龙江。

表5-4 八大经济区域制造业固定资产投资占全国比重　　　单位:%

年份 地区	2005	2006	2007	2008	2009	2010	2011	2012	2013	2014	2015
北部沿海	24.84	24.02	22.10	20.58	20.52	19.79	19.52	18.83	18.87	19.93	20.65
东部沿海	25.18	25.84	24.07	22.16	20.41	19.37	18.21	17.03	16.62	16.15	16.42
南部沿海	11.30	9.68	9.03	8.18	6.93	6.97	7.52	7.13	7.11	7.38	8.32
黄河中游	7.01	7.79	8.92	8.97	9.20	9.01	9.02	9.41	9.71	10.05	9.90
长江中游	9.66	10.11	11.63	13.82	15.36	17.13	17.89	18.17	19.07	19.11	20.14
大西南	7.23	6.99	7.97	8.80	9.61	9.37	9.79	9.73	9.53	9.37	9.49
大西北	5.15	5.46	5.53	5.78	6.03	5.93	7.14	7.91	7.87	8.08	6.64
东北	9.63	10.11	10.75	11.72	11.93	12.44	10.90	11.78	11.21	9.93	8.43

资料来源:历年《中国统计年鉴》。

从省域来看,产业转移的地区差异明显。在中西部地区,安徽、江西、湖南、湖北、河南、四川、重庆等省份"十二五"时期利用境内省外资金最多(见表5-5),内蒙古、山西、新疆、宁夏、贵州等省(区)利用境内省外资金相对较少;北京、上海、广东、江苏、浙江、福建等省(市)是产业转出最多的地区,其中,在京津冀协同发展的背景下,2015年1~10月河北吸引京津产业转移项目多达3621个,投资额2748亿元。① 吉林是东北地区承接产业规模较大、见效最明显的省份,2015年实际利用外省资金6829.83亿元,比上年增长了16.1%。② 从行业来看,食品、饮料、家具、棉纺、服装、制帽、橡胶、塑料、电子、陶瓷、医疗器械、汽摩配等行业出现规模化转移趋势。值得一提的是,外资有很高的积极性进入采矿业投资,由加工制造环节逐步向上游原材料环节延伸,从而获得全产业链的优势(见表5-6)。

表5-5 2012~2015年中西部地区部分省份招商引资情况

	省外境内资金(亿元)				实际利用外资(亿美元)			
	2012	2013	2014	2015	2012	2013	2014	2015
山西	3381.9	—	3648.1	6007.3	25.0	28.1	29.5	28.7
安徽	5283.2	6796.7	7942.4	8968.9	86.4	106.9	123.4	136.2

---

① 2015年12月10日国务院新闻办召开的"京津冀协同发展"新闻发布会的相关内容。
② 吉林省统计局.吉林省2015年国民经济和社会发展统计公报[R].

续表

	省外境内资金（亿元）				实际利用外资（亿美元）			
	2012	2013	2014	2015	2012	2013	2014	2015
江西	3189.5	3860.1	3859.6	5232.16	68.3	75.5	75.51	94.73
河南	5027.0	6197.5	7206	7821.5	121.2	134.6	149.27	160.86
湖北	5040.0	6157.0	6997.5	7389.8	56.7	68.9	79.28	89.5
湖南	2465.6	2883.9	3300.8	3791.9	72.8	87.0	102.7	115.6
重庆	5914.64	6007.2	7246.89	8530.13	105.77	105.97	106.29	107.65
四川	7795.3	8697.5	8798.5	9116	105.5	105.7	106.5	104.4
贵州	3857	5017	6271	7213.51	10.46	15.26	20.65	25.24

资料来源：各省相关年份统计公报。

表5-6　2015年安徽省承接国内外产业转移的行业分布

工业行业	境内省外资金		境外资金	
	到位资金（亿元）	构成（%）	外商直接投资（万美元）	构成（%）
采矿业	84.8	0.9	2800	0.2
装备制造	1475.5	16.5	121349	8.9
农产品加工	452.9	5.0	102945	7.6
冶金	135.2	1.5	10302	0.8
化工	825.4	9.2	133879	9.8
纺织服装	244.6	2.7	65305	4.8
家电及电子信息	822.5	9.2	165794	12.2
非金属矿物制品业	347.2	3.9	38905	2.9
金属制品业	201.6	2.2	40890	3.0
其他制造业	306.2	3.4	18925	1.4
水电气生产和供应业	411.4	4.6	93287	6.8

资料来源：安徽省区域合作交流办公室。

从合作模式来看，我国各地方开展产业转移的工作不断创新，呈现出各具特色的转移模式。从合作共建园区开始，地方政府通过对口援助等方式探索出飞地园区异地托管，极大地激发了发达地区的积极性，也促进了产业从发达地区向欠发达地区转移，最为典型的就是苏南苏北共建产业园区和广东的"腾笼换鸟"式的产业转移协作。但这种模式带有很强的政府力量，可能不适合更大范围推

第五章 国内产业转移的识别与趋势分析

广。而依靠市场化运作的产业转移模式已进入实践阶段,例如,以华夏幸福基业股份有限公司为代表的民营企业通过建设和运营园区来承接北京产业转移,皖南地区依靠浙企或浙江商会建设专业园区承接浙江产业集群转移等。这些模式依靠市场力量推动,有效地解决了地方政府的财力不足、能力有限以及行为越位问题。当前,另一种模式更令人期待,就是以平台型专业园区开发企业为核心,充分整合各类资本和商业服务,采取自建园区、托管园区、共建我管等方式实现连锁式经营、网络化布局、生态化共存,这种模式类似万达的商业地产模式,但它的服务功能更加强大,更具有战略性,中关村发展集团就是这种模式的先锋力量。

第四节 产业转移的识别标准与测算结果

一、识别标准

从创业视角研究产业转移至今尚未在国内文献中见到,但却是产业转移测度开辟的一个新方向。一般而言,在产业发生跨区域转移的过程中,许多企业进入产业承接区,由此导致当地企业创业率明显提高;相反,在产业转出区,越来越多的企业因为经营效益差而选择退出市场,同时,企业家的创业意愿减弱,创业率明显下降。从全国来看,这种结果就表现为地区相对创业率的差异。换言之,地区相对创业率是用于衡量某一个时点产业转移的一个比较有效的显示性测度指标。而且,相比区域投入产出方法等,该指标计算简单,便于采用更细分行业的数据,测算结果更加形象。其计算公式如下:

$$E_{ij} = \frac{\Delta e_{ij}}{\sum_i \Delta e_{ij}} = \frac{e_{ij}^t - e_{ij}^{t_0}}{\sum_i (e_{ij}^t - e_{ij}^{t_0})} \times 100\%$$

其中,E_{ij}表示i地区j产业的新增企业数占全国同行业的比重,称为"地区相对创业率",Δe_{ij}表示i地区j产业t年较上年的新增企业数,$\sum_i \Delta e_{ij}$表示全国j产业t年较上年的新增企业总数。一般而言,E_{ij}越大,表明地区产业转移的势头越好;如果E_{ij}为负值,则表现地区产业可能出现衰退,其值越小,产业衰退程度越严重。

为了进一步测度跨时期的产业转移变化,本章构建了一个能够综合反映不同时期地区行业企业的相对集中度。如果 M_{ij} 大于 0，说明 j 产业向 i 地区集中，其值越大，产业集中程度越高；如果 M_{ij} 小于 0，表明 i 地区 j 产业相对集中度下降，优势逐步减弱；如果 M_{ij} 等于 0，表明 i 地区 j 产业集中度相对不变。具体计算公式如下：

$$M_{ij} = \left(\frac{e_{ijt}}{E_{ijt}} - \frac{e_{ijt_0}}{E_{ijt_0}} \right) \times 100\%$$

在测算地区相对创业率时，本章收集整理了 2014 年、2015 年两年的各省（市、区）制造业 152 个三位数新增企业单位数，由两年之差求得 2015 年新增企业数。在测算各地区产业集中度时，本章选取了 2015 年和 2010 年两个时间节点的数据，共整理了 135 个三位数制造业企业单位数。需要说明的是，由于 2015 年行业目录发生了变化，本章将 2015 年和 2010 年的行业进行匹配，适当归并部分行业。

二、测算结果

下文综合各地区产业基础、市场环境、国家政策等因素，从 2015 年地区相对创业率和 2010～2016 年地区产业集中度分析我国各地区产业转移的基本态势。

（一）食品工业

在农副食品加工业方面，山东省是我国农业大省，在谷物磨制，饲料加工，制糖业，屠宰及肉类加工，水产品加工，蔬菜、水果和坚果加工等行业方面具有较好的产业基础、资源条件和市场环境，企业创业势头强劲。安徽、河南等省份近年来在焙烤食品制造，糖果、巧克力及蜜饯制造，方便食品制造，乳制品制造，罐头食品制造，调味品、发酵制品制造等行业领域出现创业的"引爆点"。广西、贵州、云南等省份继续发挥自身特有的资源禀赋优势，产生了特色优势产业的创业亮点，例如，广西和云南的制糖业，贵州的调味品、发酵制品制造业和酒的制造业。从 2010～2015 年行业企业的地区集中度看，河北的罐头制造和方便食品制造，辽宁和黑龙江的谷物磨制，安徽的制糖、焙烤食品制造以及方便食品和饮料制造，福建和广东的多个食品制造细分行业，山东的酒的制造；贵州的谷物制造，植物油加工，制糖，屠宰及肉类加工，方便食品制造，调味品、发酵品制造，酒的制造，饮料制造；陕西的制糖、蔬菜、水果和坚果加工，糖果、巧克力及蜜饯制造，液体乳及乳制品制造，精制茶加工，甘肃和新疆的蔬菜、水果和坚果加工等行业出现地区集中度升高的趋势。总的来看，河南、安徽和贵州正逐渐成为新兴的食品加工制造基地。由于创业活力衰退、要素成本上升、市场环境变化，广东、浙江等传统食品生产基地的地位优势出现下降的趋势。

(二) 轻工纺织

从纺织业看，山东和江苏继续引领行业创业的"风骚"，安徽在棉纺、毛纺、丝纺、化纤纺织等行业的创业率出现全面开花，河南、河北、新疆、湖北、江西等中西部省份分别在不同行业领域有创业的亮点。从服装服饰业看，江苏、山东、福建、广东和浙江成为我国纺织服装业的"五朵金花"，在创业方面表现出众，而江西、河南和安徽具有较高的地区创业率，是近年来承接东部纺织服装产业转移的重要基地。从皮革、毛皮、羽毛及其制品和制鞋业看，河北是皮革毛皮制品业大省，在相对创业率方面"一枝独秀"，而广东、江苏和福建是传统的皮革毛皮制品生产基地，至今仍有较高的创业率，相比之下，浙江作为"江南皮革之都"的地位大不如从前，出现行业衰退的迹象。河南和湖北跻身全国皮革毛皮制品业创业"五强"，有望成为未来的产业中心。在羽毛（绒）加工及制品制造方面，安徽、江西和河北的相对创业率超过其他省区，具有良好的发展势头。从木材加工和木、竹、藤、棕、草制品业看，我国东部和中部几乎平分秋色，山东表现出强劲的创业风头，福建、江苏和河北依靠已有产业集群保持平稳的创业势头；同时，河南、安徽、贵州等省份通过资源禀赋优势或通过低成本劳动优势形成了创业的热潮。从家具制造业看，河北的木质家具，湖北的竹藤家具和塑料家具，浙江的金属家具都是全国创业活跃度最高的，除福建、江苏、广东和山东之外，河南、江西、安徽、贵州等中西部省份成为特色家具制造业的创业高地。从造纸和纸制品业看，河南和山东既是造纸大省，又是创业大省，河南是纸浆创业率最高的省份，而山东、安徽分别是造纸、纸制品创业率最高的省份，广西、福建、贵州、陕西等省份纸浆行业创业率较高，安徽、江苏和湖北的造纸业创业率较高，河南、江苏、福建的纸制品创业率较高。从文教、工美、体育和娱乐用品制造业看，江苏、浙江、福建和河北是该行业的四大创业基地，河南的乐器和工艺美术品制造、贵州和安徽的工艺美术品制造等都具有较高的创业率。根据2010~2015年的行业企业集中度，河北、江苏、安徽、福建、广东等省份多个产业集中度较高，而河南、贵州等省份则是特色的产业集中承接地。

(三) 石化化工

从石油加工及炼焦业看，受油气资源和加工基地分布的影响，河南、江苏、山东、河北和湖北是我国石油加工业最具创业活力的省份，陕西、山西、山东、河南和安徽是我国炼焦业创业大省。从化学原料和化学制品制造业看，山东、河南、江苏等省份是我国化工行业创业活力较强的地区；河北、安徽和湖北是承接化工产业转移的重点地区，基础化学品制造、肥料制造、农药制造、日用化工等产业都有较高的创业率；广东是我国日化创业率最高的省份。从医药制造业看，江苏和河南是我国制药创业最具活力的地区，其中江苏的化学药品原料药制造和生物药品制造的相对创业率位居全国第一，河南在中成药生产和兽用药品制造这两个行业的创业活力最强，湖北、江西、重庆、安徽等中西部省份的制药产业具有较高的创业率。从化学纤维制造业看，山东、福建、陕西、河南和江西是纤维素、纤维原料及纤维制造创业率最强的五个省份，江苏、浙江、山东、河北和安徽是合成纤维制造业创业率最强的省份。从塑料制品和橡胶制品业看，河北、山东、江苏、广东和福建等省份橡胶制品业保持较高的创业率，山东、广东、江苏、河北和安徽等省份塑料制品业具有较高的创业率。从2010~2015年地区企业相对集中度看，河北、安徽、河南、湖北、江西、贵州等中西部省份成为新一轮特色的化工产业集聚地。

（四）冶金建材

我国非金属制品业地区布局具有"稳中有变"特点。从石膏、水泥制品及类似制品制造业看，贵州、山东、河北、安徽、河南等省份创业率相对较高，体现了地区原材料优势。同时，根据2010~2015年地区行业企业相对集中度的变化趋势，贵州和新疆的产业地区集中度相对升高。从砖瓦、石材等建筑材料制造和陶瓷制品制造业看，山东、贵州、福建、广东、河南、江西等省份保持较高的创业率，其中，福建、山东、广东是我国传统的陶瓷生产基地，江西、河南和贵州近些年利用承接产业转移的机会培育形成了陶瓷产业集群。在玻璃制造、玻璃制品制造、玻璃纤维和玻璃纤维增强塑料制品制造等行业方面，江苏、山东、福建、广东、河北等省份曾是玻璃或玻璃制品的重要产区，产业基础较好，有相应的产业集群或龙头企业，产业创业率相对较高，河南、安徽、贵州等中西部省份是这些年开始崛起的玻璃和玻璃制品生产制造基地，吸引了东部地区投资，新创企业数量较多，创业率自然较高。从2010~2015年地区行业的企业相对集中度看，贵州的玻璃或玻璃制品业的集中度明显提高。在石墨及其他非金属矿物制品制造方面，河南、山东、河北、福建、贵州等省份具有资源禀赋优势，石墨等原材料资源和下游产业链联系紧密，河南和贵州是中西部新兴的石墨产业基地。受产能过剩和产业政策调控的影响，河北、辽宁、上海、湖北等传统钢铁基地相对地位有所下降，行业新增企业数出现负的增长，这种状况与有色金属冶炼和有色金属压延加工业情况一样；但从2010~2015年的地区行业企业的相对地区集中度看，辽宁、江苏、河南、云南、新疆等地区炼铁的企业地区相对集中度明显提高，内蒙古、江苏、山东、河南、广东、新疆等地区炼钢企业的地区相对集中度均提高了 1% 以上，广东的钢压延加工业和山东、河南、贵州、云南的铁合金冶炼业的企业地区相对集中度都出现不同程度的提高。从 2010~2015 年企业地区的变化看，辽宁、江西、广东等有色金属冶炼传统优势省份出现地区行业企业相对集中度提高的趋势，山东、河南和贵州贵金属冶炼企业的相对集中度显著升高；而江西则是"一枝独秀"，通过产业整合调整迅速成为稀有金属冶炼企业比较集中的地区，湖北的有色金属合金企业集中度五年间提高了 1.17 个百分点。从金属制品业看，江苏、山东、河北、贵州和安徽成为我国结构性金属制品制造业"创业五强"，贵州和安徽是产业成长较快的省份，在产业转移中引进了一大批的项目；而 2010~2015 年广东、重庆和贵州的行业企业地区相对集中度有所提高。江苏和山东是金属工具制造业传统大省，河北是金属丝绳及其制品制造业大省，创业氛围浓厚，企业创业率自然较高；2010~2015 年江苏、浙江和重庆行业企业的地区相对集中度升高比较明显。同样，江苏、山东、广东、河北和河南是集装箱及金属包装容器制造主要基地，地区相对创业率高于其他省份，2015 年广东该行业的地区相对集中度较 2010 年明显提高。河北的金属丝绳及其制品制造业领域具有独树一帜的优势，2015 年地区行业相对集中度较 2010 年提高了 28.53 个百分点。从建筑、安全用金属制品制造的相对创业率看，福建、浙江、河北、江苏、河南等省份具有比较明显的规模优势，其中，河南通过招商引资承接了东部产业转移，形成较大的规模优势。在金属表面处理及热处理加工方面，广东、山东、安徽、江苏和辽宁是地区相对创业率最高的五个省份，安徽是该行业的后起之秀，这主要得益于近些年大规模获得来自长三角的产业扩散的机会；而浙江、广东的行业企业地区相对集中度在 2010~2015 年分别提高了 2.04 个、2.35 个百分点。在搪瓷制品制造业和不锈钢及类似金属日用制品制造业方面，创业率最高的省份仍是产业集中度较高的地方，如福建、浙江、广东、江苏、浙江；其中，福建的搪瓷制品制造业企业地区相对集中度在 2010~2015 年提高了 18.18 个百分点。

(五) 装备制造

在通用设备制造业领域，原来的产业基地继续保持优势，但新的产业基地开始崛起。山东、河北、江苏、辽宁和安徽是我国锅炉及原动设备制造业创业活力最强的省份，河北和安徽经过近些年的发展后形成了相对较大的产业规模；2010~2015 年河北、江苏和广东的行业企业地区相对集中度明显提高。江苏、山东、浙江、河北和辽宁是金属加工机械制造业创业率较高的省份，这些省份都有相应的产业基地；2015 年浙江、福建、广东的行业企业地区相对集中度比

2010年提高了1个百分点以上。2010~2015年山东起重运输设备制造业的企业相对集中度提高了2.63个百分点。江苏、山东、天津、河北和河南是我国泵、阀门、压缩机及类似机械制造业企业创业率最高的省份，其中，河北和河南主要通过产业集群催生出了一批新创企业；浙江是2010~2015年行业企业地区相对集中度提高最为明显的省份。轴承、齿轮和传动部件制造业和烘炉、风机、衡器、包装等设备制造业和通用零部件制造业主要分布在原来的加工业基地，如浙江、河北、江苏、山东、河南、广东等，企业创业积极性较高，创业率也普遍较高；并且，2010~2015年江苏的轴承、齿轮和传动部件制造业的企业相对集中度提高了2.08个百分点，浙江、山东和广东的烘炉、风机、衡器、包装等设备制造业企业地区相对集中度分别提高了7.6个百分点、7.98个百分点和3.65个百分点。文化、办公用机械制造业布局具有市场邻近型的特点，创业活动主要集中在广东、浙江、江苏、河南、安徽等省份，安徽凭借着接受长三角辐射的有利条件而成为新兴的产业基地。

在专用设备制造业方面，重点产业基地仍是创业活力比较旺盛的地区。江苏、河南、山东、河北和陕西既是我国采矿、冶金、建筑专用设备制造业主要生产基地，也是该产业的创业活力较强的地方；其中，河北和江苏的行业企业地区相对集中度在2010~2015年分别提高了1.2个百分点、1.22个百分点。化工、木材、非金属加工专用设备制造业新创企业最为活跃的地方是江苏、广东、浙江、山东和重庆，其中，2010~2015年浙江和重庆的行业企业地区相对集中度出现上升的趋势。山东、江苏、河南、安徽和湖南是食品、饮料、烟草及饲料生产专用设备制造业创业力最强的省份，其中，河南、安徽和湖南都是国家级承接产业转移示范区，而浙江和福建在2010~2015年行业企业相对集中度有所提高。我国印刷、制药、日化及日用品生产专用设备制造业新创企业主要分布在江苏、广东、河南、山东和安徽，其中，河南和安徽是刚发展起来的新兴产业基地，广东是2010~2015年行业企业地区相对集中度提高最为明显的省份。纺织、服装和皮革加工专用设备制造业创业率最高的省份是山东、江苏、福建、山西和广东，其中，山东、江苏、福建和广东是纺织服装或皮革加工大省，行业相应设备制造是产业链配套延伸的结果；福建和浙江的2010~2015年行业企业地区相对集中度分别提高了2.51个百分点、1.17个百分点。山东、河北、江苏、河南和重庆是农、林、牧、渔专用机械制造业新设立企业区位分布比较集中的省份，其中，山东、河南等省份具有较好的产业基础。医疗仪器设备及器械制造业新创企业区位选择出现了向着生产基地和承接基地两头集聚的趋势，江苏和浙江是主要的生产基地,集群发育比较成熟,易于孵化新的企业,而河北、河南主要通过招商引资培育出来了一大批新创企业。环保、社会公共服务及其他专用设备制造业和医疗仪器设备及器械制造业的发展情况基本一致。

在电气机械和器材制造业方面,大多数行业新创企业在区位选择时优先考虑布局在那些产业配套较好的产业集群地区。福建、江苏、山东、河南和广东都是电机制造业新创企业的首选地,江苏、浙江、河北、广东和山东都是输配电及控制设备制造业新创企业的投资区位,这些省份分布着大小规模不等的产业集群,对新创企业具有较高的吸引力;福建是2010~2015年行业企业地区相对集中度上升幅度最大的省份,企业数占全国的比重在这五年间中提高了5.8个百分点。江苏、河南、安徽、河北和山东是电线、电缆、光缆及电工器材制造业主要的生产基地,吸引了一大批新创企业进入,其中河南和安徽是这一轮电线、电缆、光缆及电工器材制造业转移的承接地区;而2010~2015年江苏、浙江和河北分别成为输配电及控制设备制造业和电线、电缆、光缆及电工器材制造业企业地区相对集中度提高比较明显的省份。广东、安徽、河南、江苏和山东是电池制造业创业活跃程度比较高的地区,安徽和河南是近些年快速成长起来的电池制造基地;如果从较长一段时间变化看,2010~2015年广东和江西电池制造业企业的地区相对集中度显著升高。随着产业规模向优势企业集中,浙江和广东成为我国家用电力器具制造业新创业企业集聚地,2010~2015年这两个省的该行业企业地区集中度更高;而河北、湖北、山东、江苏和浙江是非家用电力器具制造业新创企业的投资首选地,河北和湖北都是这个行业的主要承接地,湖北和浙江在2010~2015年行业企业集中优势明显。江苏和广东既是照明器具制造业的主要生产基地,又是这一行业的创业基地,其中,广东是2010~2015年行业集中度上升幅度最大的省份,提高了9.49个百分点。

(六)交通运输

在汽车制造业方面,我国汽车产业布局已从传统高度集中的生产基地向更加分散化的点状分布转型。从汽车整车制造业看,江苏、安徽、湖北、福建和湖南是我国五大整车新创企业投资选择地,而改装车制造业受产业政策、市场环境等多方面因素影响而呈现收缩的状态。汽车车身、挂车制造业和汽车零部件及配件制造业这两大行业构成了汽车制造业产业链体系的基础,河北、河南、安徽、湖北和江苏是汽车车身、挂车制造业新创企业的首选地,而江苏、湖北、重庆、浙江和山东是汽车零部件及配件制造业创业活力最足的地方,既有整车企业的配套,又有较好的产业基础。摩托车制造业生产基地出现了新老交替的状况,重庆、广东和福建仍是摩托车制造业创业活动比较活跃的地方，而河南则成为摩托车制造业的"新秀"，承接了国内外摩托车的产业转移。在自行车制造领域，天津和河北是国内创业活力最强的两大生产基地，而河南、山东和安徽吸引了自行车新创企业的集聚。在非公路休闲车及零配件制造业领域，浙江、河北、山东、河南和天津都是该行业创业率较高的省份，东部和中部均有优势。

在轨道交通方面，我国轨道交通装备生产基地布局相对集中，但其创业活动却相对分散。从铁路运输设备制造业看，河北、湖南、江苏、山东和河南是创业活力比较旺盛的省份，其中，河南是新兴的产业基地。在城市轨道交通设备制造业方面，浙江、河南、江苏、河北和湖北是城市轨道交通设备制造业新创企业分布比较集中的省份。在船舶及相关装置制造业方面，由于全球造船业不太景气，我国作为世界第一造船大国，产业转移趋势不明显。

在航空航天方面，"三线"时期布局的飞机、导弹、火箭等行业领域的制造基地至今仍然扮演着重要的角色。江苏、陕西、四川、辽宁和河南是航空、航天器及设备制造业创业率较高的省份，其中，陕西、四川、辽宁和河南是我国航空航天军工企业生产制造基地，国家正在实施的大飞机、嫦娥探月、神舟载人航天等重大工程带动了一批航空航天新创企业发展。2010~2015年江苏、天津、陕西、湖北、安徽、河南、江西等省市行业企业相对集中度明显提高，其中安徽、湖北、天津是新兴的产业基地。

（七）电子信息和仪器仪表

在电子信息产业方面，我国东部发达地区仍主导着电子信息产业发展，广东、江苏、河南、湖北和重庆是计算机制造业和通信设备制造业新创企业分布比较集中的省份，是全球计算机生产制造基地；其中，2010~2015年广东和重庆计算机制造业企业地区相对集中度分别提高了5.29个百分点、2.54个百分点；广东的通信设备制造业企业地区相对集中度同期提高了5.92个百分点，华为和中兴成为世界级通信设备制造巨头。值得注意的是，河南、湖北和重庆成为这一轮电子信息产业转移的重点承接区，富士康等大型代工企业发挥着重要的作用。在广播电视设备制造业和视听设备制造业方面，广东、福建、江苏等东部沿海地区仍有创业优势，江西、安徽、广西等地区则是产业转移的受益地区，新创企业分布比较集中；而2010~2015年广东、江苏和河南的广播电视设备制造业企业地区相对集中度比其他省份提高得更为明显。在电子器件制造业和电子元件制造业方面，广东、江苏、福建等省份继续成为新创业企业的投资地，安徽、湖北、河南吸引了一大批新创企业的集聚。

在仪器仪表制造业方面，产业基础是影响新创企业区位选择的关键因素。浙江、江苏、山东、安徽和湖北是通用仪器仪表制造业新创企业的集聚地，2010~2015年，江苏、广东、浙江和安徽的行业企业地区相对集中度都有明显上升势头。江苏、湖北、河南、山东、安徽和广东则是专用仪器仪表制造业创业比较活跃的地方，广东、江苏和湖北的行业企业地区相对集中度在2010~2015年都有所提高。广东、福建、山东、浙江和河北是钟表与计时仪器制造业创业最为活跃的地区，其中，2010~2015年广东和福建行业企业地区的相对集中度分别提高了8.93个百分点、1.05个百分点。江苏、江西、广东、河南和福建是光学仪器及眼镜制造业新创企业的投资区位选择地，从这些行业的创业活动分布看，湖北、河南、江西和安徽是特色仪器仪表产业创业兴起之地，而在2010~2015年浙江和广东的行业企业地区集中程度更趋于上升。

综上分析，本章对制造业152个三位数行业相对创业率和2010~2015年的行业企业地区相对集中度变化进行分析（见表5-7），对每个行业的产业转移动态和强度进行一一识别，以此作为判断这些行业的产业转移情况。根据分析，共有80个三位数行业已发生了明显的跨区域产业转移现象，32个行业出现了局部产业转移，37个行业基本未出现产业转移，其他行业的产业转移现象因统计数据的原因而暂时难以识别。

表5-7　各省区产业转移的识别

行业代码	制造业	相对创业率	2010~2015年行业企业地区相对集中度	产业转移识别
131	谷物磨制	山东、辽宁、黑龙江、贵州、安徽	黑龙江、辽宁、重庆、贵州、吉林	不明显
132	饲料加工	山东、河北、河南、江苏、安徽	—	不明显
133	植物油加工	贵州、安徽、广西、山东、重庆	贵州、广东、重庆	明显
134	制糖业	山东、贵州、广西、重庆、云南	广东、山西、重庆、贵州、安徽	不明显
135	屠宰及肉类加工	山东、河北、河南、内蒙古、安徽	广东	不明显
136	水产品加工	山东、福建、辽宁、江苏、湖北	福建	不明显
137	蔬菜、水果和坚果加工	山东、甘肃、河南、吉林、陕西	福建、甘肃、云南、陕西	明显
141	焙烤食品制造	广西、河南、福建、山东、安徽	福建、广东、安徽、广西、浙江	明显

续表

行业代码	制造业	相对创业率	2010~2015年行业企业地区相对集中度	产业转移识别
142	糖果、巧克力及蜜饯制造	福建、陕西、山东、河南、安徽	陕西、福建、广东	明显
143	方便食品制造	贵州、河南、广西、山东、安徽	贵州、安徽、广东、福建	明显
144	乳制品制造	陕西、内蒙古、河南、山东、山西	广东、陕西、内蒙古	不明显
145	罐头食品制造	福建、河北、安徽、山东、河南	福建、河南、河北	明显
146	调味品、发酵制品制造	山东、重庆、河南、安徽、福建	重庆、贵州	不明显
151	酒的制造	贵州、山东、辽宁、河南、湖北	山东、贵州	不明显
152	饮料制造	山东、河南、贵州、安徽、河北	贵州、安徽	明显
153	精制茶加工	贵州、云南、福建、安徽、湖南	贵州、陕西	不明显
161	烟叶复烤	云南、湖北、重庆、贵州、河南	湖南、湖北、河南、山西、贵州	不明显
162	卷烟制造	—	湖北、河南	不明显
171	棉纺织及印染精加工	江苏、山东、江西、安徽、河南	江西	明显
172	毛纺织及染整精加工	河北、山东、广东、江苏、安徽	广东、宁夏	明显
173	麻纺织及染整精加工	重庆、江苏、江西、湖北、安徽	河南、江西、广东、重庆	明显
174	丝绢纺织及印染精加工	广西、河南、安徽、新疆、湖北、辽宁、贵州	浙江、广西、广东、安徽、辽宁、四川、重庆	明显
175	化纤织造及染整精加工	浙江、江苏、山东、福建、河北	—	不明显
176	针织或钩针编织物及其制品制造	浙江、山东、河北、江苏、福建	福建、浙江、江苏	不明显
177	家用纺织制成品制造	江苏、山东、河北、浙江、贵州	—	不明显
178	非家用纺织制成品制造	江苏、山东、安徽、福建、湖北	—	明显
181	纺织服装制造	山东、安徽、福建、浙江、广东	浙江、江西、福建	明显
182	针织或钩针编织服装制造	江苏、广东、河南、山东、江西	—	明显
183	服饰制造	江苏、山东、福建、江西、浙江	—	明显
191	皮革鞣制加工	河北、江苏、广东、湖北、福建	福建、广东、湖北、安徽、江西	明显
192	皮革制品制造	河北、广东、福建、山东、江苏	河北、广东	不明显

续表

行业代码	制造业	相对创业率	2010~2015年行业企业地区相对集中度	产业转移识别
193	毛皮鞣制及制品加工	河北、山东、辽宁、江苏、河南	河北、湖北、重庆	局部地区明显
194	羽毛（绒）加工及制品制造	安徽、江西、河北、山东、江苏	安徽、江西、广西	明显
195	制鞋业	福建、广东、山东、江西、河南	—	明显
201	木材加工	山东、安徽、河南、河北、福建	江苏、广西、浙江、安徽、广东	明显
202	人造板制造	山东、河南、安徽、广西、福建	山东、广西、安徽	明显
203	木制品制造	山东、江苏、贵州、福建、安徽	河北、浙江、贵州、重庆	明显
204	竹、藤、棕、草等制品制造	山东、福建、安徽、江苏、江西	浙江、重庆、贵州、广东	明显
211	木质家具制造	河北、山东、江苏、广东、贵州	浙江、贵州、重庆、江西、江苏、福建	明显
212	竹、藤家具制造	湖北、河南、福建、浙江、安徽	浙江、贵州、福建、山西	明显
213	金属家具制造	浙江、河北、湖北、河南、广东	广东、重庆、安徽	明显
214	塑料家具制造	湖北、福建、安徽、江苏、河南、湖南	陕西、江西、辽宁、福建	明显
221	纸浆制造	河南、山东、广西、福建、贵州、陕西	河南、福建、陕西	明显
222	造纸	山东、河南、安徽、江苏、湖北	江苏、广东	明显
223	纸制品制造	安徽、山东、河南、江苏、福建	浙江	明显
231	印刷	安徽、山东、河南、浙江、江苏	江苏	明显
232	装订及印刷相关服务	山东、江苏、福建、河南、山西	安徽、甘肃、四川、河南、重庆	明显
233	记录媒介复制	—	安徽、河南、陕西、江苏、广东、重庆、福建、甘肃、湖北	明显
241	文教办公用品制造	江苏、江西、浙江、河北、山东	江西、河北、江苏	局部地区明显
242	乐器制造	江苏、河南、山东、浙江、天津、河北	河南、福建、江苏	局部地区明显

续表

行业代码	制造业	相对创业率	2010~2015年行业企业地区相对集中度	产业转移识别
243	工艺美术品制造	福建、山东、河北、贵州、河南、安徽	福建、贵州、江苏	明显
244	体育用品制造	河北、山东、江苏、浙江、福建	浙江、福建、河北	局部地区明显
245	玩具制造	河北、广东、浙江、江苏、山东	浙江、河北	局部地区明显
246	游艺器材及娱乐用品制造	浙江、河南、广东、江苏、河北	江苏、河北、安徽、江西、天津	明显
251	精炼石油产品制造	河南、江苏、山东、河北、湖北	浙江	不明显
252	炼焦	陕西、山西、山东、河南、安徽	新疆、内蒙古、山东	不明显
261	基础化学原料制造	山东、河南、河北、湖北、安徽	广东	明显
262	肥料制造	山东、山西、河北、河南、湖北	河北、新疆、湖北	明显
263	农药制造	河南、陕西、湖北、安徽、河北	湖北、河北、安徽	明显
264	涂料、油墨、颜料及类似产品制造	山东、广东、安徽、河南、福建	广东	明显
265	合成材料制造	江苏、浙江、安徽、广东、河南	广东、福建	明显
266	专用化学产品制造	河南、山东、河北、广东、湖北	广东、江苏、浙江、河北	局部地区明显
267	炸药、火工及焰火产品制造	—	广东、福建	不明显
268	日用化学产品制造	广东、河北、山东、福建、湖北	广东、福建	局部地区明显
271	化学药品原料药制造	江苏、湖北、山东、江西、重庆	江西	明显
272	化学药品制剂制造	湖北、浙江、安徽、河南、广东	江苏	明显
273	中药饮片加工	安徽、江西、吉林、河北、湖北	安徽、湖北、甘肃、贵州、江西、河北	明显
274	中成药生产	河南、湖北、福建、江西、贵州	安徽、湖北	明显
275	兽用药品制造	河南、山东、江苏、河北、山西、江西	广东、河南	明显
276	生物药品制造	江苏、河南、湖北、山东、浙江	江苏、湖北	明显

续表

行业代码	制造业	相对创业率	2010~2015年行业企业地区相对集中度	产业转移识别
277	卫生材料及医药用品制造	山东、江西、江苏、安徽、河南	江西、安徽	明显
281	纤维素纤维原料及纤维制造	山东、福建、陕西、河南、江西	江苏	明显
282	合成纤维制造	江苏、浙江、山东、河北、安徽	浙江	明显
291	橡胶制品业	河北、山东、江苏、广东、福建	广东、河北	局部地区明显
292	塑料制品业	山东、广东、江苏、河北、安徽	浙江、广东	明显
301	水泥、石灰和石膏制造	贵州、山西、安徽、河南、云南	河南、贵州、新疆	明显
302	石膏、水泥制品及类似制品制造	贵州、山东、河北、安徽、河南	贵州	明显
303	砖瓦、石材等建筑材料制造	山东、贵州、福建、广东、河南	福建、贵州、广东、新疆	局部地区明显
304	玻璃制造	江苏、广东、山东、河南、福建	浙江、广东、贵州	明显
305	玻璃制品制造	江苏、河北、山东、安徽、河南		明显
306	玻璃纤维和玻璃纤维增强塑料制品制造	河北、河南、安徽、山东、湖北		明显
307	陶瓷制品制造	福建、江西、山东、河南	福建、浙江	明显
308	耐火材料制品制造	河南、山西、辽宁、山东、安徽	河南、江苏	明显
309	石墨及其他非金属矿物制品制造	河南、山东、河北、福建、贵州	浙江、江西	明显
311	炼铁	（企业数负增长）	河南、新疆、江苏、辽宁、云南	不明显
312	炼钢	（企业数负增长）	广东、河南、山东、内蒙古、新疆	不明显
313	黑色金属铸造	（企业数负增长）	—	不明显
314	钢压延加工	（企业数负增长）	广东	不明显
315	铁合金冶炼	（企业数负增长）	山东、云南、贵州、河南	不明显
321	常用有色金属冶炼	（企业数负增长）	广东、辽宁、江西	不明显
322	贵金属冶炼	（企业数负增长）	陕西、山东、河南、甘肃、贵州、江苏	明显

续表

行业代码	制造业	相对创业率	2010～2015年行业企业地区相对集中度	产业转移识别
323	稀有稀土金属冶炼	（企业数负增长）	江西、江苏	明显
324	有色金属合金制造	（企业数负增长）	湖北、江苏	不明显
325	有色金属铸造	辽宁、江苏、云南、河南、湖北	—	不明显
326	有色金属压延加工	陕西、河南、山东、河北、江西	—	不明显
331	结构性金属制品制造	江苏、山东、河北、贵州、安徽	重庆、广东、贵州	明显
332	金属工具制造	江苏、山东	江苏、重庆	不明显
333	集装箱及金属包装容器制造	江苏、山东、广东、河北、河南	广东	局部地区明显
334	金属丝绳及其制品制造	河北	河北	明显
335	建筑、安全用金属制品制造	福建、浙江、河北、江苏、河南	浙江、福建	局部地区明显
336	金属表面处理及热处理加工	广东、山东、安徽、江苏、辽宁	广东、浙江	局部地区明显
337	搪瓷制品制造	福建、浙江、广东、江苏	福建	不明显
338	金属日用制品制造	广东、福建、山东、江苏、浙江	浙江、福建	不明显
341	锅炉及原动设备制造	山东、河北、江苏、辽宁、安徽	河北、广东、江苏	局部地区明显
342	金属加工机械制造	江苏、山东、浙江、河北、辽宁	浙江、广东、安徽	局部地区明显
343	物料搬运设备制造	河北、江苏、江苏、河南、浙江	山东、广东	明显
344	泵、阀门、压缩机及类似机械制造	江苏、山东、天津、河北、河南	浙江	局部地区明显
345	轴承、齿轮和传动部件制造	浙江、河北、江苏、山东、河南	江苏	局部地区明显
346	烘炉、风机、衡器、包装等设备制造	江苏、山东、河南、广东、浙江	浙江、山东、广东	局部地区明显
347	文化、办公用机械制造	广东、浙江、江苏、河南、安徽	天津、江苏	明显
348	通用零部件制造	江苏、山东、河北、浙江、河南	—	局部地区明显
351	采矿、冶金、建筑专用设备制造	江苏、河南、山东、河北、陕西	江苏、河北	局部地区明显

续表

行业代码	制造业	相对创业率	2010~2015年行业企业地区相对集中度	产业转移识别
352	化工、木材、非金属加工专用设备制造	江苏、广东、浙江、山东、重庆	广东、浙江	局部地区明显
353	食品、饮料、烟草及饲料生产专用设备制造	山东、江苏、河南、安徽、湖南	浙江、福建	局部地区明显
354	印刷、制药、日化及日用品生产专用设备制造	江苏、广东、河南、山东、安徽	广东	明显
355	纺织、服装和皮革加工专用设备制造	山东、江苏、福建、山西、广东	浙江、福建	局部地区明显
356	电子和电工机械专用设备制造	江苏、广东、湖北、河南、山东	广东、福建	局部地区明显
357	农、林、牧、渔专用机械制造	山东、河北、江苏、河南、重庆	重庆、河北、湖北	局部地区明显
358	医疗仪器设备及器械制造	江苏、河北、河南、湖北、浙江	河北、湖北	明显
359	环保、社会公共服务及其他专用设备制造	江苏、山东、河北、浙江、河南	江苏	局部地区明显
361	汽车整车制造	江苏、安徽、湖北、福建、湖南	浙江、湖北、江苏、重庆	明显
362	改装汽车制造	湖北、山东、河南	—	明显
363	低速载货汽车制造	—	—	—
364	电车制造	江苏、山东、河南	—	明显
365	汽车车身、挂车制造	河北、河南、安徽、湖北、江苏	—	明显
366	汽车零部件及配件制造	江苏、湖北、重庆、浙江、山东	—	明显
371	铁路运输设备制造	河北、湖南、江苏、山东、河南	江苏、河北、安徽	不明显
372	城市轨道交通设备制造	浙江、河南、江苏、河北、湖北	—	局部地区明显
373	船舶及相关装置制造	江苏、山东、辽宁、江西、广东	江苏、福建、江西	不明显
374	航空、航天器及设备制造	江苏、陕西、四川、辽宁、河南	江苏、天津、陕西、湖北、安徽、河南、江西	局部地区明显
375	摩托车制造	重庆、河南、广东、福建	河南、河北	明显
376	自行车制造	天津、河北、河南、山东、安徽	天津、河北	局部地区明显

续表

行业代码	制造业	相对创业率	2010~2015年行业企业地区相对集中度	产业转移识别
377	非公路休闲车及零配件制造	浙江、河北、山东、河南、天津	—	局部地区明显
379	潜水救捞及其他未列明运输设备制造	山东、江苏、湖北、贵州	—	明显
381	电机制造	福建、江苏、山东、河南、广东	福建	不明显
382	输配电及控制设备制造	江苏、浙江、河北、广东、山东	浙江、江苏	不明显
383	电线、电缆、光缆及电工器材制造	江苏、河南、安徽、河北、山东	河北、广东	明显
384	电池制造	广东、安徽、河南、江苏、山东	广东、江西	明显
385	家用电力器具制造	浙江、广东	浙江、广东	不明显
386	非电力家用器具制造	河北、湖北、山东、江苏、浙江	湖北、浙江	明显
387	照明器具制造	江苏、广东	广东	不明显
391	计算机制造	广东、江苏、河南、湖北、重庆	广东、重庆	明显
392	通信设备制造	广东、重庆、江苏、湖北、河南	广东	明显
393	广播电视设备制造	广东、安徽、江苏、辽宁、广西	广东、江苏、河南	明显
394	雷达及配套设备制造	河北、陕西、河南、湖北、广东、浙江	广东、河北、安徽、浙江、河南、黑龙江	明显
395	视听设备制造	广东、江西、福建	江苏	局部地区明显
396	电子器件制造	广东、江苏、安徽、福建、湖北、河南	广东、安徽	明星
397	电子元件制造	广东、浙江、江苏、福建、山东	浙江、广东	局部地区明显
401	通用仪器仪表制造	浙江、江苏、山东、安徽、湖北	江苏、浙江、安徽	明显
402	专用仪器仪表制造	江苏、湖北、河南、山东、安徽、广东	广东、江苏、湖北	明显
403	钟表与计时仪器制造	广东、福建、山东、浙江、河北	广东、福建	不明显
404	光学仪器及眼镜制造	江苏、江西、广东、河南、福建	浙江、广东	局部地区明显

注：①各地区的相对创业率是由高到低，列出排名前五位的省份。②2010~2015年行业企业地区相对集中度增幅超过1%的省份，由高到低列出来。

第五节 产业转移的趋势判断及未来展望

一、产业转移趋势判断

第一，发展条件的阶段性变化亟须我国产业发展格局加快调整。当前，支撑我国经济增长的要素结构和资源环境已发生转折性的阶段变化。长期依靠大量消耗资源和以牺牲生态环境为代价的传统经济发展模式已难以为继。我国人口老龄化问题逐渐显现，全国大范围的雾霾天气时常发生、水污染事件频发、资源掠夺式开采等问题令人担忧，这些因素削弱了我国传统优势产业的国际竞争优势。以长江中游为例，据国家统计局工业企业调查数据显示，2005~2011年长江中游沿江城市各类化工企业出现迅猛增长势头，五大行业企业数从2005年的678家快速增长到2922家；并且，沿江城市废水排放量大，废水直排入环境占废水排放总量普遍较高，基本是50%~95%，如南昌占比为92.5%，武汉占比为82.6%。如果不加以引导和调整产业布局，长江就可能沦为化工企业的排污沟。同样，在环绕着首都的地区，河北、天津、山西和内蒙古已形成了产能大、高排放、消耗多的钢铁产业带，致使区域性资源环境问题突出。类似的现象在我国黄河中游、长江中下游等地区都可见到。为此，在资源环境没有明显改善的背景下，优化钢铁、有色、化工、建材、印染、造纸等重点行业的地区布局调整，通过淘汰压缩产能、企业兼并重组、异地搬迁等方式实现合理布局，确保"十三五"绿色发展理念落到实处。

第二，要素成本上涨倒逼劳动密集型产业加速梯度转移。我国已迎来了要素成本结构性快速上涨的高潮期，劳动力成本和土地成本是上涨最为显著的两类要素。同时由于主要受到当地要素市场的供求变化和东部地区要素成本特别是劳动力工资过快上涨的"输入效应"的共同影响，我国中西部地区的要素低成本优势在一定程度上被削弱。受劳动力成本上涨的影响，服装、制鞋、箱包、玩具、家具、电子等用工较多的产业遭受的冲击最为明显，东莞、泉州等地方都发生了企业大规模的"倒闭潮"。根据要素结构和土地政策收紧变化，我国未来一段时间还将继续面对劳动、土地等要素成本的快速上涨，由此导致了一大批成熟的产业加速向中西部条件较好、成本较低的地方或海外转移。

第三,产业转移协作是"一带一路"、京津冀协同发展、长江经济带、粤港澳大湾区等国家区域战略的"重头戏"。"一带一路"、长江经济带等重要战略支撑带从理念走向实践,成为现阶段优化经济格局的主要方向。"一带一路"是国家统筹国内国外两个大局做出的战略决策,必将带动国内外产业互动,加快中国产业走出去的步伐。陆上依托陆路通道,以经贸产业园区为平台,承接国内外产业转移,建设若干条国际经济走廊。同时,海上以沿海港口为依托,共同打造通畅、安全、高效的运输大通道,带动产业转移。同样,依托长江黄金水道推动长江经济带发展也是国家适应国内外形势的战略部署。长江经济带横跨东、中、西三大区域,具有独特的优势和巨大的发展潜力。依托沿江通道,利用上中下游优势互补、协作互动的格局,引导产业向中西部转移,不仅能够引导中西部外出务工人员回流和就近就业,也能够减少大规模的资源长距离运输。

第四,共建园区的广泛探索将进一步提高区域协作水平。通过地方政府对口支援、园区对接、政企合作等方式,我国已出现了不同类型的共建园区,并采取共建共管、共建我管、他建我管等形式探索境外产业园区合作模式,实现园区共建、利益共享、风险共担。这种类型的飞地经济也从国内走向世界,各类境外产业园区如雨后春笋般散布于世界各地。而随着新模式的出现,共建园区正从1.0(地方政府对口支援)、2.0(政企深度合作)向3.0(平台型园区开发企业+连锁开发经营+金融资本)转型升级。由于正处于孕育发展阶段,我国发达地区许多有实力、园区运作经验比较丰富的企业已开始与金融机构、行业协会、海外投资服务中介等共同组建园区专业开发企业,运用互联网思维探索平台型的经营模式。这类企业可以对园区选址、规划建设、运营管理、招商引资、项目融资等业务进行整体打包,并针对入驻园区的企业个性化需求进行量身打造,提供体系化、菜单式、便捷性的"套餐"服务。同时,为了充分利用金融资本对投资环境的敏锐洞察力,平台型园区开发企业与金融机构、异地投资的企业共同出资组建了飞地园区投资基金,让专业团队负责基金运作,以飞地产业园区为投资目标,通过自建、共建、收购等形式打造一批具有优质投资环境的"产业飞地"。随着地方竞争的日益加剧,探索共建园区3.0版本将是我国许多地区承接新一轮产业转移的"新模式"。

二、产业转移的未来展望

第一,依托国家级大通道,打造"两纵四横"产业转移的经济带。世界大国崛起的经验表明,一个国家持续健康发展需要有多个经济支撑带共同发挥作用。目前，我国沿海经济带已经成型，形成了长三角、珠三角等若干个不同层次的城市群。然而，随着产业生命周期和资源环境承载力的变化，沿海经济带已到优化开发的阶段，产业和人口持续集中的趋势也发生了转折性的变化。同时，新丝绸之路经济带、长江经济带、沪昆经济带、中俄蒙经济走廊、京广经济走廊、沿海经济带等纵贯东中西的经济支撑带已进入或准备纳入国家发展战略，这些经济带可以依托已建或在建的高速铁路、铁路、公路等重要交通干线，以沿线城市为战略支点，利用地带间的产业梯度和城市间的产业协作，促进国内外产业向中西部有序转移，继续开拓中西部市场和产业发展空间。

第二，加强城市群产业对接协作，构建开放型区域产业体系。我国现在已经形成多个跨省域或省域内的城市群，这些城市群内部都不同程度地存在产业联系不衔接、不配套，主导产业低水平同质化发展等问题。促进城市群内部各城市相对封闭的产业体系融合成为一个内外开放的现代产业体系，关键在于要素资源配置、统筹产业布局、建立共同市场以及打造对外开放高地。同时，在实践过程中，从三个层次去构建开放的现代产业体系：第一层次是在国家宏观层面编制和实施区域性产业体系规划。在省级政府层面达成共识的基础上，由国家有关部门牵头、相关省份参加，共同编制区域性产业体系规划，统筹考虑各地主导产业和要素支撑条件，坚持因地制宜、优势互补、特色突出、产业协作和互惠互利的原则，找准重点产业，从区域性主导产业入手，把产业融合发展作为重点，围绕生产基地建设、开放的资本市场、共性技术创新平台、共同市场开发等方面下功夫，同时促进区域性关联配套产业的整合。第二层次是统筹国家重点项目布局。在"十三五"时期，围绕重点行业，统筹考虑产业布局，加强地区协作，促进项目共建共享，减少项目重复布局和低效竞争。第三层次是引导优势企业开展跨地区兼并重组。在那些竞争性较强的行业，充分发挥龙头企业的综合优势，以资本为纽带，推动不同市场主体的整合，逐步形成一批具有行业竞争优势的区域性龙头企业。

第三，发挥示范区作用，不断扩大创新创业新优势。目前，国家已批准了安徽、湖南、江西、重庆、山西、陕西、河南、宁夏等省（市、区）设立承接产业转移示范区，其中，体制机制创新是这些示范区建设的主要任务。但从目前来看，这些示范区所发挥的示范作用不强，很多特殊政策由于种种原因没办法"落地"。"十三五"时期，我国经济进入中高速增长的新常态，劳动力成本还将继续快速上涨，内需很难较短时间内出现明显扩大。鉴于此，应加快引导示范区创新发展，变"政策洼地"为"创新高地"，着力在大众创业、万众创新方面推进创新体制机制，将发达地区的资本、技术优势与中西部的创业创新优势有效结合起来，逐步走出"梯度转移"的经济陷阱。

第四，依托国家新区和交通枢纽，打造一批承接产业转移的高地。这些年来，国务院批准设立了重庆两江新区、陕西西咸新区、甘肃兰州新区、贵州贵安新区、四川天府新区等国家级新区，这些新区被国家赋予西部地区重要经济增长极的功能。由于中央和地方对这些国家级新区不仅投入了大量的人力、物力和财力，还在行政区划调整、重点项目落地、资金安排、对口支援、干部交流等方面给予特殊的政策支持，所以，这些国家级新区在很短时间内承接了一批投资规模大、见效快、关联度高的产业项目，并出现很强的集聚效应，成为继省会城市之外的第二大省域中心城市。另外，郑州、武汉等中部地区中心城市也发挥自身优越的区位优势，吸引国内外产业转移，特别是郑州市借助航空港经济综合实验区这个平台，大力推进国际航空物流中心建设，进而集聚了包括富士康、正威国际、唯品会、菜鸟物流等一批高附加值、内引外联的外向型产业项目。"十三五"时期，这些国家级新区和地区性中心城市应加快全面深化改革和扩大开放的步伐，抓住工业化和城镇化快速推进的机遇，继续承接一批起点高、带动力强、能根植于本地发展的产业项目。

第五，充分利用各种区域协作，探索飞地经济升级版。经过多年的积累，我国已存在着各种形式的区域协作，有些是国家确定的对口支援或帮扶，有些是地方政府自行组织，有些是市场力量驱动。区域协作不仅为地区间经济交流提供了方便，同时也能为产业转移插上有力的"翅膀"。在现有的体制下，我国很多地方都在探索合作共建产业园区，通过筑巢引凤吸引产业转移。不可否认，这只是飞地经济初级版，它是在税收共享的基础上达成的合作主体间协议，很容易遭受地方政府官员更替、国家收紧财税政策等因素的影响。在全面深化改革的背景下，地方有条件探索飞地经济升级版，用市场化机制解决飞地经济现实发展过程中的体制障碍。这种模式就是依靠市场主体组建股份制的平台型园区开发企业，专门负责园区开发运营和产业项目融资。无论是产业转出地还是产业承接地都可以参与投资这类平台型企业，从而形成紧密的利益共同体。

第六，推广产业生态异地复制，促进产业集群式转移。现阶段，我国产业转移既有产业向周边地区扩散，也有产业蛙跳式转移。其中，有的转移呈现个体式、分散化转移，有的转移则出现集群式、规模化转移，相比后者，前者面临的投资风险较大。现实中，很多企业进行对外投资活动时往往遇到水土不服问题，主要原因是它们一旦离开赖以生存的环境之后就难以异地生根。为了解决上述问题,下一阶段的产业转移不能停留于企业异地扩张上,而应把重点放在产业生态异地复制上,引导东部地区成熟产业集群抱团转移,使之到了异地还能继续使用原来的配套协作网络、契约环境等产业公地条件。同时,这么多的企业具有"合众"的谈判优势,与承接地的地方政府进行协商时,可以增加不小的谈判筹码。

本章小结

我国产业转移已成为不可抵挡的历史性趋势,无论是国内跨区域转移还是产业"走出去"都印证了这一点。本章通过对制造业三位数行业的创业率和企业地区相对集中度的分析发现,在152个观测的行业中,53%的行业出现明显的从东部向中西部实现较大范围内转移的过程,21%的行业只是发生了局部的转移,24%的行业没有发生转移,2%的行业暂时没办法判断是否发生转移。如果从地区实际利用省外资金看,我国四川、重庆、贵州等西南地区和河南、安徽、湖北等中部地区吸引境内省外投资规模较大,而西北地区吸引省外投资的规模非常有限,侧面说明了我国中西部地区承接产业转移的不平衡状况比较突出。与此同时,我国各地涌现出各种具有创新性的产业转移合作模式,这些模式契合了各地推进产业转移协作的实际需要,又反映了政府与市场的有效互动和优势互补。当然,也不能忽视"十三五"时期我国经济发展的内外环境变化,要素成本持续上涨、资源环境的变化、国内外市场需求不确定性等因素都将影响到产业转移的规模和方向;同时,产业"走出去"势必对国内产业转移形成"挤出效应"。

为了有效、有序、有力地推动我国产业国内转移和产业"走出去",本章结合产业转移的实际情况,从宏观视角提出如下建议:

第一,制订面向2050年的全国国土空间战略规划。长期以来,我国缺少一部面向中长期发展、统筹生产力布局与人口、资源环境的国土空间战略规划,而日本、法国、英国等发达国家都曾经实施过旨在优化调整生产力布局和实现区域平衡发展的国土空间综合规划。下一步,应尽快启动编制《面向2050年的全国国土空间战略规划》(以下简称《空间战略规划》),这个规划既要统筹好产业、人口与城镇合理布局,又要协调好经济布局与资源环境的关系。不过,与《全国主体功能区规划》编制的目的不同,《空间战略规划》从国家中长期发展战略出发,经过扎实的前期研究,提出先进的规划理念、生产力布局蓝图和合理的开发时序。同时,《空间战略规划》也作为国家出台相关区域规划或支持地区又好又快发展的依据。

第二,实施适应差别化政策实施的空间区划方案。顺应地区经济多极化的发展趋势,尽快调整长期使用东部、中部、西部三大地带或东部、中部、西部和东北四大板块的政策实施空间单元。下一步应结合"一带一路"、长江经济带等国家重大发展战略,采取划分更细、有助于差别化政策实施的区划单元,把我国区域发展划分为两个层次的政策实施单元,具体是:第一个层次是区域层次,根据自然条件、人文环境、经济发展等因素,将我国国土空间划分为北部沿海、东部沿海、南部沿海、黄河中游、长江中游、东北、西北、西南八大区域,确定国家产业转移政策覆盖的重点区域范围和指导意见;第二个层次是目标层次,围绕地区发展水平,将我国乡镇级层面划分出三至五类导向性的功能空间,确定产业发展适宜性区域,避免遍地开花式承接产业转移。

第三,出台产业转移示范区认定管理办法。突破现阶段针对特定区域设立产业转移示范区的做法,尽快出台《全国产业转移示范区认定管理办法》,由国家有关业务主管部门负责具体实施。另外,参照国家高新区、经济技术开发区认定标准,设立空间尺度更小的产业转移示范区,明确示范区的准入条件、审批办法、退出办法以及享受的配套政策,同时把产业转出地和产业转入地一并纳入考虑。为了确保产业转移示范区评选的公平、公开和公正,国家统计部门应该进一步完善工业统计方法,利用现代信息手段(如地理信息、大数据分析等)加强对产业转移的跟踪统计,以便为业务主管部门提供更准确的事实依据。

第四,出台国家促进产业转移的指导意见。我国已进入产业内外转移的黄金时期,应从国家层面尽快出台产业转移指导意见,切实解决当前国内产业转移和中国产业走出去遇到的主要障碍或挑战,不仅要为企业提供相对宽松、规范的政策环境,也要为企业充电、补课。在面对一些"硬骨头"时,国家应明确承认地方的合理利益诉求和体制创新的经验做法,特别是在从地区协作方面,GDP和税收地方留成部分的分配机制要得到相应的政策保障。同时,国家也应完善产业项目投资核准、监管等相关政策,借鉴负面清单管理办法,提出一个产业目录清单,引导产业有序向中西部转移。

第五,构建产业转移对接协作平台。继续完善中国投资贸易洽谈会、中国—东盟博览会、中国西部国际博览会、中国—亚欧博览会、中国中部投资贸易博览会等高水平经贸交流平台,吸引全球更多的投资者和贸易伙伴参与,不断取得更多的合作成果。另外,借助中国(郑州)产业转移系列活动等平台,支持中西部地区扩大招商引资规模。采取市场化、信息化、社会化的手段（如涵盖项目引荐、投融资、产业发展选择等内容在内的平台型商务网络），开辟全国性产业转移对接协作平台，使这种对接实现常态化、实效化、广覆盖。

第六，推广"中国+X"产业合作园区模式。借鉴中新苏州工业园区发展模式（政府间合作框架+平台型开发主体+合理的利益分配机制），结合中国产业"走出去"和国际产能合作的实际需要，组建一批园区专业开发企业，负责海外园区开发建设、园区运营管理、招商引资、项目投融资等，带动国内产业转移和产能走出国门。同时，在中马关丹产业园、中白产业园等合作模式的基础上，继续在全球各地建设"中国+X"产业合作园区，把中外合作模式推向全球，从而带动中国装备、资本、劳务和过剩或优质产能对外输出。

第七，支持中西部地区设立内陆开放的特殊载体。在探索开放型经济新体制的过程中，允许中西部地区有条件的省域副中心城市或沿边、沿江城市设立对外开放的保税区、口岸等特殊开放载体，以此吸引外向型加工业向中西部转移。结合"一带一路"、长江经济带等国家重大战略，在中西部地区选择合适的地方设立中欧、中阿、中哈、中巴等跨国产业合作示范园区，大力发展面向中亚、西亚、欧洲的外向型产业，不断积累内陆开放的体制创新经验。争取国家支持，选择一到两个中西部省会城市设立内陆开放型产业发展的自贸（园）区。

第八，建立促进产业转移的部际协调机制。为了实现国内外产业转移"一盘棋"，国务院应成立一个专门的领导小组，建立一个由发改委、国土部、工信部、商务部、外交部、科技部、环保部、财政部、税务总局等有关部委参加的产业转移部际协调机制，每年召开一次全国性的工作会议，研究部署全国产业转移的实施战略、相关支持政策、效果评估等方面内容，加强指导地方开展产业转移，确保产业转移工作规范、有序。

第六章 优势产能"走出去"的时代内涵与区域选择

经过改革开放以来的发展,我国已形成总量规模大、配套能力强、体系完整并在世界上具有举足轻重的重要地位的优势产能。当前,全球产业格局正进入新一轮的调整活跃期,发达国家大力实施再工业化,发展中国家大力推进工业化、城镇化进程,我国积极推动落实"一带一路"倡议,这为我国优势产能"走出去"创造了较好的机遇。2015年5月,国务院正式出台了《国务院关于推进国际产能和装备制造合作的指导意见》文件,并将钢铁、有色、建材、铁路、电力、化工、轻纺、汽车、通信、工程机械、航空航天、船舶和海洋工程十二个行业作为重点行业。这些行业其实就是现阶段我国优势产能"走出去"的重点领域。经过这些年各级政府的有力引导和支持,我国优势产能"走出去"取得了明显成效,并呈现出一些新的特点,如产能合作和装备出口带动了技术标准、配套服务等方面的输出,各种合作形式的境外园区应运而生。并且,随着优势产能国际合作的增多,"中国方案"对外推广实践受到许多发展中国家的欢迎。当然,我国优势产能"走出去"很容易被外界解读为"去工业化"的中国版本,与发达国家曾经走过的"去工业化"道路不无二致。其实,这种认识是不准确的。我国优势产能"走出去"并不是主动放弃优势产能或追求"去工业化",也不是过剩产能对外倾销;而是主动适应国际国内发展格局的战略性布局调整,是为了追求更高水平的工业化和更有竞争力的实体经济。现阶段,我国推进优势产能"走出去"具有重要的战略意义。这是落实"一带一路"倡议的战略部署,是通过产业链全球布局方式推动供给侧结构性改革迈出的关键一步,是我国从工业大国迈向工业强国的重要途径。

第一节 优势产能"走出去"的背景

一、全球经济复苏基础仍不牢固

从全球经济增长趋势看,应对国际金融危机的强刺激政策带动了世界经济较快出现复苏,不过这种增长势头很快就出现回落(见图6-1)。近三年来全球经济增速保持相对平稳,增速在3.3%~3.5%,但全球经济增速尚未恢复到国际金融危机发生前的水平。如图6-2所示,美国、欧盟、日本等发达经济体经历了国际金融危机的冲击之后,已逐步实现复苏,其中美国和欧盟经济复苏趋势比较明显。从2009~2015年的经济增长趋势看,近年来美国经济增长表现出稳中向好的态势,日本经济增长则起伏不定,欧盟则在克服欧债不利的影响下逐渐实现经济复苏。总的来看,发达经济体经济增长呈现企稳回升的势头。这三大经济体是我国对外投资和对外贸易的主要对象,其经济增长向好的趋势有利于带动我国优势产能的输出,特别是性价比高的消费品和机电产品的出口。同时,欧美国家经济复苏势必拉动一批基础设施建设,例如,美国开启高铁建设计划,这些基础设施建设项目无疑可以为我国相关企业创造对外工程承包、装备出口等市场机会。

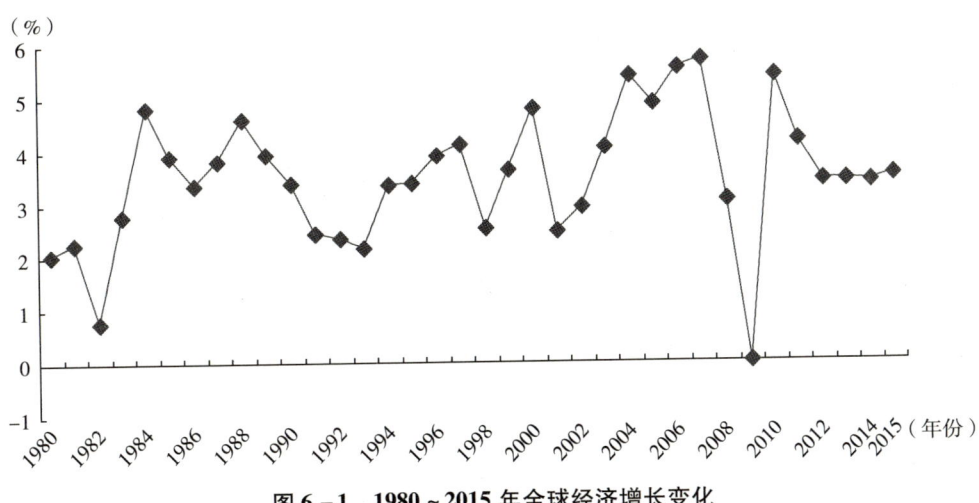

图6-1　1980~2015年全球经济增长变化

资料来源:世界银行。

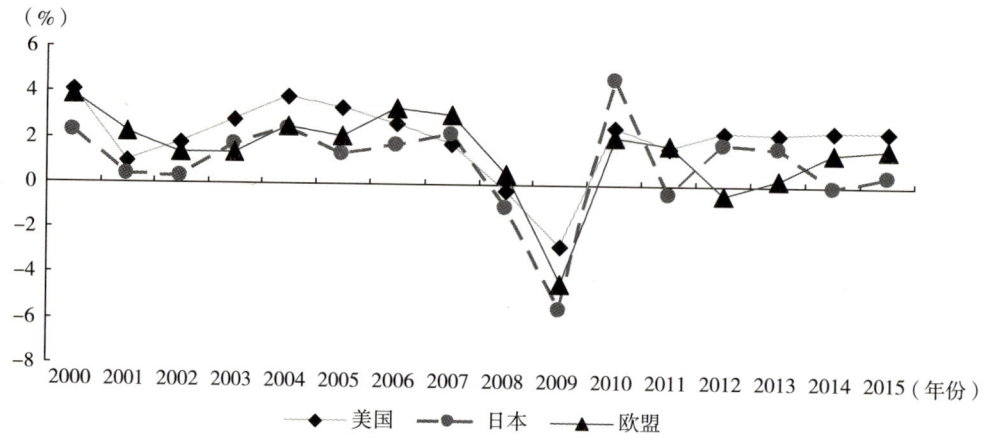

图 6-2 2000~2015 年发达经济体经济增长

资料来源：世界银行。

如图 6-3 所示，从金砖五国经济增长表现来看，各国经济增长喜忧参半。这五个国家大致可以分为三类：第一类是以中国、印度为代表，经济增长仍处于中高速，增速保持 7%；第二类是以巴西、俄罗斯为代表，巴西经济因深受国内混乱的政治秩序拖累而进入低迷增长状态，增速从 2014 年的 0.1% 下降到 2015 年的 -3.8%；在乌克兰危机之后，由于西方国家的强力制裁和油价低位徘徊，俄罗斯经济遭受重创，2015 年经济增速降至 -3.7%；第三类就是以南非为代表，经济增速放缓，但仍保持温和增长势头，增速从 2011 年的 3.21% 下降到 2015 年的 1.3%。

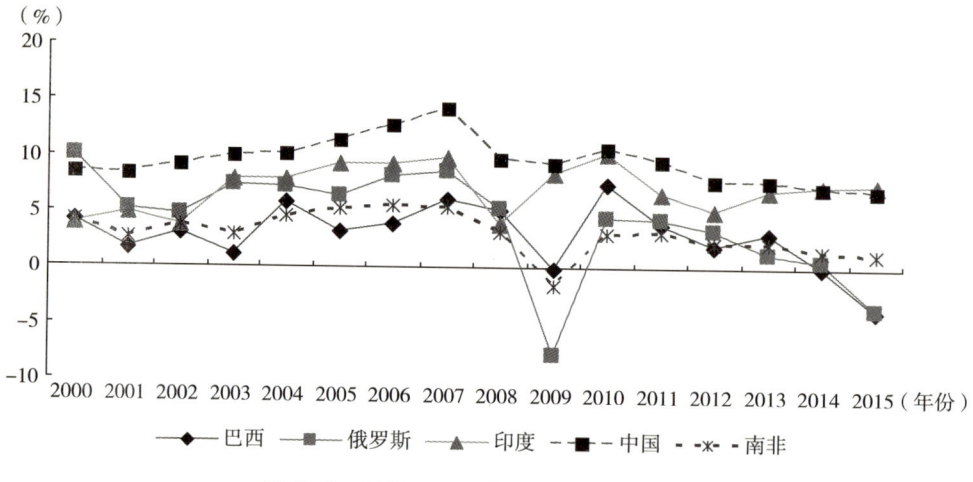

图 6-3 2000~2015 年金砖国家经济增长

上述分析表明，国际金融危机发生以来，全球经济增长虽有回暖之势，但无论是发达经济体还是金砖国家都出现明显分化的现象，这无疑折射出全球经济复苏异常艰难，乌克兰危机、叙利亚难民潮、希腊债务危机、英国脱欧等国际事件的发生危及全球经济增长。

二、发达国家部署再工业化和创新发展战略

2008年国际金融危机发生以后，欧美日等发达经济体把重振工业作为应对危机的一个重要选项，下力气部署再工业化战略，同时加快实施创新发展战略，希望在新的起点上重新占据工业发展领先地位，势必掀起新一轮的全球制造业布局。2012年，美国国家科技委员会发布了《先进制造业国家战略计划》，这份报告从投资、劳动力、创新等方面提出了促进美国先进制造业发展的五大目标及相关配套政策。几乎与此同时，欧盟委员会也在2012年发布了《强大的欧盟工业有利于经济增长和复苏》，明确提出了"再工业化"的政策目标，试图用"再工业化"应对"去工业化"的挑战。另外，随着新能源、云计算、3D制造、基因诊断与修复等新兴技术取得新突破，美国、中国、德国、日本等国家都着力实施促进新兴产业发展的战略，如美国国家科技委员会发布了《国家创新战略》、德国行业协会制定了《德国工业4.0》、英国政府出台了《科学和创新战略》，世界主要经济体都希望利用新一轮科技革命和产业变革之机抢占产业发展制高点。

三、发展中国家加速工业化和城镇化进程

从各国城镇化水平看，近90个国家或地区的城镇化率低于50%，最不发达国家的平均城镇化率仅为31.53%。非洲、西亚、南亚和东南亚是全球城镇化水平较低的地区，这些地区又是全球人口分布比较集中的地方。根据典型国家的历史经验（见表6-1），孟加拉国、印度、缅甸、苏丹、坦桑尼亚、越南、津巴布韦等一批城镇化率30%左右的国家未来将进入快速城镇化阶段。同时，绝大多数城镇化水平不高的国家或地区也是工业化水平比较低的地方，工业增加值占GDP的比重低于30%，农业和采矿业仍是国民经济收入的主要来源。下一步，随着城镇化与工业化实现相互促进、共同发力，可以预见广大发展中国家将迎来工业化进程加速推进的高潮，将对我国优势产能产生强大的市场需求。

表6-1 典型国家快速城镇化阶段比较

典型国家	快速城镇化阶段		持续时间（年）	城镇化率年均增幅（百分点）
	起飞点	降落点		
英国	26%（1800年）	78%（1900年）	100	0.52
德国	29%（1850年）	67%（1930年）	80	0.48
法国	29%（1860年）	73%（1975年）	115	0.38
美国	26%（1870年）	74%（1970年）	100	0.48
加拿大	32%（1890年）	76%（1970年）	80	0.55
日本	29%（1930年）	65%（1995年）	65	0.55
俄罗斯*	30%（1938年）	72%（1985年）	47	0.89
巴西	31%（1940年）	81%（2000年）	60	0.83
墨西哥	30%（1945年）	71%（1990年）	45	0.91
韩国	28%（1960年）	78%（1995年）	35	1.43

注：*苏联数据来源：①Paul Hohenberg, Lynn Lees. The Making of Urban Europe, 1000-1994 [M]. Harvard University Press, 1995.
②United Nations. World Urbanization Prospects, the 2009 Revision [M]. New York, 2010.
资料来源：徐匡迪．中国特色新型城镇化发展战略研究（综合卷）[M]．北京：中国建筑工业出版社, 2013.

四、全球化进入新的历史阶段

当前，经济全球化深入发展的总体趋势没有发生根本性的变化，但受各种因素的影响，多边贸易体制进展举步维艰，多哈回合谈判迟滞不前，贸易保护主义有重新抬头的迹象，贸易摩擦泛政治化倾向明显。另外，多极化的区域经济合作蓬勃发展，各种形式自贸区纷纷诞生，成为经济全球化的重要载体。据不完全统计，向世界贸易组织通报并仍然有效的区域贸易安排共249个，近10年出现的区域贸易安排占70%左右。目前，世界贸易组织159个成员中只有1个没有参与区域贸易安排。跨太平洋伙伴关系协定（TPP）、跨大西洋贸易与投资伙伴关系协定（TTIP）、亚太自贸区（FTAAP）等超大的自由贸易区正处于谈判协商或后期批准通过阶段，届时将对经济全球化的走向产生深远的影响。此外，值得关注的是2016年6月24日，英国脱欧公投事件被认为欧盟一体化进程的重大挫折，需要深思和检讨，有可能产生"多米诺骨牌效应"。

五、中国经济进入新常态

当前，我国经济增速由2010年的10.6%下降到2016年的6.7%，降至较低的水平(见图6-4)。尽管经济增速还可能继续下降,但我国经济仍处于大有可为的战略机遇期,经济增长具有较大的回旋余地、韧性和潜力,足以为经济结构迈向中高端水平创造条件。同时,我们也应该看到,支撑经济增长的要素结构和资源环境已发生转折性的阶段变化。长期依靠大量消耗资源和以牺牲生态环境为代价的传统发展模式已难以为继,我国经济发展方式迫切需要从规模速度型向质量效率型方向转变,经济结构调整从增量扩能为主向调整存量、做优增量并举转变,发展动力从主要依靠资源和低成本劳动力等要素投入向创新驱动转变。这些转变是我国经济实现新旧动能转换的过程。动能转换不仅可以释放出更多的产能,还可以为优势产能"走出去"创造条件,以便于开拓更大的国际合作空间。

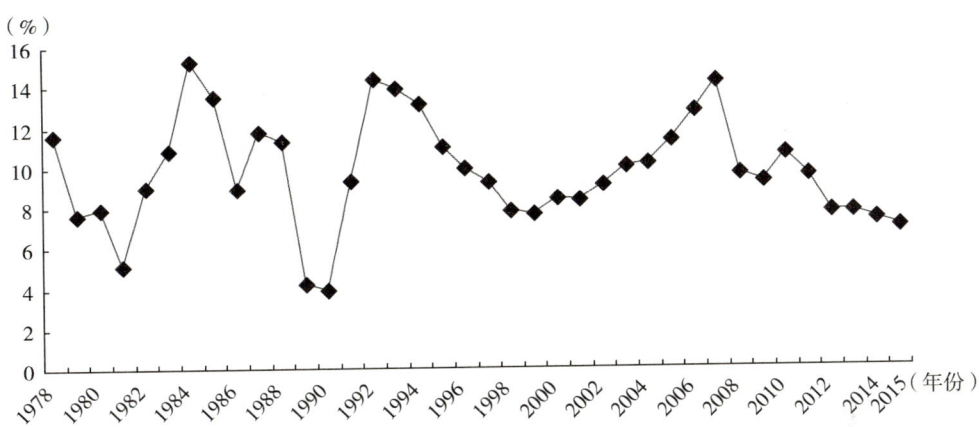

图6-4　1978~2015年中国经济增长速度变化

资料来源:《中国统计摘要2016》。

同时,我国工业领域出现较大范围的产能过剩问题(见图6-5)。钢铁、水泥、电解铝、平板玻璃、煤炭、基础化学品、造船、造纸、化学纤维、纺织等传统产业以及光伏等战略新兴产业都存在不同程度的过剩产能。相比欧美国家,我国工业产能利用率偏低,以国务院发展研究中心课题组的研究发现为例,2012年我国钢铁、水泥、电解铝、平板玻璃、船舶等行业产能利用率分别为72%、73.7%、71.9%、50%、75.2%,如果以美国合意产能利用率区间79%~82%作为参照,那么,我国这五大行业都存在较为严重的过剩产能。这么大范围的产能过剩容易引发企业破产、员工失业、银行不良资产攀升、地方财政收入下降等问题,因此淘汰一批、重组一批、转移一批和升级一批的分类治理产能过剩政策亟须加快实施。

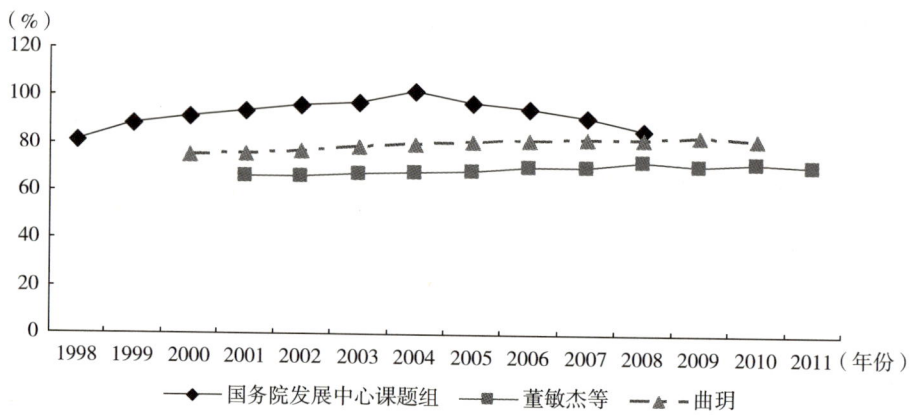

图6-5 中国工业产能利用率测算结果

资料来源：①国务院发展研究中心课题组. 当前我国产能过剩的特征、风险及对策研究 [J]. 管理世界，2015（4）；②董敏杰，梁泳梅，张其仔. 中国工业产能利用率：行业比较、地区差异及影响因素 [J]. 经济研究，2015（1）；③曲玥. 中国工业产能利用率 [J]. 经济管理研究，2015（1）.

此外，我国正在丧失劳动力低成本优势，发展中大国和日本、韩国正对我国制造业构成成本双侧挤压的态势（见图6-6）。长期依靠大量消耗资源和以牺牲生态环境为代价的传统经济发展模式已不可持续。我国人口老龄化问题开始显

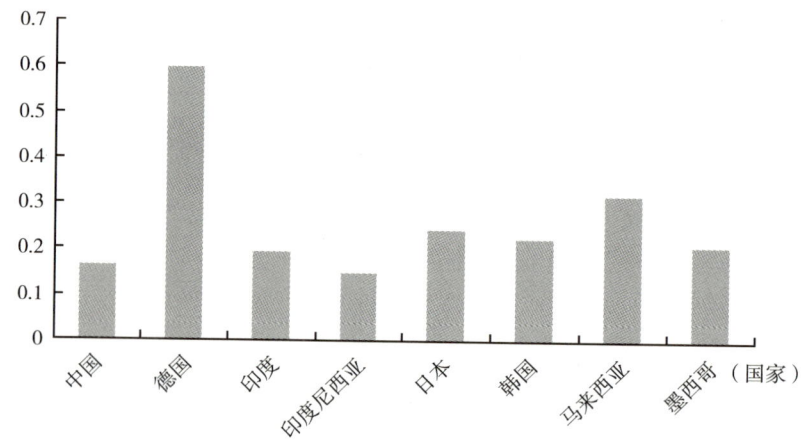

图6-6 制造业劳动力成本国际比较

资料来源：联合国工业发展组织。

现,全国大范围的雾霾天气时常发生、水污染事件频发、战略性资源掠夺式开采等问题令人担忧。在面对增速放缓、资源环境恶化、人口老龄化等问题和挑战时,我国经济发展方式正开始从规模速度型向质量效率型方向转变,经济结构调整从增量扩能为主向调整存量、做优增量并举转变,发展动力从主要依靠资源和低成本劳动力等要素投入向创新驱动转变。这些积极变化是我国经济向形态更高级、分工更优化、结构更合理的阶段演进的必然过程。

六、我国正从工业大国向工业强国迈进

如今,我国已是名副其实的工业大国(见图6-7),2011年工业增加值总量首次超过美国,成为世界工业第一大国,工业增加值占世界的16.5%,2014年升至20.5%,明显超过德国、日本。同时,我国具有全球最为庞大、完整的工业生产体系,有220种工业品产量位居世界第一。但跟发达国家相比,我国制造业综合竞争力与美国、日本、德国相比还有差距(见图6-8),仍有相当大比重的工业制成品属于中低端的产品,在稳定性、加工精度、使用寿命、运行安全性等方面与国外同类产品存在明显的差距。即使是一些自认为具有国际竞争优势的产业,我国仍然在核心零部件、关键材料、控制技术等领域受制于国外企业。在从工业大国向工业强国的征程中,我国还要在自主创新、基础条件、共性技术等方面下功夫。

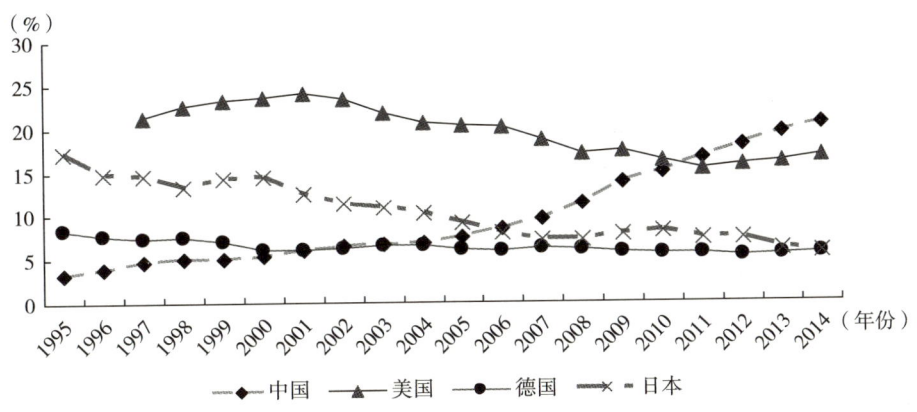

图6-7 主要经济体工业增加值占世界的比重

资料来源:世界银行。

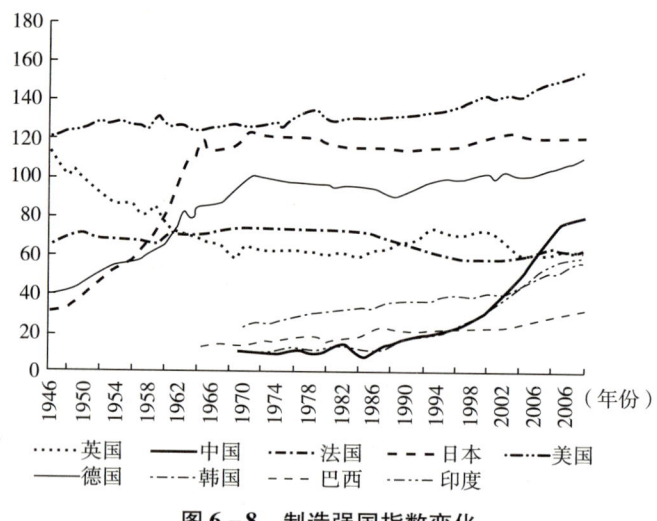

图 6-8　制造强国指数变化

资料来源：制造强国战略研究项目组. 制造强国战略研究综合卷 [M]. 北京：电子工业出版社，2015.

七、中国构建全方位开放的新格局

我国参与全球化的环境条件发生了阶段性变化，如今已成为全球第二经济大国、第一大出口国（见图6-9）、第二大进口国、第二大吸引外资国、第三大对外投资国（见图6-10）、第一大外汇储备国（见图6-11），这为我国进一步扩大对外开放提供了坚实的物质基础。同时，我国拥有巨大的国内需求、充足的资

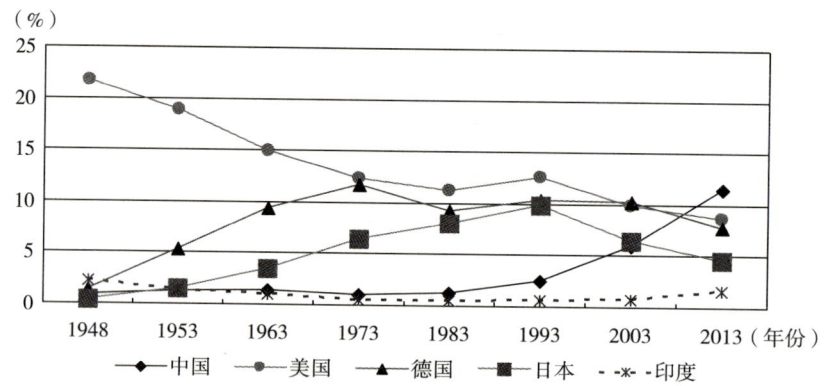

图 6-9　全球主要经济体出口份额变化

资料来源：世界银行.

金、日趋完备的基础设施、强大的产业配套能力，以及不断增强的企业创新能力和国际化经营能力，这为我国开放型经济发展提供了较强的支撑条件。①

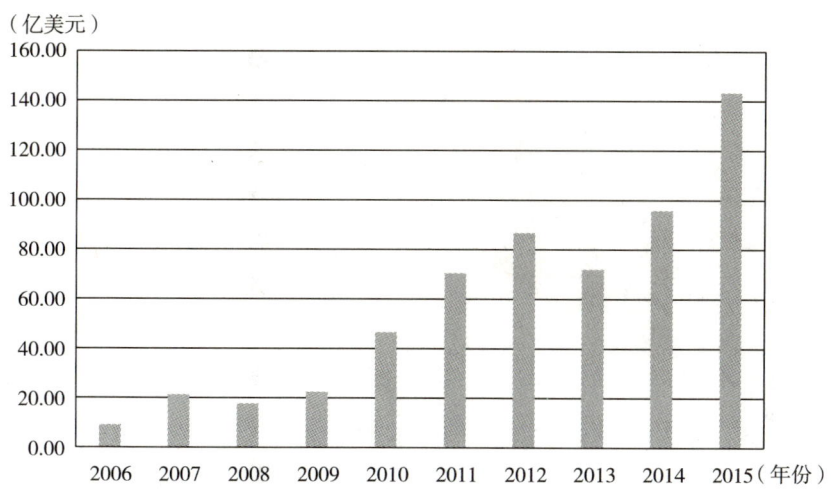

图 6-10　中国对外投资增长变化

资料来源：中华人民共和国统计局. 中国统计年鉴2015 [M]. 北京：中国统计出版社，2015.

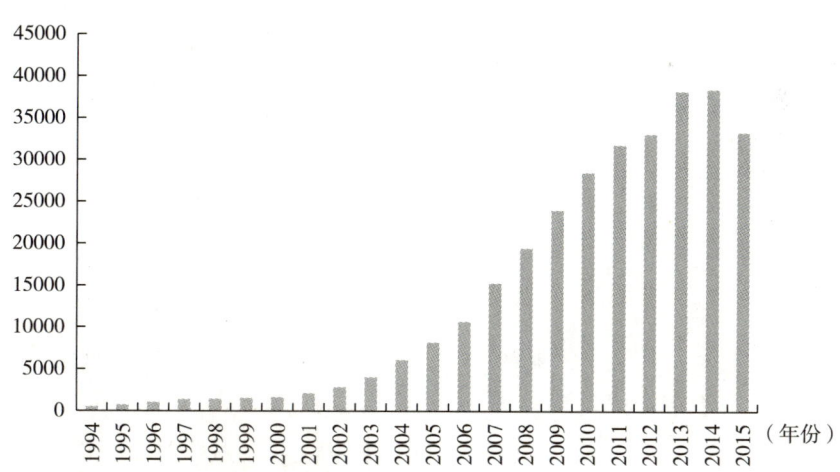

图 6-11　中国外汇储备余额增长趋势

资料来源：中华人民共和国统计局. 中国统计摘要2016 [M]. 北京：中国统计出版社，2016.

---

① 汪洋. 构建开放型经济新体制 [N]. 人民日报，2013-11-22.

"一带一路"倡议深入推进。随着综合国力的大幅提升，我国在全球治理体系中的话语权和影响力不断提高，愿意让更多国家分享发展的机遇。在习近平主席的亲自推动下，"一带一路"倡议已从理念走向实践，不断凝聚沿线国家的发展共识，以开放促发展深入人心。目前，我国已开通了多趟中欧货运班列，直达欧洲，便捷物流沟通了中欧经济联系。同时，我国东南沿海港口也着力打造成为21世纪海上丝绸之路的桥头堡，积极发展对外贸易，不断扩大海外市场。另一方面，我国坚持"亲、诚、惠、容"的周边外交理念，加强与周边国家合作，中印缅孟经济走廊、中巴经济走廊、中俄蒙经济走廊等倡议得到周边国家的积极回应并签订了双边合作协议，国家发改委、商务部等有关部门与哈萨克斯坦、波兰、捷克等国家相应部门着手共同编制合作规划纲要。

新开放体制逐渐形成。通过上海、广东、福建、天津等自贸区建设，我国开始在服务业开放、金融开放和创新、贸易便利化、事中事后监管等方面进行体制机制创新，探索对外资全面实行准入前国民待遇加负面清单管理制度。为了促进企业"走出去"，更好地服务国际产能和装备制造合作，国家发改委、商务部等部门共同推进对外投资管理体制改革，形成以备案为主、核准为辅的对外投资管理，完善对外投资发展规划和重点领域、区域、国别规划体系。此外，中国人民银行等部门深入推进金融体制改革，促进金融业双向开放，完善跨境资本流动相关的监管体制，积极推动人民币国际化进程。

第二节 优势产能"走出去"的战略意义

优势产能"走出去"是保持"双中高"和化解过剩产能的重大举措。当前，我国进入经济发展新常态，工业经济下行压力继续增大，较大范围的过剩产能问题比较突出，产业布局优化调整势必带动一批成熟产业向外形成"雁阵式"梯度转移，经济发展方式转变比以前任何时候更为迫切。积极推进国际产能和装备制造合作，是我国产业转型升级的全球战略布局，可以延续中国企业的竞争优势，也能够为国内产业升级腾出空间，有利于促进优势产能有序对外合作，形成我国新的经济增长点，有利于促进企业不断提升技术、质量和服务水平，增强整体素质和核心竞争力，推动经济结构调整和产业转型升级，实现从产品输出向产业输出的提升，有利于更好地推动国民财富全球创造，实现对外经济的结构平衡。

第一，优势产能"走出去"是推动新一轮高水平对外开放和全面提升国际竞争优势的重要内容。当前，我国对外开放已进入"引进来、走出去"的新阶段，加快铁路、装备制造、纺织、家电、电力等优势产能合作，有利于改善对外贸易的国际环境，从中找到经济再平衡的出路，有利于统筹国内国际两个大局，提升开放型经济发展水平，有利于实施"一带一路"、中非"三网一化"合作、中国与中东欧合作等重大战略，进一步推动人民币国际化。

第二，优势产能"走出去"是开展互利合作的重要抓手。当前，全球基础设施已进入新一轮大规模建设时期，区域一体化带动了国际基础设施的互联互通，发展中国家工业化和城镇化进程加快，积极开展境外基础设施建设和产能投资合作，有利于深化我国与有关国家的互利合作，促进当地经济和社会发展，有利于改善我国与周边国家的关系，实现共商、共建、共享。

第三，优势产能"走出去"是促进我国从制造大国迈向制造强国的重要途径。我国已成为各界公认的"世界工厂"，制造优势和配套能力具有世界领先水平，推动优势产能对外合作，有利于拓展我国制造业发展新空间，促进国内外产业更好地互动，有利于在更高的平台实现制造业从中低端向中高端升级，在重点领域确立世界领先优势，迈进制造强国之列。

第四，优势产能"走出去"是落实"一带一路"倡议的战略部署。我国与"一带一路"沿线国家开展产业合作离不开相应的产业合作项目作为支撑。为了在全球范围内构建产业配套体系，我国已在"一带一路"沿线国家和地区优先开展优势产能合作，这样不仅能够加强我国与这些国家和地区的经贸往来，缔结更紧密的战略合作关系，也能契合国家战略意图，延续甚至增强中国产业的全球竞争优势。

第五，优势产能"走出去"是中国经验"走出去"的重要载体。实践表明，我国改革开放以来产业发展已取得了令人瞩目的成就，形成优势产能，积累了丰富的经验，说明了"中国经验"是在持续创新中逐渐打磨而成的，是"中国方案"的有益探索，这些宝贵经验值得其他发展中国家参考借鉴。

第三节 优势产能"走出去"的基本内涵

一、优势产能"走出去"的基本内涵

"优势产能"顾名思义就是基于国际比较，具有绝对优势或比较优势的产业

和生产制造能力,通常是一个国家产业生产能力和水平的重要标志,也是一个国家产业硬实力和软实力的综合表现。判断一个产业是否能够成为优势产能,主要看它是否具备生产出性价比高、满足市场需求的产品的能力。支撑优势产能的关键要素是技术、资金、人才、品牌、标准、制度环境以及地缘政治等;这些要素又往往紧密结合,构成产业的国际竞争优势。进一步地看,优势产能又是针对其他一些国家或地区而确定的特定产业,具有国别比较的特点,并容易受到国际政治、消费偏好、偏向性贸易政策等因素的影响,例如,我国汽车产业如果针对美国、日本或德国而言不算是优势产能,但针对广大发展中国家而言却是优势产能。此外,优势产能具有明显的发展阶段特征,这一特征既表现为产能输出国自身的阶段性,又表现为产能输出与产能承接国发展阶段的相适应。而"走出去"是国际的产品、资本、劳动力、专业人才等要素或产品流动输出和模式、品牌等对外推广以及生产、销售和服务网络跨国拓展而产生的行为,主要是由市场机制决定的,最为常见的是产品输出、资本对外投资、对外工程承包和技术对外授权转让。市场主体"走出去"的规模和质量从侧面反映了一个国家的对外开放水平。企业是优势产能"走出去"的实施主体,政府的外交活动、对外政策、国家开放战略等因素都将关系到优势产能"走出去"的政策环境。

概括而言,优势产能通常可以通过以下方面能力得以体现:一是具有较强的国际竞争力。优势产能绝不是过剩产能的代名词,而是产业规模和质量优势的表现,是相对于其他国家而言具有成本更低、质量更优、技术工艺水平更高、品牌更响的产业发展水平。二是具有较强的生产制造能力。优势产能是研发设计、生产制造、市场销售、服务配套等多个环节、全产业链优势的综合。在现实中,上述环节可以实现空间分离,布局在不同的国家,实现全球化的生产。但严格意义上讲,生产制造是优势产能最为基础的环节,如果缺少这一环节,即使其他环节做得再好,也很难称得上优势产能。同时,生产制造的规模也是衡量优势产能的一项指标,如果规模过小,可能就连国内市场需求都满足不了,更谈不上通过出口占领国外市场,为此有必要强调生产制造的规模优势。三是具有较强的生产配套能力。正如前面强调的,优势产能通常具有全产业链优势,生产配套能力是其中的关键环节。生产配套能力弱往往制约生产制造能力的发挥甚至成为产业国际竞争力的一块短板。具体而言,生产配套能力体现在原材料、研发设计、专业人才、制度标准等方面配套,有些属于硬件配套,有些属于软件配套,两者相辅相成,缺一不可。四是具有较大的国际市场潜力。优势产能不仅体现在生产制造方面的规模优势,也表现为占领全球市场的份额优势。一般而言,只有适合市场需求的产能才是真正意义上的优势产能,否则充其量就是低效无用的产能。换言之,优势产能就是一个国家或地区能够提供且符合市场需求的产能。

二、优势产能"走出去"的基本特点

从国家战略层面来看,优势产能"走出去"是我国综合国力提升的重要途径,需要与"一带一路"倡议等相互配合,由此表现为以下基本特点:

第一,实施综合输出是优势产能"走出去"的主体形式。从实践上看,优势产能输出主要包括资本输出、装备输出、技术输出、服务输出、标准输出、规则输出等方面,而各种形式的输出基本都以产能项目为依托载体对外进行商业扩张,不同输出形式是相互组合、互补或叠加的。其中,标准或规则的输出一般需要通过国际间的政府或专业组织合作才能够实现。

第二,产业合作是优势产能"走出去"的重点领域。不同国家间的产能合作更多地表现为产业领域合作,包括产业项目投资、园区共建、产业链配套、产业技术转让等,而具体的产业项目投资是优势产能合作的基本形式,从工业项目投资到基础设施领域都可以通过直接或间接的形式开展产能合作。

第三,整合市场是优势产能"走出去"的主攻方向。无论是对外投资还是对外贸易通常是企业需要面对的决策,不仅要权衡两者的利弊,还要着眼于战略发展需要。从微观层面讲,企业"走出去"的目的是多元的,但通过开拓国际市场来加强市场整合是其中的目的之一。在宏观层面,开展优势产能"走出去"有利于促进国际国内"两个市场"协调发展,避免因"两个市场"过度失衡而引发风险。

第四,促进贸易升级是优势产能"走出去"需要突破的领域。优势产能"走出去"将促进国内产业与输出产能更紧密结合起来,带动国内的传统加工贸易向更高质量、更高层次的贸易方式升级。同时,优势产能"走出去"有利于我国制造业产业链向其他国家延伸,更好利用其他国家的比较优势,形成更有竞争力的全球生产制造体系,带动国内贸易升级。

第五,中国模式推广是优势产能"走出去"要传播的"正能量"。优势产能"走出去"不仅涉及产业项目合作,也涉及相关技术标准、投资规则、发展经验等方面的输出或合作,是国家软实力的对外输出,更能体现一个国家跻身经济强国之列的国际影响力。而中国改革开放以来积累的丰富经验不仅可以为其他广大发展中国家摆脱贫困、走向富裕提供经验借鉴,也可以通过优势产能"走出去"实现模式推广。

生产要素成本上涨对我国产业转型升级的影响研究

第四节 国际投资环境评价与重点区域选择

每个国家（地区）的国情和发展阶段都不相同，对我国优势产能的需求、时序和对接方式也有差异。为此，下文将根据我国对外开放战略取向、各国发展阶段、营商环境及前期合作基础确定优势产能"走出去"的重点合作对象。为了识别出重点国家，下文从总量规模、经济发展水平、工业化水平、城镇化水平、营商环境五个方面列出评价指标（见表6-2），并对210个国家和地区的经济社会发展情况进行综合评估分析，进而从中筛选出适合我国开展优势产能合作的重点国家。

表6-2 综合评价指标体系

维度	指标	说明	识别标准	指标类型
总量规模	GDP总量（百亿美元）	反映国家（地区）的经济实力	GDP不少于100亿美元	基准指标
	人口规模（千万人）	反映国家（地区）的市场规模潜力	人口规模不少于1000万人	
经济发展水平	人均GDP（美元/人）	反映国家（地区）经济发展水平和增长潜力	人均GDP在3000~10000美元①	参考指标
工业化水平	工业增加值占GDP比重（%）	反映国家（地区）工业化阶段	工业增加值占比低于50%②	基准指标
城镇化水平	城镇人口占全国总人口比重（%）	反映国家（地区）城镇化阶段	城镇化率在25%~50%③	参考指标
营商环境	全球清廉指数	反映国家（地区）投资环境	分值不低于40分④	参考指标

注：①2007年，世界银行发布的《东亚复兴》报告表明，人均GDP介于3000~10000美元的国家将迎来增速较快的时期，而当一个国家人均GDP跨过10000美元之后很可能出现增速放缓，甚至掉入"中等收入陷阱"。

②许多国家工业化历程表明，工业增加值占比变化趋势呈现倒U形变化趋势，工业增加值占比低于50%的国家通常处于工业化初期、中期或后期阶段。

③一般而言，当一个国家城镇化率处在25%~50%时，这个国家将进入城镇化加速阶段。

④全球清廉指数低于40分的国家一般为营商环境较差或具有投资风险警示的地方。

需要说明的是，为了客观反映各国发展情况，第一，本章根据以往跨国研究的经验结果对上述五个方面评价指标初步确定了识别标准，例如，人均 GDP 处于 3000～10000 美元的工业化国家通常会出现经济增长较快的时期，本章选择类似的标准作为辅助判断。第二，根据国际产业转移的一般规律，重点锁定那些经济发展水平比我国低或与我国正在开展国际产能合作的国家。第三，人口规模或国土面积太小的国家（主要是一些岛国或内陆国家）一般不予考虑。第四，考虑到地缘政治和传统外交关系，我国周边国家优先作为优势产能合作的选择对象。第五，营商环境数据来自透明国际发布的数据，其他方面指标数据均来自世界银行。第六，入选为我国优势产能"走出去"的重点国家必须符合的条件是，所有基准指标都要满足，参考指标至少满足其中一项。

综合各国家上述指标的情况以及我国"一带一路"倡议、国际产能合作等方面进展，从中识别出了 28 个国家作为我国优势产能"走出去"的重点国家（见表6-3）。分地区看，评价结果如下：

表6-3 我国优势产能"走出去"的重点国家

国家	GDP（百亿美元）	人口规模（千万人）	人均GDP（美元/人）	工业增加值占比（％）	城镇化率（％）	营商环境
印度尼西亚	88.85	25.76	3492	41.87	53.74	37
印度	204.85	131.11	1582	30.09	32.75	40
哈萨克斯坦	21.79	1.75	12602	35.97	53.25	29
斯里兰卡	7.88	2.09	3795	30.06	18.36	36
马来西亚	33.81	3.03	11307	39.96	74.71	49
巴基斯坦	24.36	18.89	1317	20.9	38.76	32
孟加拉国	17.29	16.1	1087	27.61	34.28	26
菲律宾	28.48	10.07	2873	31.39	44.37	35
泰国	40.48	6.8	5977	36.85	50.37	35
越南	18.62	9.17	2052	38.5	33.59	33
伊朗	42.53	7.91	5443	38.23	73.38	29
埃及	30.15	9.15	3366	39.01	43.14	34
南非	35.01	5.48	6484	29.46	64.8	45
阿尔及利亚	21.35	3.97	5484	45.65	70.73	34
埃塞俄比亚	5.56	9.94	574	14.66	19.47	34
肯尼亚	6.09	4.61	1358	19.36	25.62	26

续表

国家	GDP（百亿美元）	人口规模（千万人）	人均GDP（美元/人）	工业增加值占比（%）	城镇化率（%）	营商环境
尼日利亚	56.85	18.22	3203	24.25	47.78	28
坦桑尼亚	4.81	5.35	955	24.99	31.61	32
赞比亚	2.71	1.62	1722	—	40.92	38
白俄罗斯	7.61	0.94	8040	42.44	76.67	40
波兰	54.5	3.8	14337	32.59	60.54	62
罗马尼亚	19.9	1.98	10000	27.27	54.56	48
俄罗斯	186.06	14.38	12736	35.82	74.01	29
塞尔维亚	4.39	0.71	6153	29.8	55.55	42
巴西	241.66	20.78	11727	23.97	85.69	40
阿根廷	53.77	4.34	12510	28.76	91.75	36
智利	25.81	1.79	14528	35.14	89.53	66
秘鲁	20.26	3.14	6541	—	78.61	35

注：人口规模和城镇化率为2015年的数据，全球清廉指数为2016年的数据，其他指标均为2014年的数据。

第一，在东南亚、南亚和中亚地区，印度尼西亚、印度、巴基斯坦、哈萨克斯坦等十个国家是我国优势产能"走出去"的重点区域。我国长期奉行睦邻友好的外交政策，周边国家理应是优势产能合作的重点选择。如表6-3所示，从各项指标和传统的经贸、外交关系看，东南亚的印度尼西亚、马来西亚、菲律宾、越南、泰国、老挝、柬埔寨，南亚的印度、巴基斯坦、孟加拉国、斯里兰卡和中亚的哈萨克斯坦都可以列为我国优势产能"走出去"的重点国家，因为这些国家经济和人口规模相对较大，绝大多数国家正处于工业化和城镇化的加速阶段，具有市场和要素成本优势，对基建投资、重化工业和轻工业都有需求。虽然我国与菲律宾、印度、越南等国家存在领土主权争议，但考虑到这些国家市场潜力大，因此有必要将这些国家列为优势产能合作的重点国家。同时，虽然马来西亚和哈萨克斯坦的人均GDP都超过13万美元，但与我国达成了一批产能合作项目，宜作为我国优势产能合作的重要伙伴。

第二，在中东和非洲地区，伊朗、南非等九个国家是我国优势产能"走出去"的重点区域。中东和非洲都是我国"一带一路"倡议覆盖的区域范围，历史上曾是我国海上丝绸之路的贸易伙伴。如表6-3所示，从各项指标的结果看，中东地区的伊朗、埃及和非洲地区的南非、阿尔及利亚、埃塞俄比亚、肯尼亚、尼日利亚、坦桑尼亚、赞比亚可列为我国优势产能"走出去"的重点国家。这些国家人均GDP都在1万美元以下，前期已与我国有产能或基建合作，但投资风险较高。除这些国家之外，沙特阿拉伯、土耳其等经济发展水平相对较高的国家对我国优势产能也有合作需求，如成套装备等；喀麦隆、塞内加尔等国家人口和经济规模尽管都不大，但承接我国一些优势产能转移有市场潜力。

第三，在东欧和中东欧地区，俄罗斯、白俄罗斯、波兰、塞尔维亚等五个国家是我国优势产能"走出去"的重点区域。东欧和中东欧国家由于过去多数是社会主义国家，与我国有较为深厚的外交关系。在"一带一路"倡议中，东欧和中东欧国家是我国产能合作的重要伙伴，也是我国优势产能"走出去"的重点地区。如表6-3所示，从各项指标和合作基础看，东欧地区的俄罗斯、白俄罗斯、波兰和中东欧地区的罗马尼亚、塞尔维亚等国家都可以列为我国优势产能"走出去"的重点国家，这些国家要么人口和经济规模较大，对我国优势产能有较大的市场需求（如罗马尼亚），要么与我国启动了产能合作项目（如俄罗斯、白俄罗斯、波兰、塞尔维亚）。当然，其他国家由于人口和经济规模太小或经济发展水平明显比我国高，所以没有列入我国优势产能重点合作国家，但可以根据自身优势与我国共同开展产能合作，联合开辟第三方市场。

第四，巴西、阿根廷等四个拉美国家是我国优势产能"走出去"的重点区域。中国与拉美地区产能合作已取得了实质性进展，2015年中国对拉美地区投资126.1亿美元，同比增长19.6%。如表6-3所示，巴西、阿根廷、智利和秘鲁的人均GDP水平较高，与我国在基础设施建设、装备制造、矿产开采、农产品贸易等领域有较好的合作基础，对我国优势产能也有较大的市场需求。墨西哥、哥伦比亚、厄瓜多尔、乌拉圭等拉美国家也可以通过吸引中国企业投资或共同开辟北美、欧盟市场等形式开展产能合作。

本章小结

优势产能"走出去"是落实"一带一路"倡议的重要举措，是深化供给侧结构性改革和重塑实体经济竞争新优势的现实需要。我国优势产能"走出去"既是历史发展的趋势，又是企业应对国内劳动力成本快速上涨、行业产能过剩、国际贸易保护加剧等方面的行为选择。优势产能"走出去"不仅包括对外直接投资，还包括产品输出、工程承包、技术转让等方面。只有正确理解和把握优势产能"走出去"的基本内涵，才能清楚地认识到不同行业实施国际产能合作的有效途径。

现阶段，无论是我国经济国际地位、经济发展阶段、对外开放战略升级还是国外市场环境都表明，我国当前优势产能"走出去"具有较好的现实条件。当然，我国优势产能不能盲目、无序"走出去"，而应选择重点国家进行精准对接。本章构建了一个国别投资环境综合评价指标体系，对全球70个重点区域的国家投资环境评价。经过综合评价分析，印度尼西亚、马来西亚、哈萨克斯坦、白俄罗斯等28个国家可作为我国优势产能合作的重点对象。此外，为了确保优势产能顺利"走出去"并实现国家战略意图，在国家层面要尽快完善相关配套政策措施。

第七章 生产要素成本上涨、全球产业格局变动与发达国家发展战略

正如前文所述,现阶段,我国产业发展正遇到要素成本快速上涨的压力,这种影响既表现为企业"倒闭潮",又表现为企业转移和转型升级的现象。类似的经历曾经在发达国家发生过,它们也曾经为产业如何克服要素成本上涨而做出战略抉择,其中积累出来的宝贵经验,值得当前我国产业转型升级参考借鉴。

第一节 产业布局全球化调整战略

一、美国制造业带变迁的经验启示

长期以来,美国制造业带是美国经济发展的重要战略支撑带,也是一个比较有代表性的大湖流域经济带。现在,美国制造业带发展的地位已明显下降,但其在发展历程中积累的经验,仍不失为我国当前建设长江经济带提供有益的启示。

(一)从五大湖流域崛起的美国制造业带

美国制造业带是一个西起密西西比河,东至大西洋沿岸的波士华城市带,南起俄亥俄河和波托马克河,北至密歇根湖、伊利湖和安大略湖岸以南,以及新英格兰的南部,主要包括美国五大湖区、东北部区域在内的东西狭长的产业集中分布区域,其面积约占全国的8%,但却曾经集中了美国近50%的制造业。它从19世纪开始起步,经过一个多世纪的发展、演化和调整,现在仍是美国经济体量最大的经济带之一,也是城市分布密集的区域。五大湖区是美国制造业带发展的一个历史缩影,它曾是全球最重要的制造业基地之一,也是全美最繁忙的水域之一,集中分布了钢铁、汽车、化工等重化工业,但由于产业出现转移、衰退,流域生态环境更加恶化,五大湖地区甚至在20世纪80年代还被人们称为"铁锈地

带"或"棕色地带",底特律、匹兹堡等老工业城市遭遇了产业衰退和人口减少,城市转型非常困难。

(二)美国制造业带发展的历史经验

虽然美国政府在区域政策上从未将制造业带发展上升到国家战略层面,但制造业带发展的历史经验不仅从侧面反映了美国产业结构调整升级与区域经济格局演变的过程,同时也揭示了流域区域一体化对美国制造业带发展的重要意义。主要的发展经验包括:

第一,利用低成本的竞争优势,开拓国内外市场。相比铁路、公路和航空,水运有成本竞争优势。在工业化时期,美国五大湖沿岸城市既可以通过发达的密西西比河水系将货物运到美国中部和南部地区,开拓国内市场;也可以通过圣劳伦斯河或伊利运河从事对外贸易活动。相对较低的运价、公路和铁路网的大规模建设以及大量南部劳动力的迁入为美国制造业带产业发展带来低成本的竞争优势和庞大的市场。即使在国际市场激烈竞争的时期,美国国内统一市场的形成仍能继续维持制造业带的发展地位,并填补了日趋缩小的国际市场。

第二,建设铁路和高速公路网,极大地提升了制造业带的对外通达能力。20世纪20年代,美国全国铁路网已初步形成,北部铁路网密度最大,特别是纽约经芝加哥到西雅图、洛杉矶等横跨东西部的铁路大通道建设,明显改善了制造业带对外的交通条件。20世纪80年代,美国高速公路网基本建成,制造业带内城市间能实现基础设施互联互通,而与五大湖流域水运相衔接的多式联运也随之发展起来,要素和产品流动成本明显下降,区域联系日趋紧密,同时也带动了城市化地区空间的扩张、蔓延。

第三,借助流域水运的纽带作用,实现地区间内河航运管理及相关配套服务的一体化。到20世纪80年代,以五大湖和密西西比河流域为中心的内河航道实现了现代化改造,这种趋势促进了五大湖流域沿岸城市之间实现船型、航道建设等内河航运管理以及金融、保险等相关配套服务的一体化,并及时应用先进技术,从而明显提高了流域的通航能力,也有利于扩大国内市场的规模。

第四,发挥节点城市的集聚和分工优势,形成产业和人口高度集中、绵延的城市密集带。制造业带是美国工业化和城镇化相互作用的结果,目前仍集聚了超过35%的全国就业人口,纽约、芝加哥、布法罗、底特律、克利夫兰等都是流域区域内的重要城市,波士华城市带则是世界级城市群。同时,经过一个多世纪的竞争和合作,制造业带内各城市间基本形成相对了稳定的功能分工和产业协作。纽约和芝加哥作为制造业带的中心城市,集聚了一批知名企业的总部,金融、航运、咨询等现代服务业非常发达,通过贸易活动和产业联系,实现了对五大湖流域区、东北部等地区的辐射带动。

第五,加强区域合作,促进流域生态环境协同治理。在工业化的进程中,五大湖流域作为美国制造业带的核心区域,长期面临环境污染的威胁。除了实行各自的生态环境保护法律法规之外,美国和加拿大长期开展不同形式的合作,加强五大湖流域的生态环境保护和治理。1985年,美国和加拿大五大湖流域的州(省)经过多轮协商之后共同签订了《五大湖宪章》,2001年又签署了补充条例;同时,美加两国还成立了"国际联合委员会""五大湖渔业委员会""五大湖州长理事会"等协调机构,旨在通过各种形式的沟通合作,促进流域地区的可持续发展,共同破解经济发展与环境保护之间存在的现实难题。

第六,因势利导,实现多条经济发展支撑带共存、共荣。20世纪50年代开始,美国制造业带已出现衰落的迹象,制造业增长乏力,许多城市吸引力下滑,而西部和南部地区开始崛起,成为美国经济发展新的支撑带(即阳光地带)。"二战"期间及战后,军工产品需求带动了相关的新兴产业在西部太平洋沿岸地区兴起,以硅谷为代表的高新技术产业快速增长,进一步强化了地区发展优势。同样,美国南部地区由于油气资源开发而迅速崛起,并在20世纪70年代出现了制造业带的产业和人口向南部地区转移的现象,而南部地区收入增长和住房供应增加在其中起了很大的作用。即使面临产业衰退的困境,美国制造业带内许多城市加快产业转型升级和产业多样化发展,培育新兴产业,扶持中小企业发展,使城市恢复了创业创新的活力;但是,也有个别城市因为错过转型时机而走向衰落,如底特律。

(三)对我国长江经济带建设的启示与建议

当前,我国依托黄金水道,建设了一条横贯东部、中部、西部的流域经济带,应积极借鉴美国制造业带发展的历史经验,做好区域一体化文章,使长江经济带成为继沿海经济带之后的又一个国家经济发展战略支撑带。

一是以内河航运体系建设为抓手,推进地区一体化。借鉴美国五大湖内河航运管理经验,加快我国长江流域航运体系建设,通过设定统一标准、完善配套服务、建立共同市场等途径,逐步清除地区行政壁垒,切实降低地区间货物运输成本和要素流动成本,有效释放长江流域的运力。同时,发挥内河运输成本较低的优势,依托长江流域的港口,通过多式联运,带动中西部腹地工农业产品向外输出。

二是建设沿江铁路网和公路网,加强沿江城市联系。美国制造业带的发展经验表明，交通网是沟通城市联系的纽带。我国长江流域已基本建成沿江的铁路和公路干线，但连接这些干线的支线并不发达，网络优势不明显。为此，下一步应加快沿江路网建设，实现县县通高速，打通一批"断头路"；同时，尽快实行长江流域陆路一体化管理，促进交通通畅有序。

三是建立统一市场，改善经济带发展的市场环境。美国制造带的发展离不开一个相对稳定、统一的国内市场环境。而我国长江流域地区人口多、内需潜力大，但地方市场分割现象依然存在，地方保护主义时有出现。对此，应坚决维护社会主义市场经济秩序，依法依规惩治地方保护主义行为。深入推进财税体制改革，减少地方政府对微观经济活动的直接干预。

四是打造长江上、中、下游三大城市群，提升中心城市的辐射带动能力。美国制造业带既是一个产业高度集聚的经济走廊，又是人口高度集中的城镇化密集区。相比之下，我国长江经济带的空间形态发育还不成熟，中心城市的带动力有限，城市互补优势未能有效发挥。为了改变这种状况，应尽快启动长江流域城市群规划，加强中心城市与周边城市的分工协作，完善城市空间管理，促进产业和人口合理集聚，提高城市群集聚效率。

五是建立区域协作机制，加强长江流域生态环境协同保护和治理。美国制造业带发展危及了五大湖流域生态环境，跨国协同治理对解决五大湖流域生态危机起了很大的作用。借鉴这种模式，我国应逐步改变流域碎片化的治理模式，在建立健全流域生态环境补偿机制的同时，建立长江流域省际协调机制，引导沿江省（市）协同治理长江流域生态环境。同时，完善流域生态环境保护相关法律法规，确保流域生态环境治理有法可依。

六是发挥中央和地方政府作用，提升长江经济带的战略地位。美国制造业带地位下滑及"阳光地带"崛起的事实表明，一个大国经济持续健康发展需要多个战略支撑带共同发挥作用。为此，应实施陆海统筹，让长江经济带与沿海经济带联袂发挥作用，实现内地与沿海相互促进。一方面，加强内地和沿海产业的对接合作。遵循产业梯度转移规律，引导沿海环境友好的成熟产业有序向中西部转移、升级。另一方面，提升对外开放水平。全面整合沿海和沿江各城市的海关特殊监管区域，探索多元化的产业分工形式，打造多层次、广覆盖、一体化的东中西开放合作平台。此外，应积极探索新型国内区际关系，实现长江经济带与沿海经济带全方位对接，促进市场一体化、产业分工协作与要素自由流动。

二、日本产业"空心化"的经验启示

"二战"之后，日本政府将精力转为战后经济恢复，利用30年的时间就完成了工业化进程,成为世界第二大经济强国。在后工业化的时期,日本进入"去工业化"的产业升级阶段,大量的制造业转移到韩国、中国台湾、中国香港、中国大陆等地,产业"空心化"曾引起日本社会各界的普遍担忧,日本政府为此也采取应对措施延缓这种趋势。

(一)时代背景

20世纪70年代末,日本经济进入中低速增长阶段,第三产业比重超过50%,产业结构呈现明显的后工业化阶段特征,流向海外的资本规模远超过吸引进来的外国资本,全社会就业结构发生了相应调整,制造业从业人员规模减小,由于服务业难以吸纳这么大规模的就业,由此导致失业率攀升。从生产要素成本上涨视角看,国内劳动力成本快速上涨和日元明显升值是导致日本产业"走出去"的重要因素,而大规模产业外流的结果是日趋严重的产业"空心化"。跟美国"去工业"现象不同,日本产业"空心化"表现为企业将产业链加工制造环节整体外迁至劳动力成本更低的周边国家或地区。当然,日本产业"空心化"是企业对市场变化的自然反应,纯粹是市场行为,而不是政府推动的国家战略。日本知名企业利用这次产业布局调整机会进行全球产业链布局,丰田、松下等跨国巨头成为开展全球产业链分工协作和占据价值链高端的行业领军企业。

(二)日本产业"空心化"的原因

事实表明,日本国内"去工业化"是历史阶段的结果,而产业"空心化"又是日本"去工业化"的主要表现,之所以出现这种现象,存在其背后的原因。

第一,"两头在外"发展模式不可持续。日本是一个典型的高度依赖海外资源和海外市场的国家,在工业化中期及后期,刚好赶上了全球能源价格走低和朝鲜战场带来的巨大市场需求,于是在较短时间内完成了欧美国家经历上百年的工业化进程。然而,随着石油危机来临和全球性经济危机的蔓延,日本外向型经济发展模式变得更加被动,已出现难以为继的现象。

第二,生产要素成本快速上涨。在人口老龄化的背景下,日本劳动力供给结构发生深刻的变化,"高龄化、少子化"问题加重不可避免地加快了制造业用工成本的快速上涨,导致许多企业为了降低成本而选择海外布局产业链。20世纪70年代,日元在汇率市场化改革后出现升值的趋势,而"广场协议"进一步推动日元加速升值,于是打击了日本出口企业,迫使更多日本企业到海外投资兴建生产基地。

第三,国内泡沫经济的冲击。尽管"广场协议"签订以后,各国对日元升值的预期非常强烈,导致大量的国内外资本涌入房地产,从而形成巨大的房地产泡沫，进而拖累了实体经济。换言之，制造业投资相对萎缩或萎靡不振客观上表现为制造业占比和增速的下降。由于日本大型跨国企业多数横跨产业资本和金融资本两大领域，随着泡沫经济的破裂，日本实体经济遭受巨大的冲击，金融机构呆坏账率迅速攀升，许多企业陷入破产的境地。

第四，国际贸易环境的影响。20世纪80年代日本已成为名副其实的"世界工厂"，许多产品的国际市场占有率位居世界前列，在汽车、家电、集成电路等领域的市场份额甚至超过了美国，由此难免与欧美国家展开正面的市场竞争，贸易摩擦事件日益增多。令美国政府担忧的是，日本凭借着价廉质优的优势迅速占领了美国国内市场。在这样的情形下，美国开始对日本企业实施各种反倾销手段，同时逼迫日本调整汇率政策，美国最后签订了对日后日本经济产生深远影响的"广场协议"。

（三）日本治理"产业空心化"的主要经验启示

从20世纪80年代开始，日本政府意识到"产业空心化"的严重性，于是制订了缓解产业加速外迁的应对措施，特别是帮助中小企业对冲日元升值和减缓日元快速升值等。具体而言，主要包括两个方面：一方面，加大对中小企业的支持力度。日本政府加大对国内企业尤其是中小企业的财政补贴和融资支持，实施中小企业减税计划，帮助中小企业降低生产成本。同时，为了增强国内对本土企业的吸引力，中央和地方政府协调推进产业集群发展，利用紧密的产业链联系推动产业转型升级，带动培育一批专注于配套环节的世界隐形冠军式企业。另一方面，采取必要的手段干预汇率。为了减缓日元快速升值，日本政府通过央行直接干预汇率，调整市场对日元升值的预期。但在美国政府的强烈反对之下，这些干预政策收效甚微。

三、美国制造业复兴的经验启示

2008年国际金融危机发生以后，美国制造业发展进入岌岌可危的境地，更为严重的是美国长期处在世界制造业第一大国的位置被中国所取代。张晓晶、李成（2014）的研究表明，美国制造业增加值占全球的比重从20世纪50年代开始就出现了缓慢下降的趋势，到2002年下降至30%，2012年下降至17.4%（见图7-1）。为了尽力扭转制造业占比下滑的状态和吸引制造业回归，2009年以来，奥巴马政府先后出台了一系列重振制造业的法案或相关重大战略计划（见表7-1）。受到政策强刺激、能源供应变化等因素的影响，美国制造业增加值占GDP的比重呈现企稳回升，2012年回升至12.3%。相伴随的是，美国本土掀起了"美国制造运动",例如,通用、苹果、惠而浦等总部设在美国的企业将海外生产线撤回国内或在国内新设厂,而西门子、三星等外资企业也在美国新建工厂。于是,一些机构自然而然地将这种短期经济现象描述为美国制造业回归。

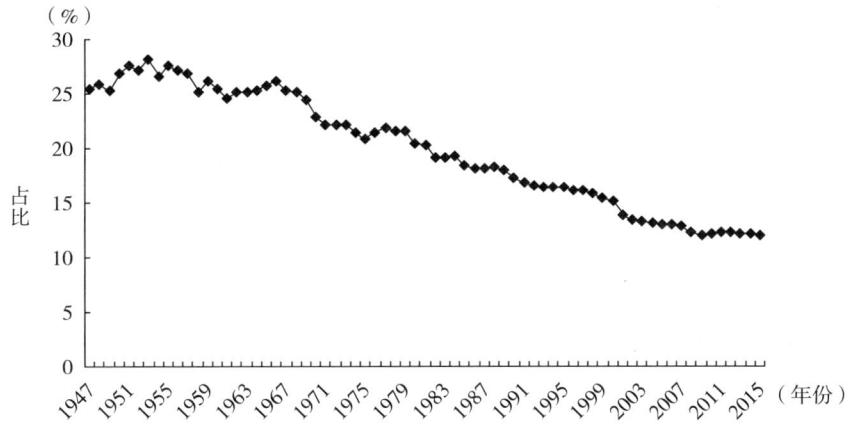

图7-1 美国制造业的增加值占GDP的比重变化

资料来源:美国国家经济分析局。

表7-1 美国政府实施的制造业复兴的法案和相关战略

年份	文件名称
2009	《美国制造业振兴政策》(A Framework for Revitalizing American Manufacturing)
2010	《促进美国制造业发展法案》(US Manufacturing Enhancement Act)
2011	《先进制造业伙伴计划》(The Advanced Manufacturing Partnership)
2012	《美国制造》(Make It in America)
2012	《先进制造业国家战略计划》(A National Strategic Plan for Advanced Manufacturing)
2012	《制造业创新国家网络》(National Network for Manufacturing Innovation)
2013	《制造业创新国家网络:初步设计》(National Network for Manufacturing Innovation: A Preliminary Design)

资料来源:黄群慧,贺俊等. 真实的产业政策——发达国家促进工业发展的历史经验和最新实践[M]. 北京:经济管理出版社,2015.

相关研究是基于哪些因素乐观地判断美国制造业开始复苏或回归呢?概括起来,最具代表性的观点有三种:第一种观点是相对美国而言,中国制造业成本上涨较快,特别是劳动力成本上升快于劳动生产率的进步。第二种观点是美元的汇率竞争优势明显。一方面,特别是人民币对美元升值导致中国制造业出口成本明显上升。另一方面,美国推行量化宽松的货币政策,客观上降低了制造业企业的融资成本,进而有利于促进企业出口。第三种观点是页岩气革命带来了能源红利,低成本的能源明显降低了美国制造业的生产成本。

当然,学者们对美国制造业复兴或回归的说法表示质疑。张晓晶、李成(2014)认为,美国制造业并不具有全面优势的成本条件,能源繁荣对制造业的拉动效应非常有限,制造业短暂性复苏不足以带动就业。持相同的判断还有来自高盛集团的首席经济学家 Jan Hatzius,他认为美国制造业短暂繁荣是周期性变动而不是结构性变化,由此并不会出现竞争优势上升。而 Gary P. Pisno 和 Willy C. Shih(2012)① 认为,在回答美国为什么需要制造业复兴时,不宜从就业视角去分析美国制造业的重要性,而美国制造能力流失将导致"产业公地"(或者说产业赖以生存发展的地方化环境)受到侵蚀或破坏,以至于整个行业的创新能力逐渐衰弱直至消失,他们列举了重型铸造、机床等例子,这些例子基本印证了他们的判断。同样,英特尔创始人兼首任董事长 Grove(2010)看到了美国制造业危机四伏,他认为美国将大量普通商品外包到劳动力成本较低的国家生产意味着丢失了不计其数的工作岗位,也打破了技术演进的经验链条;他甚至警告美国业界"如果我们今天放弃'商品'制造,到了明天,就会被锁在新兴行业的大门外。"② 当大家都在反思美国繁荣离不开制造业时,Smil(2013)指出,从基础职业培训到顶尖大学都忽视了工程技术人才的职业培训,于是不具备制造业培养合格技能型劳动力的能力③。

尽管我们现在评判美国制造业复兴成功与否还为时过早,但不可否认,即使制造业出现回归现象也不得不面对高成本的考验。但从美国制造业发展历程及政府的应对措施来看,有些经验教训对中国当前建设制造强国具有重要的启示:

第一,建立完善的制造体系是工业强国的基本标志。美国曾经建立起较为完善的工业体系,几乎能制造绝大部分类型的工业品,但后来因难以承受要素成本上涨和受到海外制造低成本的诱惑,通过制造外包将工业部门许多制造环节转给海外企业,久而久之,部分重点行业的制造能力明显下滑。这种情况造成的后果可能危及国家安全,也明显丧失了这些行业的创新能力。

---

① Gary P. Pisno and Willy C. Shih. Producing Prosperity: Why America needs a Manufacturing Renaissance [M]. Harvard Business Press, 2012.

② Grove, A. How America Can Create Jobs, Business week [EB/OL]. http://www.bloomberg.com/bw/magazine/content/10_28/b4186048358596.htm.

③ Smil Vaclav. Made in USA: the Rise and Retreat of American Manufacturing [M]. The MIT Press, 2013.

第二,注重"产业公地"建设。Gary P. Pisno 和 Willy C. Shih（2012）认为,产业公地是由各种专有技术、产业运作能力和专业化技能的网络交织构成,这些能力和要素被嵌入劳动者、竞争者、供应商、消费者、合作型的研发项目以及大型项目之中。产业公地具有平台属性,可以向多个产业部门提供支持。应该说,我国产业发展的"短腿"就是缺少产业公地,甚至原来承担着产业公地属性的专业院所由于改制等原因已蜕变为市场主体,逐渐丧失了原来的功能,因此,下一步加强产业公地建设尤为紧迫。

第三,加强制造强国的软实力建设。无论是在法律、战略层面还是在创新文化方面,美国都有可圈可点之处,这些软实力无疑是美国实现制造强国的成功基因。

第四,重视工程与技术人才培养。全世界最优秀的人才虽然可以为美国所用,但美国制造业复兴现在却承受着大量工程技术人才流失之苦。可见,我国应借鉴德国经验,全面提高职业技术教育质量,完善高等教育工程技术人才培养体系,让人尽其才,使"干一行、爱一行"蔚然成风。

第五,支持产业前沿性技术创新的探索。虽然美国制造业占国内 GDP 的比重已非常低,但美国在智能制造、集成电路、互联网、生物技术、航空航天等行业领域仍占据全球创新制高点,已经诞生了一些颠覆性的行业技术创新,如数码摄像技术、无人驾驶技术、增材制造技术等。

第二节 制造强国与创新发展战略

一、美国先进制造业战略[①]

美国国家科学技术委员会认为先进制造业关系到国家经济实力和国家安全的基础地位,由此有必要制定一个专项发展的战略规划,引导联邦项目和行动支持先进制造业的研究与发展。

美国先进制造业战略规划主要包括以下方面:先进制造业的类型和趋势。在这一规划中,先进制造业被视为美国未来经济增长必不可少、有潜力的发动机。

---

① 资料来源:https://www.manufacturing.gov/welcome.html。

这份规划文件简明地界定了先进制造业与传统制造业的区别在于其持续性创新和新产品的快速推广应用。此外，这份规划文件认为，先进制造业的模式转换具有非常大的潜力，它能够培育出体系比较完整的新产业和产生根植于美国本土且其他国家难以模仿的生产方法。美国先进制造业战略规划的基本内容主要包括制定先进制造业创新政策、加强产业公地建设和优化联邦政府投资三个方面。

这份规划清晰地列出美国先进制造业战略聚焦于五大重点目标，主要包括：

一是加大对中小企业先进制造业技术的投资。为了达到这一目标，规划提出了要改善联邦政府服务能力和加强公共设施更有效率地发挥使用，包括联邦对先进产品的政府采购。其中，规划还明确规定联邦政府行动支持的先进制造业投资包括三种类型：第一种类型是联邦和个人、非联邦政府投资者增加对先进制造业的投资合作；第二种类型是在先进制造业企业早期扩张阶段，政府加大采购这类企业的产品；第三种类型是投资向那些影响国家安全的特定领域倾斜。

二是提高工人技能。扩大培养先进制造部门所需技术工人的规模，促进教育和培训体系更好地适应技术工人需求变化。在联邦政府层面，具体的政策包括：支持为先进制造业提供技能认证的州或地方教育机构与培训机构加强合作；对先进制造业相关的职业培训、中等职业技术教育、高中阶段以后职业技术教育项目以及在区域伙伴和产业集群项目中的学徒制度予以支持。

三是构建伙伴关系。创建支持国家和区域性公私合作、产学研的伙伴关系，促进先进制造业技术的投资和发展。具体做法是，通过伙伴关系促进中小企业参与；另外，增加对先进制造业公地方面的公私伙伴关系投资。

四是协调联邦投资。通过跨部门和适应性调整优化联邦对先进制造业投资。协调联邦政府有关机构对产业公地进行投资。此外，瞄准先进材料、共性生产技术平台、先进制造业工艺以及设计和数据的基础设施，平衡相关预算。

五是加大国家对先进制造业研发的投资。一方面，增加美国公共和民间资本对先进制造业研发的投资。提高联邦政府关于研究和试验的课税扣除，以扩大税收优惠范围，让更多的制造业企业从中受益。另一方面，增加联邦政府对先进制造业研发的投资。

应该说，美国先进制造业战略的实施对于提振美国制造业不仅起到了指引作用，还对未来维持美国制造业的竞争力具有重要的推动作用。当然，美国先进制造业战略对我国提高制造业的竞争力具有非常重要的启示，例如，加强先进制造业公地建设，加大对先进制造业中小企业的投资，革新先进制造业相关的职业技术教育等，这些方面可以为我国发展先进制造业提供借鉴。

二、德国"工业4.0"

2011年4月,"工业4.0"概念在德国汉诺威工业博览会上首次被提出来。2013年4月,德国"工业4.0"工作组正式发表了题目为《保障德国制造业的未来:关于实施"工业4.0"战略的建议》的报告,当年12月德国电气电子和信息技术协会进一步提出了"工业4.0"的标准化路线图,德国政府由此将"工业4.0"列为面向2020年高科技战略的十大目标之一,这意味着"工业4.0"正式作为国家战略实施。

"工业4.0"是根据对以往工业革命的阶段划分而提出的一个概念。如果将引入机械制造设备、电气化和信息技术作为前三次工业革命的标志,那么"工业4.0"与前三次工业革命的本质区别在于物理信息系统的深度融合①。

"工业4.0"的核心就是建立信息物理系统(CPS),推进信息与实体世界的深度、全方位融合。而信息物理系统的基础和运行是通过布置各种灵敏度、感测能力强的传感器进行信息收集,同时将小型化、智能化的电子信息技术控件嵌入各类设备中,实现设备的智能化。通过开发软件架构一个数据处理和指令发送的平台,利用通信网络实现对前端和后台的实时控制。

德国"工业4.0"主要包括两大战略:② 一是领先的供应商战略。强调德国企业要转变角色,从"智能生产"的使用者向"智能生产"设备的供应者转变,把"工业4.0"的核心理念融会贯通,将先进的技术、完善的解决方案与传统的生产技术实现完美结合,生产出具备"智能"与乐于"交流"的生产设备。二是领先的市场战略。依托互联网,搭建一个覆盖各行业、不同规模企业的网络,有效整合国内市场,实现信息共享和分工协作,将市场与生产链连接起来,开展进行大规模的定制生产。

德国"工业4.0"主要突出三大方向的集成:一是纵向集成。在产品生产过程中,将供应商、合作者云端和客户结合起来,通过信息网络实现自动配置。二是横向集成。从产品投资、工程建设、研发到社会化分工协作,探索新的商业模式,实现不同环节整合。三是工程数字化集成。关注产品不同生命周期的各阶段,包括设计与开发、安排生产计划、管控生产过程以及产品的售后服务等,在不同环节之间实现信息共享。德国"工业4.0"主要支撑技术包括人—机技术、机器—机器技术、物联网技术和各类应用软件。

---

① 张曙. 工业4.0和智能制造 [J]. 机械设计与制造工程, 2014 (8).
② 丁纯,李君扬. 德国"工业4.0":内容、动因与前景及其启示 [J]. 德国研究, 2014 (1).

德国政府采取了八大举措落实"工业4.0"战略，主要包括实现技术标准化和开放标准的参考体系，建立模型来管理复杂的系统，提供一套综合的工业宽带基础设施，建立安全保障机制，创新工作的组织和设计方式，注重培训和持续的职业发展，健全规章制度，提高资源效率。

德国"工业4.0"从概念走向实践为时不长，但其中有一些理念和做法值得我国实施《中国制造2025》借鉴。具体包括：一是注重工业内涵式发展。依靠科技创新和政策引导，持续提高工业发展质量，从持续改善产品质量和生产技术工艺到推进产业生态体系转型，全方位部署工业强国的战略方向。二是推动以智能化与网络化交互为核心的产业升级。借鉴和创新德国"工业4.0"的理念，结合我国实际情况，大胆推出基于国内要素禀赋和技术条件的特色发展模式。三是提高企业适应新变革的能力。借鉴德国支持中小企业发展的经验，从政府角度实施精准的帮扶政策和资金援助计划，同时，政府也要考虑到企业对智能化生产的吸收和采用能力，通过舆论宣传、创新联盟、典型示范等方式不断提高企业特别是中小微企业适应新环境的能力。

第三节 产业升级与集群能力提升战略

一、美国 MEP 项目

（一）项目介绍

制造业拓展伙伴关系（Manufacturing Extension Partnership，MEP）创立于1988年，是由美国技术和标准研究所负责实施的一个项目。设立此项目的目的是帮助美国中小企业创造更多就业岗位、增加利润及节约时间和资金成本，以及提高竞争优势和技术能力。起初，MEP项目只是一个以地方化运作、雇员和管控的非营利机构网络为基础的伙伴关系，也是一个整合私人、地方、州和联邦资源并以大学为支撑的组织。据统计，到2011年底，该项目包括了遍布全美及波多黎各的60个制造业拓展中心，每个中心的规模取决于联邦给予起步阶段的启动资助经费，而跟当地制造业份额无关；并且，中心经费由联邦、州、地方以及接受服务客户支付的费用共同分担。即使是联邦拨款资助中心建设也存在差异，28个中心能够获得联邦100万美元以下的资助，17个中心可以获得联邦100

第七章 生产要素成本上涨、全球产业格局变动与发达国家发展战略

万~190万美元的资助,15个中心可以获得联邦超过200万美元的资助。其中,以2000年为例,受联邦资助最大的中心是最小的45倍,可见,资助不均现象比较严重。

每个中心通过自己的顾问或外部伙伴关系或两者兼有的形式为本地企业提供"量身定做"的经验和服务,涵盖了能力提升、工人培训、技术应用等领域,并把重点放在促进小企业采用新的技术和工艺上,例如,跟企业共同合作引入新的技术或生产工艺流程,提高企业生产效率和帮助企业开拓新的市场。目前,这个网络已经可以向各类制造业中小企业提供从创新策略到绿色制造转型等各类服务。同时,MEP项目也开展州和联邦层面的伙伴关系之间的项目合作,目的是帮助制造业企业寻找新的客户,进入新的市场和创造新的产品。MEP项目雇用了超过1400个分布在美国各州的技术专家,由他们担任高级商业顾问。他们专注于解决制造业企业遇到的各种难题和帮助企业寻找发展机会。作为美国商务部的一个项目,MEP项目主要围绕五个领域向其客户提供高效、独一无二的资源,主要包括促进技术创新、供应商发展、可持续发展、人力资源和持续提升工程。其中,促进技术创新是MEP项目的核心任务,促进制造业企业创新获得更大成功,也能够让企业得到更多机遇融入全球经济。促进创新的主要渠道是建立联邦实验室、教育制度和美国制造业企业之间的协作关系。

MEP项目在保持和提升美国作为世界制造业基地地位中起了关键的作用,不仅帮助制造业企业开拓新的市场,获得销售额增长,帮助政府增加了更多的税收收入,帮助就业者获得更高的高工资收入,同时也为社会创造了更多的新就业岗位。并且,作为一个公私结合的伙伴关系,MEP项目向纳税人提供了一个较高的回报。对联邦政府每一美元的投入,MEP项目获得了30美元销售额增长,如果累计起来,每年新增销售额达到36亿美元;每年对联邦政府投入2067美元,MEP项目就能保留或新增一个制造业就业岗位。此外,表7-2对MEP项目的影响路径进行总结,从中可以看出,该项目的实施对美国制造业特别是小微企业的发展充当了"保驾护航"的重要角色。

表7-2 MEP项目的影响路径

环节	具体内容	项目跟踪反馈
项目投入	资金投入:(1)联邦拨款;(2)州和地方的拨款;(3)客户咨询费。人员投入:(1)经过训练的MEP中心的雇员;(2)全国MEP项目的管理人员(主要负责项目宏观指导、培训、技术性商业支持)	

续表

环节	具体内容	项目跟踪反馈
项目产出	MEP 中心提供：（1）技术支持；（2）信息服务；（3）相关培训；（4）方案实施帮助；（5）为企业提供引入先进技术、工艺和企业管理模式的服务支持；（6）服务收入	每年对 MEP 中心服务过的大约 2/3 的顾客（大约 20000 个样本）进行跟踪，同时跟踪具有业务竞争关系的机构发展情况
项目中间结果	（1）节约成本；（2）资本投资；（3）保持和新增工作岗位；（4）保持和新增销售额；（5）利润盈余；（6）制造生产体系、人力资源管理体系、IT 系统、市场和销售体系、管理系统等提升	通过年度客户调查，获得销售额、成本节约、就业等相关数据，以便于开展项目评估
项目最终结果	（1）制造业小企业生产率增长；（2）美国小企业全球竞争力的提升；（3）供应链效率提高；（4）美国工人就业机会提高；（5）企业生存率保持较高的水平；（6）扩大区域经济效应	通过五年间隔评估，发现接受过 MEP 帮助的企业的生产率比没有接受过的同类企业高 5% 以上

资料来源：Kenneth P. Voytek, Karen L. Lellock and Mark A. Schmit. Developing Performance Metrics for Science and Technology Programs: the Case of the Manufacturing Extension Partnership Program [J]. Economic Development Quarterly, 2004 (18): 174 – 184.

当前，美国制造业发展面临着诸多的矛盾和挑战，例如，持续降低成本的压力，提高产品质量、环境规制和国际化标准，适应国内外市场瞬息变化并及时推出新的改进产品。而这些挑战几乎涵盖了制造业的所有领域，也使企业不得不面对更大范围和更激烈的全球竞争。对此，制造业企业如果尽力想保持并适应新的市场变化，需要得到来自各方面的支持，其中 MEP 项目的支持尤为必要。对于企业个体、产业集群甚至美国整个制造业部门而言，MEP 项目的使命变得更加重要，一方面要成为促进商业增长的"咨询师"，另一方面要将把能够增加竞争优势和利润的公共和私人资源与制造业企业联系起来。

在过去 20 年中，MEP 项目对美国 50 个州的就业和经济有明显的带动作用，充分证明了其对于美国制造业发展的重要意义。当然，MEP 项目并没有就此停下自身升级的脚步，而是在原来经验的基础之上，提高全国网络化水平，以应对制造业企业面对的各种挑战。在全球视野之中，MEP 项目也有自身的愿景，就是作为增强美国制造业竞争优势的催化剂——促使其加速向更强、更有效地创造就业和经济增长的创新引擎转变。当然，MEP 项目不管如何升级，仍然坚持一条主线，即继续为制造业企业提高竞争优势，促进商业增长和维护美国制造业基

第七章 生产要素成本上涨、全球产业格局变动与发达国家发展战略

地的世界地位。

（二）典型案例

1. MEP 项目对区域集群的支持

MEP 项目对中小企业的支持相对灵活，有些地方将申请到的资助用于提升集群能力。亚利桑那、加利福尼亚、密歇根、纽约等 10 个地区的 MEP 项目中心将获得的资助主要用来帮助当地产业集群创造就业和实现增长。这些伙伴合作关系获得的资助是通过先进制造和加速创新挑战项目选拔出来的，而他们一般都是由当地大小型企业、学院、非营利组织以及其他当地风险投资者共同组成的特定区域集群。这些资助将通过各种项目计划实施而帮助集群提升能力和促进就业，具体项目计划主要包括支持那些与大型企业配套的创新型小企业发展、帮助有可商业化方案的初创企业、培训符合企业需要的技术工人等。这些资助经费最终要实现的目的是，帮助区域产业集群通过强化区域发展机会与先进制造业之间的联系来实现增长，同时也帮助区域集群培养一批有技术、多专业背景的先进制造业工人，从而增加地区产品出口，鼓励小企业发展和加速技术创新。2012 年，每个伙伴合作关系获得 200 万美元的资助，用于培训 1000 名工人和帮助拥有大约 650 家企业的区域产业集群提升能力，从而带动当地就业的增长。

2. MEP 项目对企业的支持

Bley LLC 公司是伊利诺伊州埃尔克格罗夫机械制造产业集群的一家从事各种机械贸易、CNC 机械生产、机械工程建设、动力和机械设计业务的跨国企业，其中在埃尔克格罗夫有一个 50 人的工厂。该公司立足北美和欧亚市场，借助 ISO9000 标准的平台作用，已取得不俗的业绩。

Bley 公司已经达到 NQA1-2008 标准，并获得 ISO17025：2005 认证，但仍然要确保自身生产产品的质量和操作系统能达到能源、矿产及其他行业客户的个性化要求。该公司生产的产品不仅要让自己的生产质量体系满足客户的不同需求，也计划发挥自身优势进入风能市场。

作为美国 MEP 项目的成员之一，伊利诺伊制造业拓展中心积极为 Bely 公司提供问题的解决方案。具体是：由该中心负责为 Bely 公司提供相关的专业培训和生产系统支持服务，以确保达到 NQA 和 ISO 的要求，同时也让公司上游供应商和企业员工对这两个生产标准体系达成共识，以适应未来的市场变化。并且，对于企业核心责任和生产质量管理体系变化提出相应的诊断方案。不仅如此，该中心还跟伊利诺伊州商务和经济发展局合作资助企业推进一项新的机械设备产业

化项目和竞购得到一块面积为 7500 平方英尺的地块用于配套设施建设,以满足新的产能。此外,伊利诺伊制造业拓展中心帮助企业获得风能合同。通过该中心的帮助,Bely 公司新增 20 个高收入的就业岗位、300 万美元的市场订单和新的资本市场投资。

二、欧盟企业合作网络项目

(一)项目介绍

中小企业及小微企业是欧盟产业集群的主体。欧盟企业合作网络是欧盟委员会面向小微企业实施的一项关于咨询和信息的大型服务项目,该项目创立于 2008 年 2 月,是由欧盟委员会前任委员 Günter Verheugen 发起。该项目正式运营之后,便取代了欧盟原来的信息服务中心和技术促进中心,并接受欧盟"创新与竞争框架项目"的资助,设立该项目的一个目的是帮助小微企业最大限度地利用欧盟市场。到目前为止,项目的核心网络由商会、地区发展组织、大学技术中心等 600 家各类机构组成,聘请了 4000 多名创新和商业咨询师在全世界 50 多个国家的服务分支机构工作,形成国家和区域两个层面的合作网络。

欧盟地区的小微企业可直接登录欧盟企业网络的门户网站链接到本国企业的网络节点,当然也可直接通过本国企业网络的网址链接这些节点。另外,可以根据自身所在行业类别直接链接部门网络节点。现已设立了 17 个部门,涵盖了食品、交通物流、化工、创意、环境、电子信息、能源、原材料、纺织时尚、旅游与文化保护、妇女创业等领域。

目前,该项目提供的咨询服务包括:企业国际化、技术转移、融资支持、研究资助、欧盟法律和标准的咨询、知识产权保护和欧盟法律宣传,具体如表 7-3 所示。

表 7-3 欧盟企业网络项目提供的服务

服务领域	具体内容
企业国际化	企业根据自身要求,利用强大的企业数据库,从数据库中搜索得到在东道国合适、可信赖的潜在合作伙伴。协助企业联系欧盟地区潜在商业合作伙伴,利用国际会议平台会面交流,这样节省差旅费用支出。企业数据库也可实现每周更新一次
技术转移	如果企业有技术需求,可以从先进技术数据库中寻找,该数据目前收集了 23000 个技术条目,每周更新一次。通过这个网络,可实现技术和商业应用对接

续表

服务领域	具体内容
融资支持	帮助企业评估其融资条件和寻找合适的融资途径（如风险资本和银行贷款、财政资助、减免税收）。在寻找风险投资时，帮助企业对商业机会进行严格评估，以达到风险资本投资机构的要求，同时培训企业如何接触风险投资者、资本投资机构、银行等。如果想要申请得到财政资助，企业直接向网络专家咨询，他们会建议企业从地区、国家或欧盟政府中获得关于发展、创新、投资、咨询、就业、培训、出口等方面的资助。在税收减免方面，企业可以从所在地企业网络中获得帮助，他们会帮助企业寻找税收减免的机会（如发展、投资、增加就业）
研究资助	虽然企业网络不资助企业从事研究项目，但欧盟设立第七期研究框架项目（简称FP7），计划在2007~2013年拨付505亿欧元预算用于项目研究，其中13亿欧元预算专门用于资助小企业从事研究活动。对此，除企业自身要有令人信服的研究论证和团队之外，企业网络项目专家将帮助企业评估拟研究的项目，确定现实和潜在的需求，并帮助企业联系合适的伙伴关系，改进研究项目申请书和提高项目管理技能，帮助企业签订合作协议，以实现项目成功运作
欧盟法律和标准咨询	项目专家向企业介绍欧盟最新的法律法规，提醒企业把握机会和向它们提供相关的培训。另外，专家也会向企业介绍与其相关的欧盟政策和项目。同时，企业网络将保持跟接受其服务企业的联系，以确保它们获得所需要的最新信息，包括欧盟投资指南、法规、标准、商业和资助机会，同时也向那些计划出口或进口的企业提供专业的市场资讯
知识产权保护	企业网络向企业提供知识产权相关信息和建议。同时，与专业组织合作，帮助小企业做好知识产权保护和利用知识产权获得相应的回报。此外，也帮助小企业寻找市场和知识产权的出口机会
欧盟法律宣传	欧盟委员会也考虑到出台法律效力的提议和动议对小企业的影响，为此，企业网络项目也建立了企业意见反馈机制，帮助企业与意见反馈渠道建立连接，并协助企业寻找可替代的方案，以减小这些法律法规对企业的负面影响

资料来源：www.enterprise-europe-network.ec.europa.eu。

（二）典型案例

1. 技术转移的案例

Levapor公司是德国一家专注开发用于处理废水污染物的生物膜小企业。在欧盟企业网络的帮助下，该企业成功携带自己的技术打进意大利市场。起初，为了改进这项技术，Levapor本部公司到欧盟企业网络在德国泽尼特的分支网点登记，项目专家帮助企业找到了转移技术和促进产业化的一些渠道；同时，鼓励有合作意向的企业参加在阿姆斯特丹举行的世界性贸易展销会——Aquatech展览会。在展览会上，瑞士企业网络组织了一场商业对接会。

Sabrina Wodrich是欧盟企业网络驻泽尼特的项目专家，他认为，绿色经济是企业网络优先支持的领域。而作为欧盟企业网络环境组的成员之一，泽尼特企业网络和瑞士办事处都在积极推动这个项目。Elion 公司是意大利一家从事环境保护业务的企业，也正寻找扩大公司业务的办法，于是这两家有意向合作的企业在 Aquatech 展览会上进行第一次见面，很快就技术共享签订了合作协议。他们都从合作协议实施过程中实现互利共赢，Levapor 公司通过合作伙伴顺利进入意大利市场，Elion 公司则利用 Levapor 公司的先进污水处理技术向客户提供"一条龙"的优质服务。Monica Misceo 作为欧盟企业网络驻罗马的项目专家是促成 Elion 公司寻找到合作伙伴的"牵线人"。他认为通过对接会这样的平台，可以让有合作意向的企业进行面对面的沟通，增加彼此了解。欧盟企业网络正好发挥了这种独特的作用。

2. 研究资助的案例

德国卡尔斯鲁厄技术研究所的研究人员一直在开发一项建筑节能智能管理系统。目前，该研究所已获得欧盟 320 万欧元的项目资助，该系统将很快应用到欧洲各城市的办公楼之中，以提高建筑节能效率。然而，该团队之所以能够成功申请到该项目，离不开欧盟企业网络的支持。

当时，来自德国卡尔斯鲁厄技术研究所的研究团队正在寻求欧盟委员会 FP7 项目的研究资助。他们的研究项目虽是能源智能管理，属于欧盟鼓励开展的研究项目，然而，该研究所缺少必要的合作伙伴来完成项目的试验和应用任务，这也是他们申请欧盟研究资助遇到的最大障碍。为此，该团队和欧盟企业网络驻当地的分支机构建立了定期联系，项目专家 Heike Fischer 也非常清楚该团队的研究经验及兴趣，并尽可能向项目团队提供其所需的各种服务。

在一次对接会上，德国研究团队人员经介绍结识了一家从事技术应用的企业——西班牙的 Isotrol 公司，终于迎来了"柳暗花明"的机会。其实这种相遇并非偶然。欧盟企业网络在西班牙安达卢西亚地区分支点的项目专家 Jaime Duran 前来参加此次项目对接会时，顺便带上了来自 Isotrol 公司人员 Elisa Moron，从而促成了这件事情。Isotrol 公司坐落在西班牙塞维利亚，是一家专门从事信息和通信技术应用于能源管理的企业，是最适合加入德国卡尔斯鲁厄技术研究所以节能管理智能系统研究项目的合作对象。很快，Isotrol 公司在塞维利亚启动了两栋用于试验的办公楼，这两栋楼被认为是最适合项目试验的场所。欧盟委员会也很快批复该研究项目的申请，从而有力地推进项目在塞维利亚开展相关试验。

(三) 日本产业集群和知识集群项目

1. 项目介绍

2001 年，日本经济产业省开始实施了一项为期 20 年的产业集群项目，以帮助区域中小企业或初创企业利用高校和科研机构所产生的创新性研究成果或"种子",从而在这种创新创业的环境中形成产业集群,尤其是在电子信息、生物技术、环境及制造业等领域,以提高日本的产业竞争力。

这个项目计划制订的基本思路是为创新梦想的产生创造良好的区域环境。根据该计划,该项目实施期间的主要任务是:创造有利于创新的商业环境;在国家重大计划已明确的战略领域中,促进这些领域的企业创业;与地方政府及其他机构实施的区域政策一起,共同产生综合效应。

该项目规划分三期进行,主要包括:第一期为启动阶段(2001~2005年),此阶段的目标就是以国家为中心,启动20个产业集群项目,建设产业集群的基础设施—构建产学研合作关系;第二期为成长阶段(2006~2010年),这个阶段的目标就是推进包括新产品等在内的开发和产业化、创业、管理创新在内的各项事业发展;第三期为自立发展阶段(2011~2020年),国家在此阶段将调整政策支持方向,减少财政对产业集群的投入,以推动产业集群朝着自立方向发展。据统计,2003~2009年,日本对产业集群项目相关的投入累计达到2461亿日元。现阶段正处于自立发展阶段,相应的财政投入计划已退出。

2001年,日本制订了第二个科技基础规划,在规划中提出支持知识集群发展。而跟"产业集群项目"几乎同时推出的是,2002年,文部科学省启动了一项为期15年的知识集群项目计划,"知识集群"其实就是区域性的科技创新体系,依托当地具有独创研发能力的大学或其他公共研究机构,吸引区域内外企业共同参与的创新体系。2006年,在第三个科技基础规划中,日本更明确提出重点支持有发展潜力的区域,使之成为世界一流的产业集群。该项目也是规划三期实施:第一期为培育阶段(2002~2006年),此阶段的目标是促进知识集聚,依托那些有独创成果和能力的大学和科研机构,吸引有志于技术创新的科研机构、科技型企业共同集聚。在此阶段,国家对参加项目的地区每年投入5亿日元资助。第二期为差别化发展阶段(2007~2011年),这个阶段的目标就是通过对前一阶段的评估,按照选择和集中的原则,重点支持若干区域形成世界一流的产业集群。国家在此阶段对9个入选区域每年提供5亿~8亿日元的资助。第三期为形成阶段(2012~2016年),创新集群形成,国家将根据实际情况确定资助强度。目前,该项目已进入第三阶段,文部科学省把精力更多地放在项目的引导和评估方面。

2. 典型案例

(1)九州硅产业集群项目。随着全球化加快和半导体、平板显示相关产业竞争的加剧,九州地区借助产业集群项目和知识产业集群项目的帮助,努力在高性能半导体设备领域的量产中占据中心位置,于是一个由九州半导体产业技术创新联盟组织实施、包括半导体龙头企业和相关重要配套企业在内的官产学合作网络很快就建立起来了,这样有利于提高当地半导体和平板显示产业的全球竞争力,这么做的目的就是促进企业创业和开拓新的市场,提高集群内成员企业的技术及其产品开拓市场的能力。目前,除了九州半导体产业技术创新联盟之外,重要的合作伙伴还包括福冈产业技术创新基金、雄本产业技术创新基金、大分市产业促进组织等。由于这个集群是一个包括不同性质主体的合作网络,所以会员单位的来源和背景比较广泛,现有会员单位 214 家,其中企业会员 131 家、大学会员 10 家、地方政府 10 个、产业扶持机构 13 个以及 50 个在集群中扮演重要角色的个体会员。

在组织机构设计方面,与付费会员资格体系一起,组织方建立了公共关系、技术孵化、联盟和创业四个各有分工的工作组,每个工作组组长由当地企业家担任;同时,为了促进集群成员保持较高的成长性,集群也要创造适合企业发展的商业环境,例如,通过产业—大学—政府合作关系产生风险投资项目,这样做主要是为了留下或培养高素质人才以及提高商业联盟在培育新企业中的作用。

这个项目实施的效果是,加强了半导体和平板显示产业相关的公共机构与私营机构的联系,整合了行业龙头企业、贸易公司、金融机构等其他市场主体的力量,同时与包括知识集群等在内的其他项目一起共同发挥作用(见图 7-2)。

(2)名古屋知识集群的 R&D 管理体系。在知识集群项目实施过程中,一方面,名古屋探索出了一种 R&D 管理体系(又称"名古屋模式"),该模式采用私人企业工作流程作为参考,由知识集群的协调机构负责实施,分段实现研发产品的产业化目标。

另一方面,设计 R&D 阶段管理方案。他们用一个非常清晰的开发战略划定 R&D 阶段,共分为五个阶段(见图 7-3):第一阶段是基础和应用研究时期,主要是为实践应用提供种子;第二阶段是组件开发时期,主要是基于新发现的种子设定一个特定的目标,从事必要的技术开发;第三阶段是产品开发时期,主要是一体化或混合组件技术开发,通过设定一个目标,设计或提高试验模型;第四阶段是量产的技术开发时期,主要是围绕新产品规模生产的目标,从事量产的技术开发;第五阶段是商业开发时期,主要任务是构建一个商业模式,实现产业化目标。

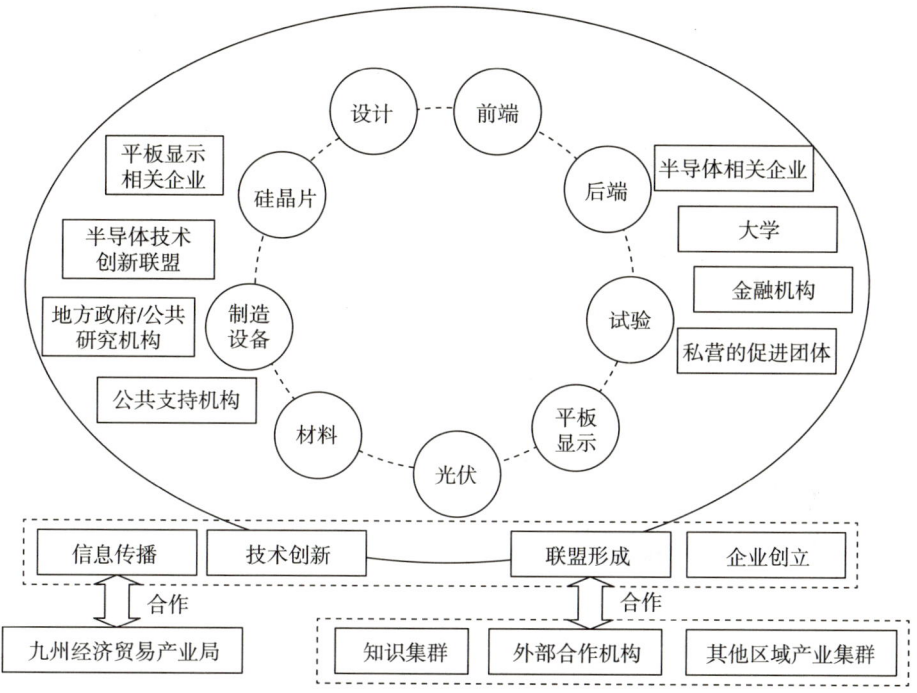

图 7-2 日本九州硅产业集群的组成

资料来源：日本文部科学省。

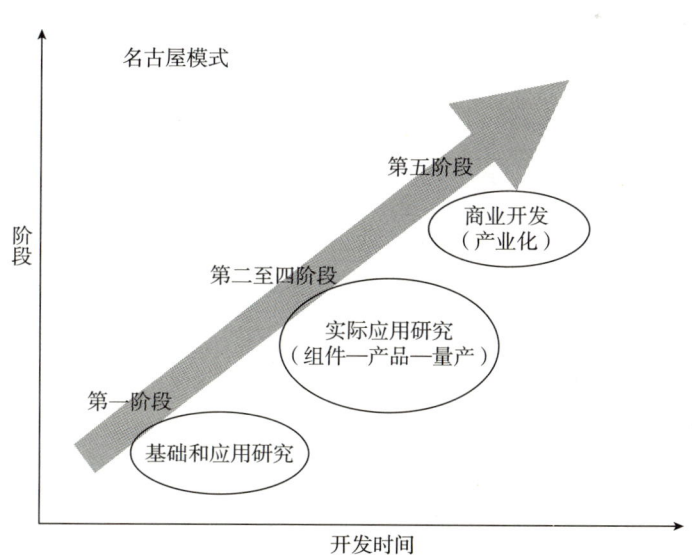

图 7-3 名古屋 R&D 管理模式

资料来源：日本文部科学省。

此外，实施技术创新并行管理体系。为了促进多种组件技术的一体化和实现新技术最终的产业化，名古屋知识集群也探索出了创新并行管理体系（见图7-4）。在这个体系中，参与不同产品生产的企业能够与承担平台功能的大学或科研机构一起分享那些跟最终目标一致的技术创新思路；同时，他们也从中分享或解决新出现的问题，并按照可预见的目标完成研发任务。当然，这个体系设计的基本目的就是让技术创新的不同阶段能够实现并行，以便于缩短创新周期，提高集群应对市场需求变化的能力。

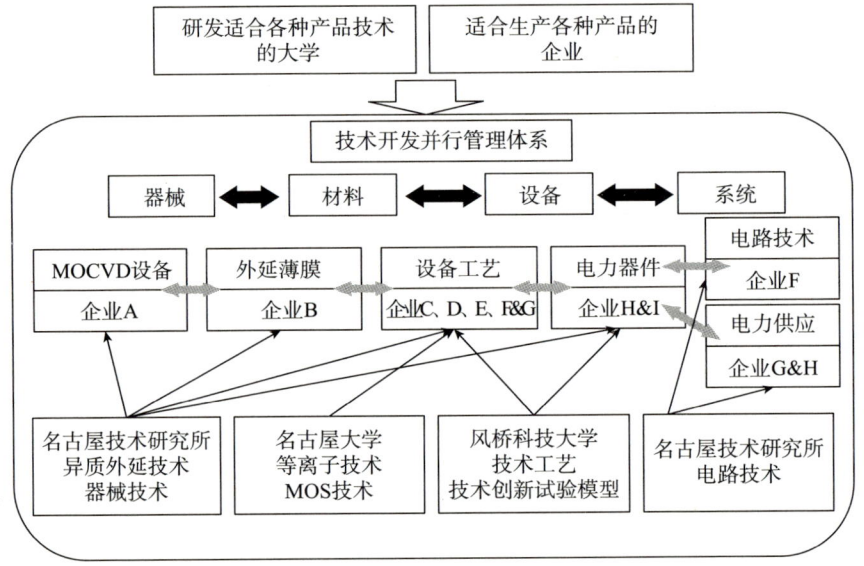

图7-4　技术并行创新管理

资料来源：日本文部科学省。

第八章　生产要素成本上涨条件下中国产业转型升级的战略选择与思路建议

生产要素成本上涨对我国产业发展的影响既有积极的方面，也有不利的方面。然而，我国应对劳动力成本快速上涨是产业转型升级的重大现实挑战，亟须选择务实的战略和应对之策，以避免产业陷入长期低端发展的陷阱或产业"空心化"。

第一节　实施产业全球布局战略

一、增强企业"走出去"的能力

第一，做好企业"走出去"的辅导工作。支持社会力量组建专业的咨询培训机构，收集整理境外国别投资环境指南，举办培训班、讲座、专业论坛、展会等，设立对外投资专业网站，加强对拟"走出去"企业的高管人员进行知识充电。依托境外使领馆和贸促会境外分支机构，定期为中资企业管理人员提供商务咨询服务，提高其应对境外各类风险的能力。

第二，创新"走出去"的商业模式。依托地方商会、行业协会等行业中介服务组织，探索"协会＋企业＋境外园区"合作模式，抱团赴外投资，形成地方优势产能通过供应链向境外延伸，促进国内外产业的互动发展。加强对国外行业领军企业的战略性投资，促进优势产能与行业领先技术优势的结合，积极开拓第三方市场。支持一批有实力的企业承揽国际大型工程项目，争取挤进工程总承包商之列，带动相关优势产能对外输出。

第三，提高企业国际化和本土化经营能力。在境外布局产业项目时，大力引导"走出去"企业创建国际化的企业，在经营理念、人才安排、产业链布局、品牌塑造等方面体现国际化的视野。同时,提高企业在异国的本土化经营能力。企业在境外的产业项目建设中要充分了解当地的政治、法律、习俗等,采取就地取材办法使用当地人才,实现本土化经营。

第四,积极培育企业文化软实力。"走出去"企业应设立社会责任和公共宣传部门,负责策划企业海外形象宣传,积极与当地社会各界处理好关系。企业应积极自觉履行社会责任,加大产业项目配套环保投资,重视带动当地就业,做好社会捐赠,树立负责任的企业形象。企业还要增强"扎根"意识,尊重人的发展,培训当地员工,提高企业人力资本水平。

二、重塑行业全球价值链

第一,以产品全球化分工生产实现价值链整合。利用优势产能全球布局的机遇,引导一批具有全球影响力的企业积极介入、参与和主导本行业全球价值链,特别是要掌握价值链核心环节或产品架构设计的主导权,进一步提升我国产业环节或产业链条在全球分工中的地位,实现优势产能行业的全球价值链攀升,最终占据价值链高端,以消化要素成本上涨的压力。

第二,以承接国际先进技术扩散占据价值链的有利位置。以"走出去"企业为桥头堡,加大对发达国家技术领先型企业进行战略收购,积极对接行业国外先进技术和优势品牌,有效地将行业核心技术内化为企业自身的自主创新能力,探索消费吸收与自主创新良性互动的机制。

第三,以要素优化配置带动全球价值链高水平分工。把要素最优配置作为提升产业国际竞争力的策略,我们要清楚地认识到一国的"要素"干什么可能比一国"工厂"做什么更为重要。中国制造业要继续向全球价值链高端进军的关键在于优化配置要素和提高要素素质,它是应对要素成本上涨的一种策略。

第四,以互联网的思维重塑全球价值链的分工体系。随着移动互联网、物联网、云计算等技术的大规模社会化应用,生产者与消费者的距离不断缩短,制造系统变成更加柔性的个性化生产,生产者具备对市场的快速响应条件,全球性的个性化生产成为可能。个性化生产是一次典型的生产消费组织变革,全球价值链分工将可能随着这种生产方式变革而发生颠覆性的变化,以往处于价值链高端的国家未必能够保持持续的优势。个性化生产越来越普及,这对于中国这样的人口大国和消费大国而言是一次"弯道超车"的机会,中国已拥有庞大的消费群体的电子商务市场以及与之相连的数量众多的制造企业,"互联网+"更是助推中国制造企业占据全球价值链高端的重要力量。

三、完善配套支持政策

第一，构建完善的投融资支撑体系。充分发挥中国进出口银行、国家开发银行等政策性金融机构的作用，按照国家战略导向，优先为优势产能"走出去"提供差异化的投融资服务。同时，为了降低项目的运营风险，国家宜安排财政资金设立一个国际产能合作风险基金，引导商业性保险机构共同为优势产能合作项目提供特殊的保险服务，以减少东道国政治动荡或自然灾害给项目造成的经济损失。鼓励国内各类投资公司与"走出去"企业加强合作，为企业提供项目融资、设备租赁、订单抵押等融资服务，减少企业对外投资的资金压力。

第二，发挥产业政策的引导作用。配合国家化解过剩产能的政策方向，梳理过剩产能的重点领域和产品目录，清除对过剩产能产品扭曲性的支持政策。编制《优势产能"走出去"产业指导目录》，对一般性制造业设定鼓励类和限制类目录，对涉及国家安全的产业要设定禁止类目录。继续做好中美、中欧等双边投资协议谈判，加强中非、中拉、中国—东盟、中阿等双边的投资谈判，把优势产能"走出去"作为谈判的主要内容，统筹好对外投资与利用外资的关系、产业培育与产业扩张的关系。

第三，进一步调整完善贸易政策。积极运用关税对企业行为的调节引导机制，调整不合理的出口退税政策，逐步取消对过剩产能特别是"两资一高"的各种税收优惠政策，引导一般加工贸易企业到海外设立生产基地，改善我国对外贸易的结构。统筹处理好对外贸易与对外投资的关系，实施贸易升级行动计划，基本实现进出口平衡。

第四，完善境外经贸合作区相关管理办法。完善境外经贸合作区确认考核管理，针对不同国家和行业类型的园区，调整相应的认定标准，对园区基础设施、服务管理、产业配套、产业效益等方面加强考核，并建立以考核绩效为导向的资金资助机制。支持国内产业园区开发企业到海外设立"飞地园区"，着力将园区建设、运营管理、招商引资、项目融资、成果转化、法律服务等业务整体打包，吸引境内企业共同"走出去"。从国家层面建立境外经贸合作区风险防控机制，深化政府与中国出口信用保险公司、中国进出口银行、国家开发银行、亚洲基础设施投资银行等金融企业的合作，积极为园区企业提供投资保险保障、项目融资等支持。

第五，扩大国际化、专业化人才的培养。大力培养国际化经营人才，支持国家重点院校设立国际商学院，专门培养跨国经营的高级管理人才。优化对外经济相关专业设置，扩大小语种专业人才的培养规模。设立境外专业技术人才实训基地，吸引外籍员工到我国参加专业技术培训，帮助"走出去"企业解决"人才荒"问题。支持设立"国际人才交流市场"，实现线上、线下相结合，选拔一批符合技能要求的人员赴境外务工。构建全国境外劳务服务体系，着力为有意向的申请者提供职业培训、求职招聘、风险保障、工作派遣、汇款回乡、返乡探亲等服务。

四、加强国际政策协调

第一，促进行业技术标准合作。把技术标准作为我国开展双边或多边合作议题的一项内容，纳入"一带一路"倡议、国际产能合作等国家战略之中，着力实施技术标准"走出去"战略。以国际标准为基础，结合他国的实际情况策略性进行技术标准对接，在投资对象国没有明确指定行业技术标准的情况下优先考虑使用我国的行业技术标准，带动技术标准"走出去"。支持"走出去"企业与国内外科研院所共同研究行业技术标准"走出去"的实施方案，积极与国际标准衔接。针对个别项目的特殊需要，鼓励"走出去"企业与投资对象国的相关机构参照国际标准或国内标准共同研制适合项目需要的技术标准，实现标准"本土化"。

第二，促进国际技术转移与知识产权合作。把各类促进国际技术产权交易的平台建立起来，打通科技成果对外转移扩散的通道。积极引入国际知名的技术转移机构或专业企业，鼓励国内企业与之建立技术合作关系，共同推动优势产能与科技成果协同"走出去"。建立海外知识产权维权援助机制，组建知识产权、科技与产业、行业主管部门及商协会的协商机制，设立"走出去"企业海外技术和知识产权纠纷援助机制，设立中国海外企业知识产权网上服务平台，为企业"走出去"提供知识产权指引，协助解决企业在境外遇到的知识产权纠纷。

第三，加强关税的国际协调。建立"走出去"涉税企业网上服务平台，及时收集企业涉税诉求和税收争议信息，主动向企业宣传、解释税收协定的相关条款。积极利用我国与他国签订的合作协议框架，推动早日达成一批国际税收协定，减少企业对外投资的重复征税、简化关税手续等以及完善相应的税收监管。完善我国企业对外投资、技术转移等相关经济活动的税收监管，提高税收管理信息化水平，简化办事流程，方便企业投资活动。

第四，扩大人民币国际投资结算。继续推进人民币国际化进程，通过境外人民币离岸结算中心、双边本币互换、人民币跨境直接结算等途径扩大人民币结算范围，鼓励"走出去"企业在项目融资、购进原材料、从事贸易活动等方面直接使用人民币结算。充分利用各种双边或多边战略合作框架，积极推动人民币跨境支付结算国际合作，加强海外人民币跨境结算的离岸中心网络建设，支持国内商业银行设立境外营业网点，提高网点分布密度，扩大网点服务范围。

五、做好组织服务保障和风险防控

第一，建立中央和地方协调机制。一方面，要组建国家优势产能"走出去"协调机构。参照先例，在国家层面成立相应的领导小组及其办公室，加快建立优势产能"走出去"部际协调领导机制。协调机构的具体职责是，结合"一带一路"倡议和国际产能合作进展，制定优势产能"走出去"全球战略、布局国别指南和行动计划，指导地方开展优势产能国际合作；建立境外投资企业资信能力评价体系，对资信能力较差的企业采取必要的惩戒措施；同时，进一步整合各部委的政策资源，协调各部委和驻外机构及时、妥善解决优势产能"走出去"过程中存在的主要问题。

第二，加快成立中国国际产能合作协会。争取国家有关部门的支持，成立一个由"走出去"企业参与的全国性行业协会。由协会代表国家出面协调优势产能"走出去"合理布局，避免各地重复布局产能合作项目。协会还应积极与商务部、外交部、国家发改委等部门密切合作，对境外产业园区进行统一备案、定期巡访和业务指导，加强会员自律，防止招商引资恶性竞争以及从事有损国家形象的行为。此外，协会有必要加强对外宣传合作，做好舆论宣传引导，对外推广中国优势产能"走出去"的富民兴邦、共建共赢的国际形象。

第三，建立对外投资环境评价、风险防控和安全保障体系。鼓励高校、社科院、部委研究院等国家或地方设立海外投资环境研究机构或智库，积极做好"走出去"企业的智囊，定期发布国别投资环境报告和投资指南，帮助企业科学决策和合理布局。支持有关部门和专业机构加强对"走出去"的国家和地区进行风险跟踪研究，不定期发布重大国别风险评估报告，及时向有关企业发出警示和通报有关国家的经济、政治、社会或自然灾害风险，妥善为企业提供应急预案建议。充分发挥境外中国公民和机构安全保护工作部际联席会议制度的作用，外交部、贸易促进会等部门应及时为涉险的企业或公民提供必要的援助，保障境外企业的合法权益和公民安全。

第二节 实施智能制造战略

一、改进升级生产装备

第一,用信息化改造传统生产装备。我国已开展了多年的"两化"融合工作,传统生产装备通过信息化技术改造之后再度显现出强劲的威力,提高了企业生产效率。但现实中,我国许多企业使用的生产设备仍是20世纪六七十年代的老旧设备,主要依赖人工操作,自动化程度低,噪声大,能耗高,单位产品生产效率低,所以即使采用信息化技术进行改造,效率改进的余地也非常小。为此,中央和地方应采取经济、法律等手段,大力淘汰老旧设备,采用技术改造资金直补、固定资产投资税收优惠等政策鼓励企业购买先进设备。

第二,加大适用型或高端生产设备的研发。我国是世界制造大国,要提高装备自主化水平,特别是高精度加工机床、智能装备、特种复杂装备等。并且,我国行业众多、庞杂,许多企业采用适用型的非标生产设备,但由于国内企业配套能力没有跟上,未能满足生产企业对这类设备的需求。今后,相关配套政策要重点支持这些行业领域有技术实力的企业专攻本行业高端装备最突出的薄弱环节,尽快开发出经济性、稳定性和高精度的生产设备;同时,支持行业配套设备产业发展,鼓励产业集群化发展,通过上下游紧密衔接配套,培养一批从事非标生产装备研发、设计、生产的中小企业。

二、建设示范性的智能工厂

我国工业企业的技术发展水平与发达国家的差距非常明显,不可能一夜之间都兴建智能工厂。目前,应采取先试点示范再逐步推广的思路,优先支持有技术和资金基础、行业领先型企业致力于建设示范性智能工厂,如通信设备、家电等行业可率先建设示范性智能工厂,按照智能化、社会化、个性化的要求进行工厂布局,建立具有行业特色的物理信息化网络,研制行业智能工厂的技术标准体系,以便于下一步为面向全国推广提供技术层面支撑。

三、打造富有活力的生态圈

遵循产业配套和协同创新规律,运用互联网思维和先进制造模式,针对不同的业态探索形成个性化的产业生态圈。这种生态圈一般具有如下特点：一是产业聚合性突出。围绕少数几家核心企业，在上下游环节、业务配套、创新链组合、品牌推广宣传、人才培养等方面形成共生依存、优势互补或功能拓展的聚合关系，并产生强大的极化效应。二是产业网络化连接。不同的企业主体和服务组织通过价值关系逐渐形成网络化的利益连接，进而推动不同主体间的利益耦合，以便于群体具备强大的"1+1>2"的优势。三是产业协同创新优势。在价值共创的同时，这么多不同类型的主体要围绕创新链形成互动的协同创新网络，既有共同攻关的科研项目，又有个体自身发散性创新。由于机制灵活，不管采取何种方式，协同创新优势确保生态圈始终具有较强的竞争活力。

第三节　实施产业融合升级战略

一、实施"互联网+制造业"行动

积极利用我国已形成的互联网应用市场优势，推动互联网与产业特别是制造业深度融合，促进制造业生产效率提高、产能优势发挥和组织方式变革。把制造业与互联网融合发展作为优先突破的方向，支持企业按照市场规律搭建支撑制造业转型升级的各类互联网平台，带动制造业和互联网相关企业彼此相互开展深度合作和业务交叉，探索新模式、新业态，开辟制造业转型升级新空间。根据互联网与制造业不同行业之间的对接融合规律，促进制造业不同行业在发展理念、制造模式、业务流程、组织体系等方面积极嫁接互联网，促进传统制造业实现信息化、智能化、社会化升级。

二、生产制造模式升级

生产要素成本上涨使传统标准化、大批量的生产方式难以为继。在新的历史条件下，积极面对消费行为转变，突破批量的生产制造模式，针对制造业不同行业的发展情况，积极推动制造模式变革，依托互联网平台加强厂商与全球用户之间的互动，让企业架设"一对多"的市场快速反应机制，实现从批量生产模式向大规模定制模式和全球化制造模式升级，提高企业应对市场变化的反应能力。

三、跨界融合催生新业态

突破行业发展界限，促进制造业与文化创意产业、科技金融业、信息服务业、科技服务业等产业跨界融合，面向细分领域的消费市场积极培育新业态、新产品。相应地，跨界融合不是简单的"1+1>2"的关系，而是不同产业之间产品链、产业链、创新链和价值链的有机结合，满足了新的市场需求。

四、制造业服务化

第一，提供产品功能提升的增值服务。现实生活中，许多企业不再只专注于生产制造环节，而是把盈利模式锁定在售后服务上，让消费者体验更多的产品增值服务，例如，打印机企业更多依靠更换硒鼓获利，汽车制造业利润来源主要是汽车保养、核心零配件更换维护、金融服务环节。这些增值服务不仅可以消化要素成本上升的压力，也有利于企业扩大更多的利润点。我国工业企业的产品链太短，产品进入消费者手中之后就难以维系消费关系，致使有些企业出于短期利益考虑，蓄意将质量不稳定或不合格的产品放入市场，使消费者蒙受巨大的损失。

第二，提供产品交易便利化的增值服务。众所周知，很多工业产品的消费价格偏高，导致许多潜在的消费者望而却步，于是难以有效扩大市场规模。为了改变这种情况，有些行业企业开始实行分期付款或设备融资租赁模式，这样大大减轻了消费者购置设备的短期支出压力，让更多的企业买得起、用得起设备。例如，工程机械企业允许客户缴纳一定比例的首付款就可提货，以后采用分期付款形式支付尾款。飞机制造企业将客机卖给投资公司，再由投资公司采用租赁形式受让航空公司，这样可以降低航空公司购买飞机的固定成本。

第三，提供产品整合的增值服务。不同产品满足消费者的效用是不一样的，产品之间可能存在互补关系，也有可能存在替代关系。为了让消费者享受更多的效用，有些企业凭借着集成化的能力推出市场受众大、功能全、用途广的产品，从而整合了原先多个产品才能具备的使用功能。例如，大疆无人机将无人机空中飞行和高清晰度拍摄有效整合起来，形成功能复合型产品。办公设备制造企业生产出集打印、复印、传真、扫描等功能于一体的产品，让消费者不必再购置一件一件的产品，类似的例子还很多。

第四，提供解决方案的增值服务。在激烈的市场竞争中，企业已走出产品的实体性概念认识，有些行动较快的企业积极引入"产品+服务"模式，极少数行业领军企业针对客户采用一整套的解决方案，例如，IBM从生产制造企业向方案提供商转变。事实上,产品制造商已难以适应市场需求特别是高端市场的需求,许多用户更期望生产制造企业提供生态化的产品服务。下一步,支持我国装备制造企业向制造服务化升级,将生产能力、服务能力与市场网络有机结合起来,实现产品链、信息链和供应链的全面对接。

五、创新与制造融合

推动创新与制造体系融合。历史经验表明,当一个国家丧失了一个行业的制造能力时就意味着这个国家的创新能力也将随之失去。我国工业布局地区差异较大,有些地区开始迈进了"去工业"发展阶段,而有些地区刚刚开始进入工业大规模发展阶段。由于发展阶段不同,不同地区之间存在创新与制造相互脱节的问题,要么重创新轻制造,要么重制造轻创新。如果将这两者有机统一起来,就必须把先进制造体系与区域创新体系融合为一体,依托骨干企业、共性技术平台、科研机构等载体,探索形成区域制造创新体系。

第四节 实施园区转型升级战略

一、产城融合发展

产城融合发展的本质是产城共生,是产业和城市成为一个有机的整体,是产业和城市紧密依存、相互促进的关系,是实现经济、社会和空间的全面融合。高水平产城融合发展是城市进入以产兴城、以城促产和产城互促的状态,这既是一种城市规划理念,也是一种城市发展状态,更是社会各界对产城生态客观存在的共识。从实践来看,产城融合发展的主要方向为:

第一,各类功能的优势互补。正确处理好产城关系,既要发挥好城市的居住、生活、公共服务等功能,也要发挥产业吸纳就业、创造财富等功能,实现两者功能的优势互补,有机统一。产城融合载体需具备较为完善的城市发展功能,同时至少有1个支柱产业和2~5个支撑产业。

第二,产城要素循环流动。遵循城乡和产城的要素流动规律,建立顺畅的要素流动机制,引导农业转移人口就近向城镇集中,实现就地就近从业。拓宽资本流动渠道,吸引城市工商资本"下乡",服务农业现代化,注入活力动力。统筹城乡建设用地增减挂钩,优化配置土地资源,实现以城带乡、以工哺农。

第三,产城各类空间融合。把经济社会发展、城市、土地利用、园区、环保等规划"叠加"起来,实现"多规合一"。综合运用信息化手段,加强行政管理体制创新,利用"一张图"统领产城空间的建设活动,实现各类空间合理配置和有机融合,避免行政干预或规划随意调整。

第四,基础设施互联互通。统一规划、统一建设、统一管理各类园区、景区、居住区等功能载体的交通、能源、供水、环保、电信、供气等基础设施线路,消除盲点、堵点,基本实现网络联通。引入PPP等投融资机制,动员社会资本参与投资建设,推进基础设施共建共享。

第五,公共服务体系完善。补强公共服务短板,加强公共服务设施建设,适当提高公共服务标准,建立城乡基本公共服务体系,在教育、卫生、文化、养老等领域优先实现城乡基本公共服务均等化,覆盖全部的常住户口,加强农业转移人口市民化的社会服务保障。

第六,社会关系深度融合。消除不同社会群体居住空间、生活空间和工作空间的人为分割,注重不同社会群体的社会关系特点,统筹考虑产城融合过程中各类群体的利益诉求,妥善解决突出问题。发挥社区、工会、商会、妇联等群团组织和老乡社会网络的作用,促进不同群体的社会关系融合发展。

二、建设智慧园区

智慧园区是在数字化园区的基础上引入智慧理念,将物理空间实现信息化升级,进一步推动人与人、人与物、物与物之间更加融洽,使身处于园区的人员工作更富有效率。智慧园区通过使用大量的敏感度更高的传感器感知、收集、分析和传递指令,运用大数据、云计算等技术手段存储、处理各类数据,对园区内的公共服务、政务管理、创新交流、商务活动、生活休闲等各种需求实现及时的响应和智能化的决策支持。为了加快我国传统园区向智慧园区换代升级,一方面,要加大信息化基础设施建设,推动园区光纤宽带、物联网、云计算中心等建设,建立园区服务管理智能平台;另一方面,构建以客户为导向的信息化服务管理体系,努力为园区内的不同工作人群提供普适性、个性化的信息服务。

三、培育平台型园区开发企业

鉴于目前产业园区合作模式存在各种弊端,我国地区间产业对接协作应积极转变思路,探索市场化的实践模式,以便于规避政策风险。地方政府可以建立合法依规的利益分配机制,组建一家跨地区从事园区开发建设和运营服务的平台型园区运营企业,共同引导产业合理有序转移和适度集聚。平台型园区运营企业可由相关地区合作方按股权配比,共同出资组建而成,并作为一个重要的市场主体,参与地区间产业对接协作。在现有的体制下,平台型园区开发企业既要充分发挥市场化手段,又要与地方政府建立良好的互动关系,逐步建立可持续的商业化运作模式(如图8-1所示)。具体而言,由平台型园区开发企业将园区选址、规划建设、运营管理、招商引资、项目融资等业务整合起来,为企业量身打造体系化、菜单式、便捷性的"套餐"服务。同时,平台型园区开发企业从事产业地产开发,包括园区基础设施建设与运营、园区内商住用地开发等,通过物业租金、融资服务、项目股权分红、房地产开发等多种途径获利来维持运营。另外,地方政府要支持这类企业用国际化视野运作产业园区,包括组建国际化的高端管理团队、构建全球性的招商引资平台、推出适宜园区内各国企业特点的管家式服务等,最大限度减少入园企业的投资风险。同时,地方政府还要配套组建产业协作发展的投资基金和产业共性技术平台,通过资本和技术平台将地区间相关产业整合起来,形成协同发展的产业链群。

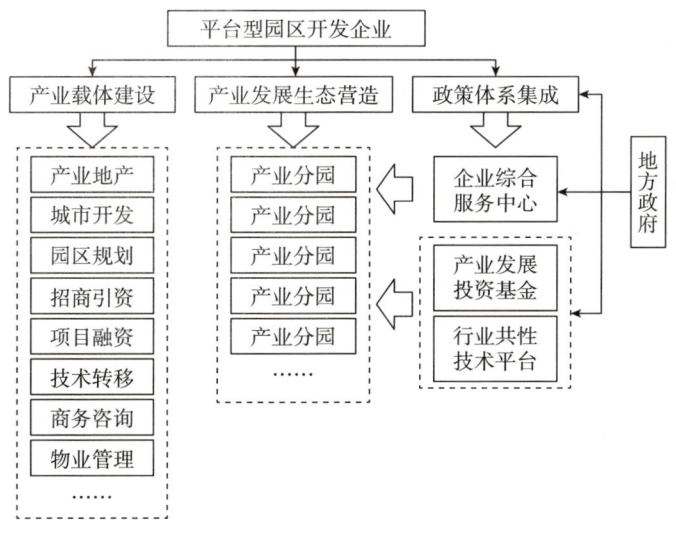

图 8-1 平台型园区运营企业的市场化运作模式

四、建设社区化的园区

当前,我国传统产业园区已进入了转型升级的关键阶段,粗放发展模式难以为继，产业园区内企业关联度低、扎堆无序集聚等现象将发生质的变化。下一步，要借鉴国外成熟的园区管理模式，引入园区企业社区化治理机制，明确园区企业社会主体责任，把园区企业视为"公民社会"中集体行动选择的主体，建立园区公共参与机制，探索园区项目落地共同协商的社区治理模式。具体运作方式是，项目落地不仅要发布公示公告，还要征求园区内已落地的其他企业的意见，对于企业反映意见强烈的项目，原则上不宜落户园区，以避免产业落地后带来的环境污染、物流人流混杂等负面影响，防止企业低水平过度集聚。

第五节　实施人才强国战略

一、重视职业技术人才培养

职业教育免除学杂费的范围要从贫困家庭子女扩大到全社会。继续做好标准化和示范性职业教育院校建设，争取全部职业技术院校达到国家级标准院校的要求，不断提高职业技术院校学生的实训水平，探索校企合作办学、院校集团化办学、订单式合作办学等模式，解决职业技术院校学生的就业出路。扩大职业技术院校与高等专业院校的对口合作，开辟职业中专、职业大专向本科、研究生的升学通道。大力鼓励企业开展在职在岗职工的职业技术培训，每年从企业销售收入中拿出一定比例的资金用于专业技术工人特别是一线工人的培训，提高员工的专业技能和职业素养。

二、重视高层次专业技术人才培养

依托高校、科研院所和骨干企业，利用国家或地方重大工程、国家级科研项目等机会，选拔一批专业基础好、熟悉行业技术前沿方向的年轻专业技术人才。深化高层次专业技术人才培养体制改革，打通高校、科研院所和企业之间的体制障碍，探索无缝对接、协同推进的高层次人才交流培养模式，突破"铁饭碗""编制"等长期束缚人才流动发展的体制，开辟人才成长的上升通道。实施柔性的引才用才政策，大力引进海外高层次技术人才和科研团队，在新兴产业领域占据行业制高点。

三、推进教育体系改革

围绕制造强国战略的人才需求,大力推进职业教育、高等教育、职业培训"三位一体"改革,把专业技术人员、专业工程师、高层次专业技术人才作为重点,开辟职业技术人才继续升学通道,完善高层次专业技术人才的培养。继续推动职业教育改革,总结工学一体的经验模式,吸引用人单位与职业院校开展各种形式的合作,改革职业技术工人的用工薪酬制度,提高一线工人特别是专业技术工人的各种待遇,营造良好的社会氛围。完善高校工程专业的课程设置,重视实训环节培养,提高工程专业学生的动手能力、设计能力和创造能力。在完善专业硕士、专业博士的基础上,大力推动高校分类办学,引导一批高校向应用技术型大学转型,专注培养专业性工程技术人才。

第六节 实施传统产业精致化发展战略

一、实施传统制造的改造提升工程

积极引入新的制造模式,从工艺、技术路线、生产装备等方面改造提升传统制造业。把产品质量放在第一位,突出质量取胜,用高质量的产品赚取高利润,以抵销要素生产上涨的成本。立足产品技术含量提升,而不是依靠加工费和原材料维持企业运转。

二、实施工匠精神培育工程

我国具有悠久、灿烂的工业历史文化,"精益求精、追求卓越"的工匠文化一直以来是中华民族引以为豪的文化软实力。然而,历经上千年的世代传承和思想浩劫,有些传统工匠精神的精髓消失殆尽,现代版的工匠精神又没有培育出来,传承断档严重影响了我国工业文化软实力的提升。当前,我国大力实施《中国制造2025》,既要传承传统的工匠文化,更要培育现代工匠精神,下一步应着眼从以下方面实现突破:一是研究总结国内外工匠精神,提炼出具有中国特色的现代版"工匠精神",并编入中小学劳动技能课程教材,从小培养孩子精益求精的工匠精神。二是动员工业企业学习"工匠精神"。在全社会范围内,依靠工业企业把工匠精神列入企业文化建设之中，从研发设计、生产制造、销售服务等环节因地制宜融入精益求精、止于至善的精神理念。三是促进"工匠精神"与工程教育体系融合发展。在工程专业学习中，要把工匠精神纳入理论和实践课程中，让工程专业学生学工爱工，使学生对"工匠精神"入脑入心。四是营造"工匠精神"的社会氛围。通过技能评比、模式总结、示范推广等方式树立"工匠精神"学习典型，面向全社会推介"工匠精神"示范企业，让"工匠精神"深入人心。

三、支持传统产业创新

事实表明，我国传统产业企业创新的投入强度非常低，但又需要从事创新活动，以应对竞争激烈的市场环境，为此，要着重从以下方面开展创新：一是注重工艺创新。在广泛的工业生产实践中，传统行业企业要针对特定目标积极采用新的生产工艺，引入比较先进的成熟工艺技术。二是加强组织创新。把企业文化建设作为突破口，有针对性地引入新的组织模式，确立企业独特的竞争优势。三是强化知识学习、吸收和应用能力。利用企业内部的人才等创新资源，借助供应商、客户等主体的反馈信息和知识，及时对市场产生响应，积极建立创新伙伴关系，通过各种合作关系实现创新。四是建立社会化的创新网络。整合全社会创新资源和平台，利用互联网和社会关系网络搭建各种形式的创新对接平台，通过实施定向性的工程项目加大对传统行业企业的创新支持力度。

参考文献

[1] 安筱鹏. 制造业服务化路线图：机理、模式与选择 [M]. 北京：商务印书馆，2012.

[2] 奥拓·布劳克曼. 智能制造：未来工业模式和业态的颠覆与重构 [M]. 北京：机械工业出版社，2015.

[3] 鲍勃·罗德，雷·维勒兹. 大融合：互联网时代的商业模式 [M]. 北京：人民邮电出版社，2015.

[4] 蔡昉. 中国经济增长如何转向全要素生产率驱动型 [J]. 中国社会科学，2013（1）.

[5] 车维汉. "雁行形态"理论及实证研究综述 [J]. 经济学动态，2004（11）.

[6] 陈秀山，张可云. 区域经济理论 [M]. 北京：商务印书馆，2007.

[7] 程惠芳. 浙江工业龙头企业创新发展与转型升级案例（第二卷）[M]. 北京：经济科学出版社，2011.

[8] 程惠芳. 浙江工业龙头企业创新发展与转型升级案例（第一卷）[M]. 北京：经济科学出版社，2011.

[9] 丁纯，李君扬. 德国"工业4.0"：内容、动因与前景及其启示 [J]. 德国研究，2014（1）.

[10] 董敏杰，梁泳梅，张其仔. 中国工业产能利用率：行业比较、地区差异及影响因素 [J]. 经济研究，2015（1）.

[11] 都阳，曲玥. 劳动报酬、劳动生产率与劳动力成本优势——对2000～2007年中国制造业企业的经验研究 [J]. 中国工业经济，2009（5）.

[12] 范剑勇，邵挺. 房价水平、差异化产品区位分布与城市体系 [J]. 经济研究，2011（2）.

[13] 方军雄. 所有制、市场化进程与经营绩效 [J]. 产业经济研究，2009（2）.

［14］傅晓霞，吴利学．技术效率、资本深化与地区差异［J］．经济研究，2006（10）．

［15］宫俊涛，孙林岩，李刚．中国制造业省际全要素生产率变动分析——基于非参数 Malmquist 指数方法［J］．数量经济技术经济研究，2008（4）．

［16］郭克莎．改革开放以来工业增长质量的变动分析［J］．经济纵横，1997（1）．

［17］国务院发展研究中心课题组．当前我国产能过剩的特征、风险及对策研究［J］．管理世界，2015（4）．

［18］国务院发展研究中心课题组．要素成本上涨对我国制造业的影响［J］．中国国情国力，2013（11）．

［19］胡安俊，孙久文．中国制造业转移的机制、次序与空间模式［J］．经济学（季刊），2014（4）．

［20］黄群慧，贺俊等．真实的产业政策——发达国家促进工业发展的历史经验和最新实践［M］．北京：经济管理出版社，2015．

［21］江飞涛，耿强，吕大国，李晓萍．地区竞争、体制扭曲与产能过剩的形成机理［J］．中国工业经济，2012（6）．

［22］江小涓．市场化进程中的低效率竞争——以棉纺织行业为例［J］．经济研究，1998（3）．

［23］金碚．中国工业的转型升级［J］．中国工业经济，2011（7）．

［24］金碚．中国企业竞争力报告（2013）［M］．北京：社会科学文献出版社，2013．

［25］金三林，朱贤强．我国劳动力成本上升的成因及趋势［J］．经济纵横，2013（2）．

［26］李京文，D. 乔根森，郑友敬等．生产率与中美日经济增长研究［M］．北京：中国社会科学出版社，1993．

［27］李京文，钟学义．中国生产率分析前沿［M］．北京：社会科学文献出版社，1998．

［28］李廉水，周勇．技术进步能提高能源效率吗？——基于中国工业部门的实证检验［J］．管理世界，2006（10）．

［29］李平，简泽，江飞涛．进入和退出、竞争与中国工业部门的生产率［J］．数量经济技术经济研究，2012（9）．

［30］李晓华，叶振宇．"一带一路"优势产能合作的市场环境分析框架

［J］．中国井冈山干部学院学报，2017（5）．

［31］李晓华等．生产要素价格上涨与中国工业发展模式转型研究［M］．北京：经济管理出版社，2016．

［32］李毅中．加快产业结构调整促进工业转型升级［J］．求是，2010（6）．

［33］李玉红，王皓，郑玉歆．企业演化：中国工业生产率增长的重要途径［J］．经济研究，2008（6）．

［34］林炜．企业创新激励：来自中国劳动力成本上升的解释［J］．管理世界，2013（10）．

［35］林毅夫，蔡昉，李周．中国的奇迹：发展战略与经济改革［M］．上海：上海人民出版社，1999．

［36］林毅夫，刘明兴，章奇．政策性负担与企业的预算软约束：来自中国的实证研究［J］．管理世界，2004（8）．

［37］林毅夫，谭国富．自生能力、政策性负担、责任归属和预算软约束［J］．经济研究，2000（4）．

［38］林毅夫．潮涌现象与发展中国家宏观经济理论的重新构建［J］．经济研究，2007（1）．

［39］刘红光，刘卫东，刘志高．区域间产业转移定量测度研究［J］．中国工业经济，2011（6）．

［40］刘红光，王云平，李璞．中国区域间产业转移特征、机理与模式研究［J］．经济地理，2014（1）．

［41］罗来军，史蕊，陈衍泰，罗雨泽．工资水平、劳动力成本与我国产业升级［J］．当代经济研究，2012（5）．

［42］毛其淋，盛斌．中国制造业企业的进入和退出与生产率动态演化［J］．经济研究，2013（4）．

［43］毛蕴诗，吴瑶．中国企业：转型升级［M］．广州：中山大学出版社，2009．

［44］聂辉华，贾瑞雪．中国制造业企业生产率与资源误置［J］．世界经济，2011（7）．

［45］曲玥．区域发展差异与劳动密集型产业转移［J］．西部论坛，2015（1）．

［46］曲玥．中国工业产能利用率［J］．经济管理研究，2015（1）．

[47] 桑瑞聪,刘志彪,王亮亮.我国产业转移的动力机制:以长三角和珠三角地区上市公司为例[J].财经研究,2013(5).

[48] 上海市华夏企业文化研究所.转型:上海纺织集团调结构、转方式纪实[M].上海:上海人民出版社,2012.

[49] 邵挺,范剑勇.房价水平与制造业的区位分布——基于长三角的实证研究[J].中国工业经济,2010(10).

[50] 苏振东,洪玉娟.中国出口企业是否存在"利润率溢价"?——基于随机占优和广义倾向指数匹配方法的经验研究[J].管理世界,2013(5).

[51] 覃成林,熊雪如.我国制造业产业转移动态演变及特征分析[J].产业经济研究,2013(1).

[52] 涂正革,肖耿.中国大中型工业的成本效率分析:1995~2002[J].世界经济,2007(7).

[53] 涂正革,肖耿.中国的工业生产力革命——用随机前沿生产模型对中国大中型工业企业全要素生产率增长的分解及分析[J].经济研究,2005(3).

[54] 汪洋.构建开放型经济新体制[N].人民日报,2013-11-22.

[55] 王兵,吴延瑞,颜鹏飞.环境管制与全要素生产率增长:APEC的实证研究[J].经济研究,2008(5).

[56] 王德文,王美艳,陈兰.中国工业的结构调整、效率与劳动配置[J].经济研究,2004(4).

[57] 王珺.是什么因素直接推动了国内地区间的产业转移[J].学术研究,2010(11).

[58] 卫兴华,侯为民.中国经济增长方式的选择与转换途径[J].经济研究,2007(7).

[59] 魏后凯.从重复建设走向有序竞争[M].北京:人民出版社,2001.

[60] 吴家曦,李华燊.浙江省中小企业转型升级调查报告[J].管理世界,2009(8).

[61] 吴敬琏.中国经济增长模式抉择[M].上海:上海远东出版社,2008.

[62] 吴利学,叶素云,傅晓霞.中国制造业生产率提升的来源:企业成长还是市场更替?[J].管理世界,2016(6).

[63] 徐朝阳,周念利.市场结构内生变迁与产能过剩治理[J].经济研究,2015(2).

[64] 徐匡迪. 中国特色新型城镇化发展战略研究（综合卷）［M］. 北京：中国建筑工业出版社，2013.

[65] 杨长勇. 我国劳动力成本趋势及应对策略［J］. 宏观经济管理，2011（4）.

[66] 杨文举. 中国地区工业的动态环境绩效：基于 DEA 的经验分析［J］. 数量经济技术经济研究，2009（6）.

[67] 杨亚平，周泳宏. 成本上升、产业转移与结构升级——基于全国大中城市的实证研究［J］. 中国工业经济，2013（7）.

[68] 姚先国，曾国华. 劳动力成本对地区劳动生产率的影响研究［J］. 浙江大学学报（人文社会科学版），2012（5）.

[69] 叶振宇，叶素云. 要素价格与中国制造业技术效率［J］. 中国工业经济，2010（11）.

[70] 叶振宇. 地方如何布局境外产业园［J］. 决策，2016（6）.

[71] 叶振宇. 京津冀产业对接协作的市场化机制与实践模式［J］. 河北师范大学学报（哲学社会科学版），2014（6）.

[72] 叶振宇. 美国制造业带发展的历史经验与启示［J］. 中国发展观察，2014（11）.

[73] 叶振宇. 我国产城融合分类发展的探讨［J］. 城市，2016（2）.

[74] 叶振宇. 中国建设高水平海外产业园区的战略思考［J］. 中国发展观察，2016（1）.

[75] 约拉姆·科伦. 全球化制造革命［M］. 北京：机械工业出版社，2015.

[76] 岳书敬，刘富华. 环境约束下的经济增长效率及其影响因素［J］. 数量经济技术经济研究，2009（5）.

[77] 张公嵬，梁琦. 产业转移与资源的空间配置效应研究［J］. 产业经济评论，2010（3）.

[78] 张庆昌，李平. 生产率与创新工资门槛假说：基于中国经验数据分析［J］. 数量经济技术经济研究，2011（11）.

[79] 张曙. 工业4.0和智能制造［J］. 机械设计与制造工程，2014（8）.

[80] 张维迎，周黎安，顾全林. 经济转型中的企业退出机制——关于北京市中关村科技园区的一项经验研究［J］. 经济研究，2003（10）.

[81] 张晓晶，李成. 美国制造业回归的真相和中国的应对［J］. 求是，

2014 (12).

[82] 郑京海,胡鞍钢. 中国改革时期省际生产率增长变化的实证分析(1979~2001年) [J]. 经济学 (季刊),2005 (2).

[83] 郑玉歆. 中国工业生产率变化趋势的估计及其可靠性分析 [J]. 数量经济技术经济研究,1996 (12).

[84] 中国社会科学院工业经济研究所. 中国产业发展和产业政策报告 (2012) [M]. 北京:经济管理出版社,2012.

[85] 周黎安,张维迎,顾全林,汪淼军. 企业生产率的代际效应和年龄效应 [J]. 经济学 (季刊),2007 (7).

[86] 周丽,范德成,刘青. 劳动力成本上升对我国制造业竞争力的影响及对策 [J]. 经济纵横,2013 (11).

[87] 朱钟棣,李小平. 中国工业行业的全要素生产率测算——基于分行业面板数据的研究 [J]. 管理世界,2005 (4).

[88] Acemoglu D. Labor and Capital – augmenting Technical Change [J]. Journal of the European Economic Association, 2003, 1 (1): 1 – 37.

[89] Acemoglu, D., Akcigit, U., Bloom, N., Kerr, W. R. Innovation, Reallocation and Growth [J]. American Economic Review, 2018, 108 (11): 3450 – 3491.

[90] Acemoglu, D., D. Cao. Innovation by Entrants and Incumbents [J]. Journal of Economic Theory, 2015 (157): 255 – 294.

[91] Aldrich, H. E., E. Auster. Even Dwarfs Started Small: Liabilities of Size and Age and their Strategic Implications [J]. Research in Organizational Behavior, 1986 (8): 165 – 198.

[92] Allen R. C. Engels' Pause: Technical Change, Capital Accumulation, and Inequality in the British Industrial Revolution [J]. Explorations in Economic History, 2009, 46 (4): 418 – 435.

[93] Baily, M. N., C. Hulten, D. Campbell. Productivity Dynamics in Manufacturing Plants [J]. Brookings Papers on Economic Activity: Microeconomics, 1992 (4): 187 – 267.

[94] Baily, M. N., C. Hulten, D. Campbell. Productivity Dynamics in Manufacturing Plants [J]. Brookings Papers on Economic Activity: Microeconomics, 1992 (4): 187 – 267.

[95] Baldwin, J. R., W. Gu. Plant Turnover and Productivity Growth in Canadi-

an Manufacturing [J]. Industrial and Corporate Change, 2006, 3 (1): 417 – 465.

[96] Barron, David N., Elizabeth West, Michael T. Hannan. A Time to Grow and a Time to Die: Growth and Mortality in Credit Unions in New York City, 1914 – 1990 [J]. American Journal of Sociology. 1994 (100): 381 – 421.

[97] Bartelsman, E., J. C. Haltiwanger, S. Scarpetta. Cross – Country Differences in Productivity: The Role of Allocative Efficiency [J]. American Economic Review, 2013, 103 (1): 305 – 334.

[98] Bartelsman, E., M. Doms. Understanding Productivity: Lessons from Longitudinal Microdata [J]. Journal of Economic Literature, 2000 (38): 569 – 594.

[99] Brandt, L., T. Tombe, X. Zhu. Factor Market Distortions across Time, Space, and Sectors in China [J]. Review of Economic Dynamics, 2013, 16 (1): 39 – 58.

[100] Brandt, L., V. A. Biesebroeck, Y. Zhang. Creative Accounting or Creative Destruction? Firm – Level Productivity Growth in Chinese Manufacturing [J]. Journal of Development Economics, 2012 (297): 339 – 351.

[101] Cable, J., J. Schwalbach. International Comparisons of Entry and Exit. in P. A. Geroski and J. Schwalbach (eds.), Entry and Market Contestability: An International Comparison [M]. Oxford: Basil Blackwell, 1991.

[102] Chow, G. C., K. W. Li. China's Economic Growth: 1952 – 2010 [J]. Economic Development and Cultural Change, 2002, 51 (1): 247 – 256.

[103] Chow, G. C. Capital Formation and Economic Growth in China [J]. Quarterly Journal of Economics, 1993, 108 (3): 809 – 842.

[104] David P. A. Technical Choice Innovation and Economic Growth: Essays on American and British Experience in the Nineteenth Century [M]. Cambridge University Press, 1975.

[105] Disney, R., J. Haskel, Y. Heden. Restructuring and Productivity Growth in UK Manufacturing [J]. Economic Journal, 2003, 113 (489): 666 – 694.

[106] Donghyun D., Heshmati, Almas. A Sequential Malmquist – Luenberger Productivity Index [R]. IZA discussion papers, 2009 (4199).

[107] Drandakis E., E. Phelps. A Model of Induced Invention, Growth and Distribution [J]. Economic Journal, 1965 (76): 823 – 840.

[108] Dumais, G., Ellison, G, Glaeser. E. L., Geographic Concentration as

A Dynamic Process [J]. The Review of Economics and Statistics, 2002, 82 (2): 193 – 204.

[109] Dun & Bradstreet Corporation. Business Failure Record [M]. Washington, D. C. : Congressional Information Service, Inc. , 1980.

[110] Foster, L. , Haltiwanger, J. C. , Syverson, C. Reallocation, Firm Turnover and Efficiency: Selection on Productivity or Protability [J]. American Economic Review, 2008, 98 (1): 394 – 425.

[111] Foster, L. , J. C. Haltiwanger, C. J. Krizan. Aggregate Productivity Growth: Lessons from Microeconomic Evidence. in Hulten, C. R. (eds.), New Developments in Productivity Analysis [M]. University of Chicago Press, 2001.

[112] Gary P. Pisno, Willy C. Shih. Producing Prosperity: Why America needs a Manufacturing Renaissance [M]. Harvard Business Press, 2012.

[113] Gereffi, Gary. The Organization of Buyer – driven Global Commodity Chains: How U. S. Retailers Shape Overseas Production Networks [M]. Greenwood Press, 1994.

[114] Geroski, P. What Do We Know about Entry? [J]. International Journal of Industrial Organization, 1995 (13): 421 – 440.

[115] Golombek, R. , Raknerud. A. Exit Dynamics of Start – up Firms: Does Profit Matter? [J]. Discussion Papers, 2012 (706).

[116] Griliches, Z. , H. Regev. Firm Productivity in Israeli Industry: 1979 – 1988 [J]. Journal of Econometrics, 1995 (65): 175 – 203.

[117] Hanazono, M. , H. Yang. Dynamic Entry and Exit with Uncertain Cost Positions [J]. International Journal of Industrial Organization, 2007 (27): 474 – 487.

[118] Hannah, M. , Rethinking Age Dependence in Organizational Mortality: Logical Formalizations [J]. American Journal of Sociology, 1998 (104): 126 – 164.

[119] Hicks, J. R. The Theory of Wages [M]. London MacMillan, 1932.

[120] Honjo. Y. Business Failure of New Firms: an Empirical Analysis using a Multiplicative Hazard Function [J]. International Journal of Industrial Organization, 2000 (18): 557 – 574.

[121] Hopenhayn, H. A. Entry, Exit, and firm Dynamics in Long Run Equilibrium [J]. Econometrica, 1992, 60 (5): 1127 – 1150.

[122] Hsieh, C. T. , R. Ossa. A Global View of Productivity Growth in China

[J]. NBER Working Paper, 2011 (16778).

[123] Hsieh, C. T., Z. Song. Grasp the Large, Let Go of the Small: The Transformation of the State Sector in China [J]. Brookings Papers on Economic Activity, 2015 (1): 295 - 366.

[124] Humphrey, Schmitz. Chain Governance and Upgrading: Taking Stock [J]. in Schmitz H. (ed.). Local Enterprises in the Global Economy: Issues of Governance and Upgrading [M]. Cheltenham: Elgar, 2004.

[125] Jefferson, G. H., T. G. Rawski. Enterprise Reform in Chinese Industry [J]. Journal of Economic Perspectives, 1994, 8 (2): 47 - 70.

[126] Jovanovic, B. Selection and the Evolution of Industry [J]. Econometrica, 1982 (50): 649 - 670.

[127] J. Vernon Henderson. Marshall's scale economies [J]. Journal of Urban Economics, 2003, 53 (1): 1 - 28.

[128] Kennedy C. Induced Bias in Innovation and the Theory of Distribution [J]. The Economic Journal, 1964 (74): 541 - 547.

[129] Kenneth P. Voytek, Karen L. Lellock and Mark A. Schmit. Developing Performance Metrics for Science and Technology Programs: the Case of the Manufacturing Extension Partnership Program [J]. Economic Development Quarterly, 2004 (18): 174 - 184.

[130] Klepper, S. Entry, Exit, Growth, and Innovation over the Product Life Cycle [J]. American Economic Review, 1996, 86 (3): 562 - 583.

[131] Krugman, P. The Age of Diminished Expectation (the 3rd edition) [M]. MIT Press, 1997.

[132] Krugman, P. The Myth of East Asian Miracle [J]. Foreign Affairs, 1994, 73 (6): 28 - 44.

[133] Levinsohn, J., A. Petrin. Estimating Production Functions Using Inputs to Control for Unobservables [J]. Review of Economic Studies, 2003, 70 (2): 317 - 341.

[134] Lewis W. A. The Theory of Economic Growth [M]. Richard D. Irwin, Inc., 1955.

[135] Li H., Li L., Wu B., Xiong Y. The End of Cheap Chinese Labor [J]. Journal of Economic Perspectives, 2012, 26 (4): 57 - 74.

[136] Lieberman, M. B. Exit from Declining Industries: "Shakeout" or "Stakeout" [J]. The RAND Journal of Economics, 1990, 21 (4): 538 – 554.

[137] Lieberman, M. B. The Learning Curve, Technology Barriers to Entry, and Competitive Survival in the Chemical Processing Industries [J]. Strategic Management Journal, 1989 (10): 431 – 447.

[138] Mansfield, E., Entry, Gibrat's Law, Innovation, and the Growth of Firms [J]. American Economic Review, 1962, 52 (6): 1023 – 1051.

[139] Melitz, Marc J. The Impact of Trade on Intra – Industry Reallocations and Aggregate Industry Productivity [J]. Econometrica, 2003, 71 (6): 1695 – 1725.

[140] Melitz, M., S. Polanec. Dynamic Olley – Pakes Productivity Decomposition with Entry and Exit [J]. RAND Journal of Economics, 2015, 46 (2): 362 – 375.

[141] Neuman, H. Strategic Groups and Structure – Performance Relationship [J]. Review of Economic Statistics, 1978 (60): 417 – 427.

[142] Olley, S., A. Pakes. The Dynamics of Productivity in the Telecommunications Industry [J]. Econometrica, 1996, 64 (6): 1263 – 1298.

[143] Pakes, A., Ericson R. Empirical Implications of Alternative Models of Firm Dynamics [J]. Journal of Economic Theory, 1998, 79 (1): 1 – 45.

[144] Perkins, D. H., T. G. Rawski. Forecasting China's Economic Growth to 2025. in Brandt, L. and T. G. Rawski (eds.). China's Great Economic Transformation [M]. Cambridge University Press, Cambridge, MA, 2008.

[145] Petrin, A. J. Levinsohn. Measuring Aggregate Productivity Growth Using Plant – Level Data [J]. The RAND Journal of Economics, 2012, 43 (4): 705 – 725.

[146] Poon. T S C. Beyond the Global Production Networks: A Case of Further Upgrading of Taiwan's Information Technology Industry [J]. Technology and Globalization, 2004, 1 (1): 130 – 145.

[147] Roberts, B. M., S. Thompson. Firm Turnover, Restructuring and Labor Productivity in Transition: The Case of Poland [J]. Applied Economics, 2009, 41 (7): 1127 – 1136.

[148] Romer P. M.. Crazy Explanations for the Productivity Slowdown [J]. NBER Macroeconomics Annual, 1987 (2): 163 – 210.

[149] Salvanes K. G., R. Tveteras. Plant Exit, Vintage Capital and the Business Cycle [J]. The Journal of Industrial Economics, 2004, 48 (2): 255 – 276.

[150] Samuelson P. A Theory of Induced Innovation along Kennedy – Weisäcker Lines [J]. The Review of Economics and Statistics, 1965, 47 (4): 343 –356.

[151] Schumpeter, J. A. The Theory of Economic Development [M]. Harvard University Press, Cambridge, MA, 1934.

[152] Smil Vaclav. Made in USA: the Rise and Retreat of American Manufacturing [M]. The MIT Press, 2013.

[153] Stinchcome, A. L. Social Structure and Organizations. in J. March (ed.) Handbook of Organizations [M]. Rand McNally: Chicago, 1965.

[154] Vergeer R., Kleinknecht A. Jobs versus Productivity? The Causal Link from Wages to Labor Productivity Growth [M]. TU Delft Innovation Systems Discussion Papers, 2007.

[155] World Bank. An East Asian Renaissance [M]. Washington, D. C., 2007.

[156] Young, A. Alternative Estimates of Productivity Growth in the NIC'S: A Comment on the Findings of Chang – Tai Hsieh [R]. NBER Working Paper, 1998 (6657).

[157] Young, A. Gold into Base Metals: Productivity Growth in the People's Republic of China during the Reform Period [J]. Journal of Political Economy, 2003, 111 (6): 1220 –1242.

后 记

当前，生产要素成本上涨能否倒逼我国产业转型升级？这是一个重要的现实问题，本书着重从产业转型升级模式、产业效率提升、企业退出、产业转移等方面对这个问题进行求解。诸多的事实已表明，我国劳动力成本上涨较快，明显挤压了劳动密集型产业的利润空间，也推动了一大批劳动密集型产业的转移。同时，我国正处于从低成本要素驱动的发展方式向创新驱动的发展方式转变的阶段，尽管这个过程需要漫长的时间才能完成，但总体方向是朝着高质量发展方向前进。

生产要素成本上涨是一种客观的经济现象，每个工业化国家都面临着类似的问题。即使在我国国内，生产要素成本上涨对各地区产业发展的影响也不尽相同，这种结构性的影响改变了不同类型企业的行为选择。为了让这项研究成果论证更加充分，本书集成了笔者收集整理的多个调研案例，试着比较全面地展示不同地区企业在应对要素成本上涨中出现的现象，从中总结出了五种生产要素成本上涨驱动的产业转型升级模式。

劳动力成本快速上涨是企业成长过程中面临的一大生存风险。本书研究发现，劳动力成本上涨确实增加了企业的退出风险，劳动密集型企业所受的影响较大。当然，劳动力成本快速上涨对不同所有制的企业退出风险的影响程度也是不一样的，相比之下，国有企业受此影响更为明显。此外，劳动力成本上涨对企业退出风险的影响也体现了企业自身异质性的特征。

产业转移是企业应对生产要素成本上涨特别是劳动力成本快速上升对产业转型升级影响的典型现象，这是本书研究的重点。我国学者普遍认为，新一轮的"雁阵式"转移既表现为国内地区间产业转移，又表现为优势产能"走出去"。本书对这两个方面的产业转移都做了比较深入的分析，结果证实了国内出现较大范围的产业转移，也发现对外直接投资呈现快速增长的势头。

在新一轮科技革命与产业变革方兴未艾的时期，世界主要经济体都着手布局国家产业发展战略或国家创新战略。本书在总结国外经验的基础上，从宏观视角提出了我国产业转型升级的战略选择。尽管这项成果只提供了一些初步的思路，但从适应新一轮的全球竞争格局出发，我国产业转型升级要积极利用好生产要素成本上涨的倒逼效应，着眼于统筹布局国家创新战略，研发、储备和转化应用一批先进的技术，提升产业国际竞争优势。

当然，本书并没有深入研究生产要素成本上涨对中国产业转型升级影响的理论机制，这是一大缺憾。同时，本书重点讨论了产业转移现象，并没有涉及企业创新等问题，这些问题虽然都被考虑过，但鉴于笔者个人研究能力有限，就没有对这些问题进行更加细致的实证研究，这也是下一步研究的方向。

本书是笔者主持的国家社会科学基金青年项目"生产要素成本上涨对我国产业转型升级影响研究"（项目号：12CJY044）的主要成果，也是中国社会科学院哲学社会科学创新工程学术出版资助的成果。本书具体写作分工如下：第一章，叶振宇、叶素云；第二章，叶振宇；第三章，吴利学、叶素云、傅晓霞；第四章至第八章，叶振宇。

在本书写作过程中，中国社会科学院工业经济研究所领导和科研处有关同志在课题立项、结项等方面给予了大力支持。笔者原本不从事产业经济领域研究，不过有幸参加了中国社会科学院工业经济研究所李晓华研究员主持的一项院级重点课题，得到他的指导和启发，从而激发了笔者对这个领域的思考，顺利申请到了这项国家社会科学基金青年项目，笔者想借此机会向李晓华研究员致以深深的谢意！宋洁尘博士和张文彬博士为该项目的申请提供了友情支持，笔者在此向他们表达衷心的谢意！在研究过程中，笔者阅读、参考和引用了大量的文献，以及收集整理了大量的调研资料，在此一并致谢！在本书即将出版之际，感谢经济管理出版社领导的支持！申桂萍为本书的出版做了大量的工作，在此致以诚挚的谢意！由于笔者能力和水平有限，书中难免有误或疏漏之处，恳请读者批评指正。

叶振宇

2019年2月28日